■令和６年３月29日現在

労働安全衛生法実務便覧

労働調査会 編

労働調査会

序

労働安全衛生法は、職場における労働者の安全と健康を確保し、快適な作業環境の形成を促進することを目的として、昭和四七年六月に制定された。同法が制定、施行されてから、既に五十年以上が経過し、この間に労働災害はおおむね着実に減少しているが、このことは同法に基づく安全衛生活動が職場において定着しつつあることを示すものと考えられる。

しかしながら、その一方で、労働災害による休業四日以上の死傷者数は今なお年間約十三万人台を、また死亡者数も年間七〇〇人を超えている。これら労働災害の多くは中小規模事業場で発生しており、労働災害発生率についての大規模事業場との格差は大きいものがある。また、高齢化社会への移行により、高年齢労働者の労働災害が多く発生しており、さらに、長時間にわたる過重労働がもたらす疲労の蓄積や、ストレスによる職場不適応の発生等労働者の心身両面の健康問題について新たな問題が生じてきている。

現状に鑑みれば、今後とも労働災害の防止に向けて一層の努力を傾注していく必要があることは論をまたないところであろう。

労働災害を未然に防止し、職場の安全衛生水準の維持向上と快適な職場環境の形成を図るためには、職場における自主的な活動の活発化が重要である。本書が労使をはじめ関係者の方々に広く活用され、労働災害の防止に役立つところがあれば幸いである。

令和六年七月

編　者

凡　例

一　本書は、**令和六年三月二九日**現在の労働安全衛生法（昭和四七・六・八法律第五七号）及び労働安全衛生法施行令（昭和四七・八・一九政令第三一八号）の全条文を完全収録した。また、各頁の上段には条文ごとに見出しを付した。なお、労働安全衛生法の各条文中にある、「政令で定める」部分については、上段に、該当する労働安全衛生法施行令の条文と掲載頁を掲載した。

一　法条文についてはその罰則の内容を具体的に明示した。また、利用上の便を図るため、施行通達の「労働安全衛生法および同法施行令の施行について」（昭和四七・九・一八基発第六〇二号）及び施行後の重要な改正時等に示された通達について、各条文ごとに当該条文に関連する部分を掲載した。

目次

第三章　安全衛生管理体制（第十条―第十九条の三）

第四章　労働者の危険又は健康障害を防止するための措置（第二十条―第三十六条）

第五章　機械等並びに危険物及び有害物に関する規制（第三十七条―第五十八条）……七一

第一節　機械等に関する規制（第三十七条―第五十四条の六）……七一

第七章　健康の保持増進のための措置（第六十四条―第七十一条）……一二九

第十章　監督等（第八十八条―第百条）……一八一

〔附　録〕

労働安全衛生法

制定　昭和四七・六・八　法律第五七号
最終改正　令和四・六・十七　法律第六八号

第一章　総　則

目的

（目的）
第一条　この法律は、労働基準法（昭和二十二年法律第四十九号）と相まって、労働災害の防止のための危害防止基準の確立、責任体制の明確化及び自主的活動の促進の措置を講ずる等その防止に関する総合的計画的な対策を推進することにより職場における労働者の安全と健康を確保するとともに、快適な職場環境の形成を促進することを目的とする。

定義

（定義）
第二条　この法律において、次の各号に掲げる用語の意義は、それぞれ当該各号に定めるところによる。

一　労働災害　労働者の就業に係る建設物、設備、原材料、ガス、蒸気、粉じん等により、又は作業行動その他業務に起因して、労働者が負傷し、疾病にかかり、又は死亡することをいう。

二　労働者　労働基準法第九条に規定する労働者（同居の親族のみを使用する事業又は事務所に使用される者及び家事使用人を除く。）をいう。

三　事業者　事業を行う者で、労働者を使用するものをいう。

三の二　化学物質　元素及び化合物をいう。

四　作業環境測定　作業環境の実態をは握するため空気環境その他の作業環境について行うデザイン、サンプリング及び分析（解析を含む。）をいう。

○通達

1　第四号の「デザイン」とは、測定対象作業場の作業環境の実態を明らかにするために当該作業場の諸条件に即した測定計画をたてることをいい、その内容としては、生産工程、作業方法、発散する有害物の性状その他作業環境を左右する諸因子を検討して、サンプリングの箇所、サンプリングの時間及び回数、サンプリングした試料を分析するための前処理の方法、これに用いる分析機器等について決定することをいうものであること。

2　第四号の「サンプリング」とは、測定しようとする物の捕集等に適したサンプリング機器をその用法に従つて適正に使用し、デザインにおいて定められたところにより試料を採取し、必要に応じて分析を行うための前処理、例えば、凍結処理、酸処理等を行うことをいうものであること。

3　第四号の「分析（解析を含む。）」とは、サンプリングした試料に種々の理化学的操作を加えて、測定しようとする物を分離し、定量し、又は解析することをいうものであること。

（昭四七・九・一八　基発第六〇二号、昭五〇・八・一　基発第四四八号）

〔定義〕

第三号の二の「元素」及び「化合物」は、以下のとおりとすること。

1　「元素」とは、

一種類の原子（同位体の区別は問わない。）からなる物質のすべての状態（励起状態、ラジカル等を含む。）をいい、単体を含むものであること。

2　「化合物」とは、

二種類以上の元素が互に化学結合力によつて結合すること（化合）によつて生じた、原則として一定の組成を有する物質をいうこと（安定な非結合ラジカル（二・二－ジフェニル－一－ピクリルヒドラジル、ジ－tert－ブチルニトロキシド等）を含む。）。

なお、「化合物」とは通常単一の種類の物質をいうが、ここでいう化合物には、次の各号に掲げる物を含むものとすること。

イ　主成分は一定の組成を有しているが、その主成分を製造する際に混入した不純物、副生物等が混在しているもの

ロ　高分子化合物のごとく、単量体（モノマー）は一定の組成を有しているが、厳密な意味では、その物の化学構造が完全な同一性を有するとは限らないもの

ハ　一部の染料、コールタール状物質等のごとく、製造する行為の結果、複数の化合物の集合体として得られ、個々の化学物質の同定が困難であるが、全体として均一な性状を有し、個々の化学物質の分離精製を行わないもの

また、次の各号に掲げる物は、化合物として取り扱わないものとすること。

イ　合金

ロ　固有の使用形状を有するもの（合成樹脂製の什器、板、管、棒、フイルム等）及び混合物のうち、混合することによつてのみ製品となるものであつて、当該製品が原則として最終の用途に供される物（例：顔料入り合成樹脂塗料、印刷用インキ、写真感光用乳剤）

（昭五三・二・一〇　基発第七七号）

事業者等の責務

第三条（事業者等の責務） 事業者は、単にこの法律で定める労働災害の防止のための最低基準を守るだけでなく、快適な職場環境の実現と労働条件の改善を通じて職場における労働者の安全と健康を確保するようにしなければならない。また、事業者は、国が実施する労働災害の防止に関する施策に協力するようにしなければならない。

2 機械、器具その他の設備を設計し、製造し、若しくは輸入する者、原材料を製造し、若しくは輸入する者又は建設物を建設し、若しくは設計する者は、これらの物の設計、製造、輸入又は建設に際して、これらの物が使用されることによる労働災害の発生の防止に資するように努めなければならない。

3 建設工事の注文者等仕事を他人に請け負わせる者は、施工方法、工期等について、安全で衛生的な作業の遂行をそこなうおそれのある条件を附さないように配慮しなければならない。

○通達

1 第二項の「建設物を建設する者」とは、当該建設物の建設を発注した者をさすものであること。
2 第三項の「建設工事の注文者等」には、建設工事以外の注文者も含まれること。
3 第三項の「工期等」には、工程、請負金の費目等が含まれるものであること。

（昭四七・九・一八　基発第六〇二号）

労働者の協力義務

第四条 労働者は、労働災害を防止するため必要な事項を守るほか、事業者その他の関係者が実施する労働災害の防止に関する措置に協力するように努めなければならない。

事業者に関する規定の適用

（事業者に関する規定の適用）

第五条　二以上の建設業に属する事業の事業者が、一の場所において行われる当該事業の仕事を共同連帯して請け負つた場合においては、厚生労働省令で定めるところにより、そのうちの一人を代表者として定め、これを都道府県労働局長に届け出なければならない。

2　前項の規定による届出がないときは、都道府県労働局長が代表者を指名する。

3　前二項の代表者の変更は、都道府県労働局長に届け出なければ、その効力を生じない。

4　第一項に規定する場合においては、当該事業を同項又は第二項の代表者のみの事業と、当該代表者のみを当該事業の事業者と、当該事業の仕事に従事する労働者を当該代表者のみが使用する労働者とそれぞれみなして、この法律を適用する。

○通達

1　第一項の「一の場所において行なわれる当該事業の仕事を共同連帯して請け負つた場合」とは、いわゆるジョイント・ベンチャーのうち、共同連帯して請け負った事業者の労働者が一体となって工事を施工する共同施工方式（通称「甲型」という。）の場合をいい、工事の場所を分割してそれぞれ施工する場合（通称「乙型」という。）は含まないものであること。

2　第二項の規定により、都道府県労働基準局長が行なう代表者の指名は、別紙様式第一号〈略〉によって行なう。

3　第三項の代表者変更の届出は効力要件であり、当該届出があるまでの間は変更前の代表者が事業者としての義務を免れないものであること。

4　第一項または第二項の規定により、代表者が定められるまでの間におけるこの法律上の事業者としての義務は、ジョイント・ベンチャーの構成員それぞれが負うものであること。

（昭四七・九・一八　基発第六〇二号）

第二章　労働災害防止計画

労働災害防止計画の策定

（労働災害防止計画の策定）
第六条　厚生労働大臣は、労働政策審議会の意見をきいて、労働災害の防止のための主要な対策に関する事項その他労働災害の防止に関し重要な事項を定めた計画（以下「労働災害防止計画」という。）を策定しなければならない。

計画の変更

（変更）
第七条　厚生労働大臣は、労働災害の発生状況、労働災害の防止に関する対策の効果等を考慮して必要があると認めるときは、労働政策審議会の意見をきいて、労働災害防止計画を変更しなければならない。

計画の公表

（公表）
第八条　厚生労働大臣は、労働災害防止計画を策定したときは、遅滞なく、これを公表しなければならない。これを変更したときも、同様とする。

計画の勧告又は要請

（勧告等）
第九条　厚生労働大臣は、労働災害防止計画の的確かつ円滑な実施のため必要があると認めるときは、事業者、事業者の団体その他の関係者に対し、労働災害の防止に関する事項について必要な勧告又は要請をすることができる。

第三章　安全衛生管理体制

総括安全衛生管理者
＊施行令第二条 264頁

（総括安全衛生管理者）

第十条　事業者は、政令で定める規模の事業場ごとに、厚生労働省令で定めるところにより、総括安全衛生管理者を選任し、その者に安全管理者、衛生管理者又は第二十五条の二第二項の規定により技術的事項を管理する者の指揮をさせるとともに、次の業務を統括管理させなければならない。

一　労働者の危険又は健康障害を防止するための措置に関すること。

二　労働者の安全又は衛生のための教育の実施に関すること。

三　健康診断の実施その他健康の保持増進のための措置に関すること。

四　労働災害の原因の調査及び再発防止対策に関すること。

五　前各号に掲げるもののほか、労働災害を防止するため必要な業務で、厚生労働省令で定めるもの。

2　総括安全衛生管理者は、当該事業場においてその事業の実施を統括管理する者をもつて充てなければならない。

3　都道府県労働局長は、労働災害を防止するため必要があると認めるときは、総括安全衛生管理者の業務の執行について事業者に勧告することができる。

▽罰則　1項違反－五〇万円以下の罰金（法一二〇（一））両罰規定（法一二二）

○通達

1　第一項の「業務を統括管理する」とは、第一項各号に掲げる業務が適切かつ円滑に実施されるよう所要の措置を講じ、かつ、その実施状況を監督する等当該業務について責任をもって取りまとめることをいうこと。

2　第一項第三号の「その他健康の保持増進のための措置に関すること」には、健康診断の結果に基づく事後措置、作業環境の維持管理、作業の管理及び健康教育、健康相談その他労働者の健康の保持増進を図るため必要な措置が含まれること。

3　第二項の「事業の実施を統括管理する者」とは、工場長、作業所長等名称の如何を問わず、当該事業場における事業の実施について実質的に統括管理する権限および責任を有する者をいうものであること。

4　第三項の規定は、当該事業場の労働災害の発生率が他の同業種、同規模の事業場と比べて高く、それが総括安全衛生管理者の不適切な業務執行に基づくものであると考えられる場合等に、当該総括安全衛生管理者の業務の執行について事業者に勧告することができることとしたものであること。

（昭四七・九・一八　基発第六〇二号、昭六三・九・一六　基発第六〇一号の一）

安全管理者

＊施行令

第三条

265頁

（安全管理者）

第十一条　事業者は、政令で定める業種及び規模の事業場ごとに、厚生労働省令で定める資格を有する者のうちから、厚生労働省令で定めるところにより、安全管理者を選任し、その者に前条第一項各号の業務（第二十五条の二第二項の規定により技術的事項を管理する者を選任した場合においては、同条第一項各号の措置に該当するものを除く。）のうち安全に係る技術的事項を管理させなければならない。

2　労働基準監督署長は、労働災害を防止するため必要があると認めるときは、事業者に対し、安全管理者の増員又は解任を命ずることができる。

▽罰則　1項違反－五〇万円以下の罰金（法一二〇（一））　2項違反－五〇万円以下の罰金（法一二〇（二））両罰規定（法一二二）

○通達

第一項の「安全に係る技術的事項」とは、必ずしも安全に関する専門技術的事項に限る趣旨ではなく、総括安全衛生管理者が統括管理すべき第一〇条第一項の業務のうち安全に関する具体的事項をいうものと解すること。

（昭四七・九・一八　基発第六〇二号）

衛生管理者

***施行令**　第四条　265頁

（衛生管理者）

第十二条　事業者は、政令で定める規模の事業場ごとに、都道府県労働局長の免許を受けた者その他厚生労働省令で定める資格を有する者のうちから、厚生労働省令で定めるところにより、当該事業場の業務の区分に応じて、衛生管理者を選任し、その者に第十条第一項各号の業務（第二十五条の二第二項の規定により技術的事項を管理する者を選任した場合においては、同条第一項各号の措置に該当するものを除く。）のうち衛生に係る技術的事項を管理させなければならない。

2　前条第二項の規定は、衛生管理者について準用する。

▽罰則　1項違反－五〇万円以下の罰金（法一二〇（一））　2項違反－五〇万円以下の罰金（法一二〇（二））両罰規定（法一二二）

○通達

1　第一項の「当該事業場の業務の区分に応じて、衛生管理者を選任し」とは、その事業場において行なわれる坑内労働その他労働衛生上有害な特定の業務については一般の衛生管理者のほかに衛生工学衛生管理者を置くべきこととした趣旨であること。

2 第一項の「衛生に係る技術的事項」とは、必ずしも衛生に関する専門技術的事項に限る趣旨ではなく、総括安全衛生管理者が統括管理すべき第一〇条第一項の業務のうち、衛生に関する具体的事項をいうものと解すること。

（昭四七・九・一八 基発第六〇二号）

安全衛生推進者等

（安全衛生推進者等）

第十二条の二 事業者は、第十一条第一項の事業場及び前条第一項の事業場以外の事業場で、厚生労働省令で定める規模のものごとに、厚生労働省令で定めるところにより、安全衛生推進者（第十一条第一項の政令で定める業種以外の業種の事業場にあつては、衛生推進者）を選任し、その者に第十条第一項各号の業務（第二十五条の二第二項の規定により技術的事項を管理する者を選任した場合においては、同条第一項各号の措置に該当するものを除くものとし、第十一条第一項の政令で定める業種以外の業種の事業場にあつては、衛生に係る業務に限る。）を担当させなければならない。

○通達

安全衛生推進者又は衛生推進者は、安全管理者又は衛生管理者が安全衛生業務の技術的事項を管理する者であるのに対して、安全衛生業務について権限と責任を有する者の指揮を受けて当該業務を担当する者であること。

（昭六三・九・一六 基発第六〇一号の一）

産業医等
***施行令**
第五条
265頁

（産業医等）

第十三条 事業者は、政令で定める規模の事業場ごとに、厚生労働省令で定めるところにより、医師のうちから産業医を選任し、その者に労働者の健康管理その他の厚生労働省令で定める事項（以下「労働者の健康管理等」という。）を行わせなければならない。

2 産業医は、労働者の健康管理等を行うのに必要な医学に関する知識について厚生労働省令で定める要件を備えた者でなければならない。

3 産業医は、労働者の健康管理等を行うのに必要な医学に関する知識に基づいて、誠実にその職務を行わなければならない。

4 産業医を選任した事業者は、産業医に対し、厚生労働省令で定めるところにより、労働者の労働時間に関する情報その他の産業医が労働者の健康管理等を適切に行うために必要な情報として厚生労働省令で定めるものを提供しなければならない。

5 産業医は、労働者の健康を確保するため必要があると認めるときは、事業者に対し、労働者の健康管理等について必要な勧告をすることができる。この場合において、事業者は、当該勧告を尊重しなければならない。

6 事業者は、前項の勧告を受けたときは、厚生労働省令で定めるところにより、当該勧告の内容その他の厚生労働省令で定める事項を衛生委員会又は安全衛生委員会に報告しなければならない。

▽罰則 1項違反－五〇万円以下の罰金（法一二〇（一））両罰規定（法一二二）

○通達

本条は、従来の「医師である衛生管理者」について、専門医学的立場で労働衛生を遂行する者であることを明確にするためにその呼称を産業医に改め、専門家として労働者の健康管理にあたることとしたものであること。

（昭四七・九・一八　基発第六〇二号）

(1)　第二項は、産業医が職務を的確に遂行するため備えるべき労働者の健康管理等を行うのに必要な医学に関する知識に係る要件を設けたものであること。

また、事業者は、平成一〇年一〇月一日までに、既に選任している産業医又は新たに選任しようとする産業医について、労働者の健康管理等を行うのに必要な医学に関する知識について労働省令で定める要件を備えた医師であるかどうかの確認を行う必要があること。

(2)　第三項〔編注・現第五項〕の「勧告」は、具体的には、労働安全衛生規則第十四条第一項の産業医の職務に係る事項について行われるものであること。また、勧告は、当該事業場の実情等を十分に考慮して行われる必要があること。

（平八・九・一三　基発第五六六号）

産業医の選任義務のない事業場の健康管理等

第十三条の二　事業者は、前条第一項の事業場以外の事業場については、労働者の健康管理等を行うのに必要な医学に関する知識を有する医師その他厚生労働省令で定める者に労働者の健康管理等の全部又は一部を行わせるように努めなければならない。

2　前条第四項の規定は、前項に規定する者に労働者の健康管理等の全部又は一部を行わせる事業者について準用する。この場合において、同条第四項中「提供しなければ」とあるのは、「提供するように努めなければ」と読み替えるものとする。

○通達

(1) 本条は、すべての事業場において労働者の健康の確保が図られるためには、産業医の選任義務のない事業場においても産業保健サービスが提供される必要があることから、事業者は、これらの事業場については、当該事業場の状況に応じ、必要な場合に、労働者の健康管理等を行うのに必要な医学に関する知識を有する医師その他労働省令で定める者に、労働者の健康管理等の全部又は一部を行わせるよう努めなければならないものとしたものであること。

(2) 「労働者の健康管理等を行うのに必要な医学に関する知識を有する医師」には、第十三条第二項の労働者の健康管理等を行うのに必要な医学に関する知識について労働省令で定める要件を備える者のほか、産業医学振興財団が都道府県医師会に委託して実施している産業医基本研修の修了者、産業医として選任された経験を有する者等が含まれるものであること。

(平八・九・一三　基発第五六六号)

産業医等への協力体制の整備

第十三条の三　事業者は、産業医又は前条第一項に規定する者による労働者の健康管理等の適切な実施を図るため、産業医又は同項に規定する者が労働者からの健康相談に応じ、適切に対応するために必要な体制の整備その他の必要な措置を講ずるように努めなければならない。

作業主任者
＊施行令
第六条
２６６頁

(作業主任者)

第十四条　事業者は、高圧室内作業その他の労働災害を防止するための管理を必要とする作業で、政令で定めるものについては、都道府県労働局長の免許を受けた者又は都道府県労働局長の登録を受けた者が行う技能講習を修了した者のうちから、厚生労働省令で定めるところにより、当該作業の区分に応じて、作業主任者を選任し、その者に当該作業に従事する労働者の指揮その他の厚生労働省令で定める事項を行わせなければならない。

▽罰則　六月以下の懲役又は五〇万円以下の罰金（法一一九（一））　両罰規定（法一二二）

統括安全衛生責任者
＊施行令
第七条
282頁

（統括安全衛生責任者）

第十五条　事業者で、一の場所において行う事業の仕事の一部を請負人に請け負わせているもの（当該事業の仕事の一部を請け負わせる契約が二以上あるため、その者が二以上あることとなるときは、当該請負契約のうちの最も先次の請負契約における注文者とする。以下「元方事業者」という。）のうち、建設業その他政令で定める業種に属する事業（以下「特定事業」という。）を行う者（以下「特定元方事業者」という。）は、その労働者及びその請負人（元方事業者の当該事業の仕事が数次の請負契約によつて行われるときは、当該請負人の請負契約の後次のすべての請負契約の当事者である請負人を含む。以下「関係請負人」という。）の労働者が当該場所において作業を行うときは、これらの労働者の作業が同一の場所において行われることによつて生ずる労働災害を防止するため、統括安全衛生責任者を選任し、その者に元方安全衛生管理者の指揮をさせるとともに、第三十条第一項各号の事項を統括管理させなければならない。ただし、これらの労働者の数が政令で定める数未満であるときは、この限りでない。

2　統括安全衛生責任者は、当該場所においてその事業の実施を統括管理する者をもつて充てなければならない。

3　第三十条第四項の場合において、同項のすべての労働者の数が政令で定める数以上であるときは、当該指名された事業者は、これらの労働者に関し、これらの労働者の作業が同一の場所において行われることによつて生ずる労働災害を防止するため、統括安全衛生責任者を選任し、その者に元方安全衛生管理者の指揮をさせるとともに、同条第一項各号の事項を統括管理させなければならない。この場合においては、当該指名された事業者及び当該指名された事業者以外の事業者については、第一項の規定は、適用しない。

4 第一項又は前項に定めるもののほか、第二十五条の二第一項に規定する仕事が数次の請負契約によつて行われる場合においては、第一項又は前項の規定により統括安全衛生責任者を選任した事業者は、統括安全衛生責任者に第三十条の三第五項において準用する第二十五条の二第二項の規定により技術的事項を管理する者の指揮をさせるとともに、同条第一項各号の措置を統括管理させなければならない。

5 第十条第三項の規定は、統括安全衛生責任者の業務の執行について準用する。この場合において、同項中「事業者」とあるのは、「当該統括安全衛生責任者を選任した事業者」と読み替えるものとする。

▽**罰則** 1・3・4項違反－五〇万円以下の罰金（法一二〇（一））両罰規定（法一二二）

○通達

1 第一五条および第三〇条の規定は、従来、労働災害防止団体等に関する法律第五七条に「元方事業主の義務」として規定されていたものを拡充整備したものであること。

2 「一の場所」の範囲については、請負契約関係にある数個の事業によって仕事が相関連して混在的に行なわれる各作業現場ごとに「一の場所」として取り扱われるのが原則であり、具体的には、労働者の作業の混在性等を考慮して、この法律の趣旨に即し、目的論的見地から定められるものであること。

なお、これを一般的に例示すれば、次のように考えられること。

(1) 建設業関係

（建築工事関係）

ビル建設工事　当該工事の作業場の全域

鉄塔建設工事　当該工事の作業場の全域

送配電線電気工事　当該工事の工区ごと

変電所又は火力発電所建設工事　当該工事の作業場の全域

（土木工事関係）

地下鉄道建設工事　当該工事の工区ごと

道路建設工事　当該工事の工区ごと

ずい道建設工事　当該工事の工区ごと

橋りょう建設工事　当該工事の作業場の全域

水力発電所建設工事　堰堤工事の作業場の全域
水路ずい道工事の工区ごと
発電所建設工事の作業場の全域

(2) 造船業関係

船殻作業場の全域
艤装又は修理作業場の全域
造機作業場の全域
　又は造船所の全域

3　発注者等が、工事の施工管理を行なう場合にも当該発注者等は「特定事業を行なうもの」に含まれるものであること。ただし、工事の設計監理のみを行なつているにすぎない場合には、当該発注者等は、「特定事業を行なうもの」に含まれないものであること。

（昭四七・九・一八　基発第六〇二号）

（統括安全衛生責任者への勧告）

第四項の規定は、一の場所において行われている仕事の労働災害発生率が他の同業種、同規模の仕事と比べて高く、それが統括安全衛生責任者の不適切な業務執行に基づくものであると考えられる場合等に、当該統括安全衛生責任者の業務の執行について当該統括安全衛生責任者を選任した事業者に勧告することができることとしたものであること。

（昭五三・二・一〇　基発第七七号）

元方安全衛生管理者

（元方安全衛生管理者）

第十五条の二　前条第一項又は第三項の規定により統括安全衛生責任者を選任した事業者で、建設業その他政令で定める業種に属する事業を行うものは、厚生労働省令で定める資格を有する者のうちから、厚生労働省令で定めるところにより、元方安全衛生管理者を選任し、その者に第三十条第一項各号の事項のうち技術的事項を管理させなければならない。

2　第十一条第二項の規定は、元方安全衛生管理者について準用する。この場合において、同項中「事業者」とあるのは、「当該元方安全衛生管理者を選任した事業者」と読み替えるものとする。

▽罰則　1項違反－五〇万円以下の罰金（法一二〇（一））　2項違反－五〇万円以下の罰金（法一二〇（二））
両罰規定（法一二二）

○通達

（元方安全衛生管理者）

(1)　元方安全衛生管理者は、統括安全衛生責任者の指揮を受けて、統括安全衛生責任者が統括管理すべき事項のうち技術的事項を管理するものであり、元方安全衛生管理者が設けられることによって統括安全衛生責任者の統括管理責任そのものに変更をもたらすものではないこと。

(2) 第一項の「技術的事項」とは、法第三〇条第一項各号の事項のうち安全又は衛生に関する具体的事項をいうものであり、専門技術的事項に限る趣旨のものではないこと。

（昭五五・一一・二五　基発第六四七号）

店社安全衛生管理者

（店社安全衛生管理者）

第十五条の三　建設業に属する事業の元方事業者は、その労働者及び関係請負人の労働者が一の場所（これらの労働者の数が厚生労働省令で定める数未満である場所及び第十五条第一項又は第三項の規定により統括安全衛生責任者を選任しなければならない場所を除く。）において作業を行うときは、当該場所において行われる仕事に係る請負契約を締結している事業場ごとに、これらの労働者の作業が同一の場所で行われることによつて生ずる労働災害を防止するため、厚生労働省令で定める資格を有する者のうちから、厚生労働省令で定めるところにより、店社安全衛生管理者を選任し、その者に、当該事業場で締結している当該請負契約に係る仕事を行う場所における第三十条第一項各号の事項を担当する者に対する指導その他厚生労働省令で定める事項を行わせなければならない。

2　第三十条第四項の場合において、同項のすべての労働者の数が厚生労働省令で定める数以上であるとき（第十五条第一項又は第三項の規定により統括安全衛生責任者を選任しなければならないときを除く。）は、当該指名された事業者で建設業に属する事業の仕事を行うものは、当該場所において行われる仕事に係る請負契約を締結している事業場ごとに、これらの労働者に関し、これらの労働者の作業が同一の場所で行われることによつて生ずる労働災害を防止するため、厚生労働省令で定める資格を有する者のうちから、厚生労働省令で定めるところにより、店社安全衛生管理者を選任し、その者に、当該事業場で締結している当該請負契約に係る仕事を行う場所における第三十条第一項各号の事項を担当する者に対する指導その他厚生労働省令で定める事項を行わせなければならない。この場合においては、当該指名された事業者及び当該指名された事業者以外の事業者については、前項の規定は適用しない。

○通達

(店社安全衛生管理者)

店社安全衛生管理者を選任しなければならない場合において、建設工事に係る請負契約を締結した事業場と異なる事業場において当該建設工事の現場に対する管理、指導を行っているときには、元方事業者は、店社安全衛生管理者を当該建設工事の現場の管理、指導を行っている事業場に配置しても差し支えないこと。

(平四・八・二四　基発第四八〇号)

安全衛生責任者

(安全衛生責任者)

第十六条　第十五条第一項又は第三項の場合において、これらの規定により統括安全衛生責任者を選任すべき事業者以外の請負人で、当該仕事を自ら行うものは、安全衛生責任者を選任し、その者に統括安全衛生責任者との連絡その他の厚生労働省令で定める事項を行わせなければならない。

2　前項の規定により安全衛生責任者を選任した請負人は、同項の事業者に対し、遅滞なく、その旨を通報しなければならない。

▽**罰則**　1項違反－五〇万円以下の罰金（法一二〇（一））両罰規定（法一二二）

安全委員会
＊施行令
第八条
283頁

（安全委員会）

第十七条　事業者は、政令で定める業種及び規模の事業場ごとに、次の事項を調査審議させ、事業者に対し意見を述べさせるため、安全委員会を設けなければならない。

一　労働者の危険を防止するための基本となるべき対策に関すること。

二　労働災害の原因及び再発防止対策で、安全に係るものに関すること。

三　前二号に掲げるもののほか、労働者の危険の防止に関する重要事項

2　安全委員会の委員は、次の者をもつて構成する。ただし、第一号の者である委員（以下「第一号の委員」という。）は、一人とする。

一　総括安全衛生管理者又は総括安全衛生管理者以外の者で当該事業場においてその事業の実施を統括管理するもの若しくはこれに準ずる者のうちから事業者が指名した者

二　安全管理者のうちから事業者が指名した者

三　当該事業場の労働者で、安全に関し経験を有するもののうちから事業者が指名した者

3　安全委員会の議長は、第一号の委員がなるものとする。

4　事業者は、第一号の委員以外の委員の半数については、当該事業場に労働者の過半数で組織する労働組合があるときにおいてはその労働組合、労働者の過半数で組織する労働組合がないときにおいては労働者の過半数を代表する者の推薦に基づき指名しなければならない。

5　前二項の規定は、当該事業場の労働者の過半数で組織する労働組合との間における労働協約に別段の定めがあるときは、その限度において適用しない。

▽**罰則**　1項違反－五〇万円以下の罰金（法一二〇（一））両罰規定（法一二二）

○**通達**

1　第一七条第二項第一号、第一八条第二項第一号または第一九条第二項第一号の「総括安全衛生管理者以外の者で当該事業場においてその事業の実施を統括管理するもの」とは、第一〇条に基づく総括安全衛生管理者の選任を必要としない事業場について規定されたものであり、同号の「これに準ずる者」とは、当該事業場において事業の実施を統括管理する者以外の者で、その者に準じた地位にある者（たとえば副所長、副工場長など）をさすものであること。

2　第一七条第二項第三号および第一九条第二項第四号の「安全に関し経験を有するもの」は、狭義の安全に関する業務経験を有する者のみをいうものではなく、当該事業における作業の実施またはこれらの作業に関する管理の面において、安全確保のために関係した経験を有する者を広く総称したものであること。

3　安全・衛生委員会の運営について、従来の過半数決定の規定を削除したのは、安全、衛生問題の本来的性格から、労使の意見の合致を前提とすることが望ましいという見解に基づくものであること。

4　安全・衛生委員会の会議の開催に要する時間は労働時間と解されること。従つて、当該会議が法定時間外に行なわれた場合には、それに参加した労働者に対し、当然、割増賃金が支払われなければならないものであること。

5　安全・衛生委員会の議長となる委員以外の委員の半数については、当該事業場に労働者の過半数で組織する労働組合があるときにおいては、その労働組合、労働者の過半数で組織する労働組合がないときにおいては、労働者の過半数を代表する者の推薦に基づき指名しなければならないこととされているが、種々の事情により労働者側の委員推薦が得られない場合には、事業者としては、委員推薦があるように誠意をもって話し合うべきものであり、その話し合いを続けている過程において、安全・衛生委員会の委員の推薦が労働者側から得られないために委員の指名もできず、委員会が設置されない場合があったとしても、事業者に、安全・衛生委員会の未設置に係る刑事責任の問題は発生しないと解されるものであること。

6　また、「推薦に基づき指名」するとは、第一七条から第一九条までに定めるところにより、適法な委員の推薦があった場合には、事業者は第一号の委員以外の委員の半数の限度において、その者を委員として指名しなければならない趣旨であること。

（昭四七・九・一八　基発第六〇二号、昭六三・九・一六　基発第六〇一号の一）

衛生委員会
＊施行令
第九条
２８４頁

（衛生委員会）

第十八条　事業者は、政令で定める規模の事業場ごとに、次の事項を調査審議させ、事業者に対し意見を述べさせるため、衛生委員会を設けなければならない。

一　労働者の健康障害を防止するための基本となるべき対策に関すること。

二　労働者の健康の保持増進を図るための基本となるべき対策に関すること。

三　労働災害の原因及び再発防止対策で、衛生に係るものに関すること。

四　前三号に掲げるもののほか、労働者の健康障害の防止及び健康の保持増進に関する重要事項

2　衛生委員会の委員は、次の者をもつて構成する。ただし、第一号の者である委員は、一人とする。

一　総括安全衛生管理者又は総括安全衛生管理者以外の者で当該事業場においてその事業の実施を統括管理するもの若しくはこれに準ずる者のうちから事業者が指名した者

二　衛生管理者のうちから事業者が指名した者

三　産業医のうちから事業者が指名した者

四　当該事業場の労働者で、衛生に関し経験を有するもののうちから事業者が指名した者

3　事業者は、当該事業場の労働者で、作業環境測定を実施している作業環境測定士であるものを衛生委員会の委員として指名することができる。

4　前条第三項から第五項までの規定は、衛生委員会について準用する。この場合において、同条第三項及び第四項中「第一号の委員」とあるのは、「第十八条第二項第一号の者である委員」と

読み替えるものとする。

▽**罰則** 1項違反－五〇万円以下の罰金（法一二〇（一）） 両罰規定（法一二二）

○通達

第一七条の通達（昭四七・九・一八 基発第六〇二号）参照

(1) 今回の改正により衛生委員会又は安全衛生委員会の構成員とされた産業医は、当該事業場に専属の産業医に限られるものではないこと。

(2) 産業医の出席を衛生委員会又は安全衛生委員会の開催要件とするか否かは、労働安全衛生規則第二三条第二項の「委員会の運営について必要な事項」に該当するものであり、したがって各委員会が定める事項であること。

（昭六三・九・一六 基発第六〇一号の一）

安全衛生委員会

（安全衛生委員会）

第十九条 事業者は、第十七条及び前条の規定により安全委員会及び衛生委員会を設けなければならないときは、それぞれの委員会の設置に代えて、安全衛生委員会を設置することができる。

2 安全衛生委員会の委員は、次の者をもつて構成する。ただし、第一号の者である委員は、一人とする。

一 総括安全衛生管理者又は総括安全衛生管理者以外の者で当該事業場においてその事業の実施を統括管理するもの若しくはこれに準ずる者のうちから事業者が指名した者

二　安全管理者及び衛生管理者のうちから事業者が指名した者
三　産業医のうちから事業者が指名した者
四　当該事業場の労働者で、安全に関し経験を有するもののうちから事業者が指名した者
五　当該事業場の労働者で、衛生に関し経験を有するもののうちから事業者が指名した者

3　事業者は、当該事業場の労働者で、作業環境測定を実施している作業環境測定士であるものを安全衛生委員会の委員として指名することができる。

4　第十七条第三項から第五項までの規定は、安全衛生委員会について準用する。この場合において、同条第三項及び第四項中「第一号の委員」とあるのは、「第十九条第二項第一号の者である委員」と読み替えるものとする。

○通達

第一七条の通達（昭四七・九・一八　基発第六〇二号）及び第一八条の通達（昭六三・九・一六　基発第六〇一号の一）参照

安全管理者等に対する教育等

（安全管理者等に対する教育等）

第十九条の二　事業者は、事業場における安全衛生の水準の向上を図るため、安全管理者、衛生管理者、安全衛生推進者、衛生推進者その他労働災害の防止のための業務に従事する者に対し、これらの者が従事する業務に関する能力の向上を図るための教育、講習等を行い、又はこれらを受ける機会を与えるように努めなければならない。

2　厚生労働大臣は、前項の教育、講習等の適切かつ有効な実施を図るため必要な指針を公表する

ものとする。

3 厚生労働大臣は、前項の指針に従い、事業者又はその団体に対し、必要な指導等を行うことができる。

〇通達

第一項の「その他労働災害の防止のための業務に従事する者」には、作業主任者及び元方安全衛生管理者が含まれること。

（昭六三・九・一六　基発第六〇一号の一）

国の援助

（国の援助）

第十九条の三 国は、第十三条の二第一項の事業場の労働者の健康の確保に資するため、労働者の健康管理等に関する相談、情報の提供その他の必要な援助を行うように努めるものとする。

〇通達

本条に基づく国の具体的な援助としては、地域産業保健センター事業による労働者の健康管理等に関する相談、情報の提供等があること。

（平八・九・一三　基発第五六六号）

第四章　労働者の危険又は健康障害を防止するための措置

機械設備・爆発物等による危険の防止措置

（事業者の講ずべき措置等）

第二十条　事業者は、次の危険を防止するため必要な措置を講じなければならない。

一　機械、器具その他の設備（以下「機械等」という。）による危険
二　爆発性の物、発火性の物、引火性の物等による危険
三　電気、熱その他のエネルギーによる危険

▽罰則　六月以下の懲役又は五〇万円以下の罰金（法一一九（一））　両罰規定（法一二二）

○通達

1　第二号の「引火性の物等」の「等」には、酸化性の物、可燃性のガスまたは粉じん、硫酸その他の腐食性液体等が含まれること。
2　第三号の「その他のエネルギー」には、アーク等の光、爆発の際の衝撃波等のエネルギーが含まれること。
（昭四七・九・一八　基発第六〇二号）

掘削等・墜落による危険の防止措置

第二十一条　事業者は、掘削、採石、荷役、伐木等の業務における作業方法から生ずる危険を防止するため必要な措置を講じなければならない。

2　事業者は、労働者が墜落するおそれのある場所、土砂等が崩壊するおそれのある場所等に係る危険を防止するため必要な措置を講じなければならない。

▽罰則　1・2項違反－六月以下の懲役又は五〇万円以下の罰金（法一一九（一））両罰規定（法一二二）

○通達

第二項の「土砂等が崩壊するおそれがある場所等」の「等」には、物体の落下するおそれのある場所等が含まれること。

（昭四七・九・一八　基発第六〇二号）

健康障害防止措置

第二十二条　事業者は、次の健康障害を防止するため必要な措置を講じなければならない。

一　原材料、ガス、蒸気、粉じん、酸素欠乏空気、病原体等による健康障害

二　放射線、高温、低温、超音波、騒音、振動、異常気圧等による健康障害

三　計器監視、精密工作等の作業による健康障害

四　排気、排液又は残さい物による健康障害

▽罰則　六月以下の懲役又は五〇万円以下の罰金（法一一九（一））両罰規定（法一二二）

○通達

第二号の「異常気圧等」の「等」には、赤外線、紫外線、レーザー光線等の有害光線が含まれること。

（昭四七・九・一八　基発第六〇二号）

通路等の保全、換気、採光等の必要な措置

第二十三条　事業者は、労働者を就業させる建設物その他の作業場について、通路、床面、階段等の保全並びに換気、採光、照明、保温、防湿、休養、避難及び清潔に必要な措置その他労働者の健康、風紀及び生命の保持のため必要な措置を講じなければならない。

▽罰則　六月以下の懲役又は五〇万円以下の罰金（法一一九（一））両罰規定（法一二二）

作業行動についての必要な措置

第二十四条　事業者は、労働者の作業行動から生ずる労働災害を防止するため必要な措置を講じなければならない。

▽罰則　六月以下の懲役又は五〇万円以下の罰金（法一一九（一））両罰規定（法一二二）

危険急迫時の作業中止、退避等

第二十五条　事業者は、労働災害発生の急迫した危険があるときは、直ちに作業を中止し、労働者を作業場から退避させる等必要な措置を講じなければならない。

▽罰則　六月以下の懲役又は五〇万円以下の罰金（法一一九（一））両罰規定（法一二二）

○通達

本条は、事業者の義務として、災害発生の緊急時において労働者を退避させるべきことを規定したものであるが、客観的に労働災害の発生が差し迫っているときには、事業者の措置を待つまでもなく、労働者は、緊急避難のため、その自主的判断によって当然その作業現場から退避できることは、法の規定をまつまでもないものであること。

（昭四七・九・一八　基発第六〇二号）

爆発・火災等による労働者の救護措置

第二十五条の二　建設業その他政令で定める業種に属する事業の仕事で、政令で定めるものを行う事業者は、爆発、火災等が生じたことに伴い労働者の救護に関する措置がとられる場合における

＊施行令
第九条の二
２８４頁

労働災害の発生を防止するため、次の措置を講じなければならない。
一　労働者の救護に関し必要な機械等の備付け及び管理を行うこと。
二　労働者の救護に関し必要な事項についての訓練を行うこと。
三　前二号に掲げるもののほか、爆発、火災等に備えて、労働者の救護に関し必要な事項を行うこと。

2　前項に規定する事業者は、厚生労働省令で定める資格を有する者のうちから、厚生労働省令で定めるところにより、同項各号の措置のうち技術的事項を管理する者を選任し、その者に当該技術的事項を管理させなければならない。

▽**罰則**　1項違反－六月以下の懲役又は五〇万円以下の罰金（法一一九（一））　2項違反－五〇万円以下の罰金（法一二〇（一））　両罰規定（法一二二）

○通達

（救護の安全に関する措置）

1　本条は、労働者の救護に関する措置がとられる場合に備えて事業者は、あらかじめ必要な措置を講じなければならないことを規定したものであり、事業者の救護義務自体について規定したものではないこと。したがつて、消防法の規定等現在の事故発生時における救護責任のあり方を変更するものではないこと。

2　第二項の「技術的事項」については前記1（編注＝第一五条の二の通達「元方安全衛生管理者」の(2)と同趣旨であること。

（昭五五・一一・二五　基発第六四七号）

労働者の遵守

第二十六条　労働者は、事業者が第二十条から第二十五条まで及び前条第一項の規定に基づき講ず

義務

る措置に応じて、必要な事項を守らなければならない。

▽**罰則**　五〇万円以下の罰金（法一二〇（一））両罰規定（法一二二）

事業者が講ずべき措置等

第二十七条　第二十条から第二十五条まで及び第二十五条の二第一項の規定により事業者が講ずべき措置及び前条の規定により労働者が守らなければならない事項は、厚生労働省令で定める。

2　前項の厚生労働省令を定めるに当たつては、公害（環境基本法（平成五年法律第九十一号）第二条第三項に規定する公害をいう。）その他一般公衆の災害で、労働災害と密接に関連するものの防止に関する法令の趣旨に反しないように配慮しなければならない。

技術上の指針等の公表等

（技術上の指針等の公表等）

第二十八条　厚生労働大臣は、第二十条から第二十五条まで及び第二十五条の二第一項の規定により事業者が講ずべき措置の適切かつ有効な実施を図るため必要な業種又は作業ごとの技術上の指針を公表するものとする。

2　厚生労働大臣は、前項の技術上の指針を定めるに当たつては、中高年齢者に関して、特に配慮するものとする。

3　厚生労働大臣は、次の化学物質で厚生労働大臣が定めるものを製造し、又は取り扱う事業者が当該化学物質による労働者の健康障害を防止するための指針を公表するものとする。

一　第五十七条の四第四項の規定による勧告又は第五十七条の五第一項の規定による指示に係る化学物質

二　前号に掲げる化学物質以外の化学物質で、がんその他の重度の健康障害を労働者に生ずるお

それのあるもの

4　厚生労働大臣は、第一項又は前項の規定により、技術上の指針又は労働者の健康障害を防止するための指針を公表した場合において必要があると認めるときは、事業者又はその団体に対し、当該技術上の指針又は労働者の健康障害を防止するための指針に関し必要な指導等を行うことができる。

事業者の行うべき調査等

（事業者の行うべき調査等）

第二十八条の二　事業者は、厚生労働省令で定めるところにより、建設物、設備、原材料、ガス、蒸気、粉じん等による、又は作業行動その他業務に起因する危険性又は有害性等（第五十七条第一項の政令で定める物及び第五十七条の二第一項に規定する通知対象物による危険性又は有害性等を除く。）を調査し、その結果に基づいて、この法律又はこれに基づく命令の規定による措置を講ずるほか、労働者の危険又は健康障害を防止するため必要な措置を講ずるように努めなければならない。ただし、当該調査のうち、化学物質、化学物質を含有する製剤その他の物で労働者の危険又は健康障害を生ずるおそれのあるものに係るもの以外のものについては、製造業その他厚生労働省令で定める業種に属する事業者に限る。

2　厚生労働大臣は、前条第一項及び第三項に定めるもののほか、前項の措置に関して、その適切かつ有効な実施を図るため必要な指針を公表するものとする。

3　厚生労働大臣は、前項の指針に従い、事業者又はその団体に対し、必要な指導、援助等を行うことができる。

元方事業者の

（元方事業者の講ずべき措置等）

（講ずべき措置等）

第二十九条　元方事業者は、関係請負人及び関係請負人の労働者が、当該仕事に関し、この法律又はこれに基づく命令の規定に違反しないよう必要な指導を行なわなければならない。

2　元方事業者は、関係請負人又は関係請負人の労働者が、当該仕事に関し、この法律又はこれに基づく命令の規定に違反していると認めるときは、是正のため必要な指示を行なわなければならない。

3　前項の指示を受けた関係請負人又はその労働者は、当該指示に従わなければならない。

（元方事業者の講ずべき技術上の指導等）

第二十九条の二　建設業に属する事業の元方事業者は、土砂等が崩壊するおそれのある場所、機械等が転倒するおそれのある場所その他の厚生労働省令で定める場所において関係請負人の労働者が当該事業の仕事の作業を行うときは、当該関係請負人が講ずべき当該場所に係る危険を防止するための措置が適正に講ぜられるように、技術上の指導その他の必要な措置を講じなければならない。

○通達

元方事業者の講ずべき技術上の指導その他の必要な措置には、技術上の指導のほか、危険を防止するために必要な資材等の提供、元方事業者が自ら又は関係請負人と共同して危険を防止するための措置を講じること等が含まれる。なお、具体的に元方事業者がどのような措置を講じる必要があるかについては、元方事業者と関係請負人との間の請負契約等においてどのような責任分担となっているか、また、どの程度の危険防止措置が必要であるかにより異なるものであり、当該建設現場における状況に応じて適切な措置がとられるよう必要な指導を行うこと。

（平四・八・二四　基発第四八〇号）

特定元方事業者等の講ずべき措置

（特定元方事業者等の講ずべき措置）

第三十条　特定元方事業者は、その労働者及び関係請負人の労働者の作業が同一の場所において行われることによつて生ずる労働災害を防止するため、次の事項に関する必要な措置を講じなければならない。

一　協議組織の設置及び運営を行うこと。

二　作業間の連絡及び調整を行うこと。

三　作業場所を巡視すること。

四　関係請負人が行う労働者の安全又は衛生のための教育に対する指導及び援助を行うこと。

五　仕事を行う場所が仕事ごとに異なることを常態とする業種で、厚生労働省令で定めるものに属する事業を行う特定元方事業者にあつては、仕事の工程に関する計画及び作業場所における機械、設備等の配置に関する計画を作成するとともに、当該機械、設備等を使用する作業に関し関係請負人がこの法律又はこれに基づく命令の規定に基づき講ずべき措置についての指導を行うこと。

六　前各号に掲げるもののほか、当該労働災害を防止するため必要な事項

2　特定事業の仕事の発注者（注文者のうち、その仕事を他の者から請け負わないで注文している者をいう。以下同じ。）で、特定元方事業者以外のものは、一の場所において行なわれる特定事業の仕事を二以上の請負人に請け負わせている場合において、当該場所において当該仕事に係る二以上の請負人の労働者が作業を行なうときは、厚生労働省令で定めるところにより、請負人で当該仕事を自ら行なう事業者であるもののうちから、前項に規定する措置を講ずべき者として一

人を指名しなければならない。一の場所において行なわれる特定事業の仕事の全部を請け負った者で、特定元方事業者以外のもののうち、当該仕事を二以上の請負人に請け負わせている者についても、同様とする。

3　前項の規定による指名がされないときは、同項の指名は、労働基準監督署長がする。

4　第二項又は前項の規定による指名がされたときは、当該指名された事業者は、当該場所において当該仕事の作業に従事するすべての労働者に関し、第一項に規定する措置を講じなければならない。この場合においては、当該指名された事業者及び当該指名された事業者以外の事業者については、第一項の規定は、適用しない。

▽**罰則**　1・4項違反－五〇万円以下の罰金（法一二〇（一））　両罰規定（法一二二）

○通達

1　第一項第四号〔現行＝第五号〕の措置は、特定元方事業者の義務として、従来の労働災害防止団体等に関する法律第五七条第一項に規定する元方事業者の義務に新たに加えたものであること。なお、同項第一号の義務については、従来の取扱いとは異なり、労働者数の如何にかかわらず特定元方事業者の義務としたものであること。

2　第二項前段および第四項の規定は、建設業におけるいわゆる分割発注等の場合にみられるごとく、同一の場所において相関連して行なわれる一の仕事が二以上の請負人に分割して発注され、かつ、発注者自身は当該仕事を自ら行なわない場合について規定したものであること。かかる場合には、第三〇条第一項に規定する措置を講ずべき事業者が二以上あることとなるので、統括管理の性質に即し、発注者をして、請負人で当該仕事を自ら行なうもののうちから同項に規定する措置を講ずべき者一人を指名させることとしたものであること。

なお、第三〇条第二項後段の規定は、元請負人が、いわゆる分割発注等を行なう場合について同様の定めをしたものであること。

これを図示すれば次のとおりとなること。〈次頁に掲載〉

3　第三〇条第三項の規定により労働基準監督署長が行なう指名は、別紙様式第二号により行なうこと。この場合において、指名の対象となる事業者は、原則として労働安全衛生規則第六四三条第一項各号のいずれかに該当する者のうちから選定すること。

（昭四七・九・一八　基発第六〇二号）

（特定元方事業者等の講ずべき措置の強化）

第一項第五号の規定により作成される計画は、混在作業に起因する危険を防止するための施工の順序及び当該作業場において使用する機械、設備等の配置が示されたものであり、工事着工時点における計画のほか、工事着工後、工程の進捗に応じて変更され、又はより具体化される作業の計画も含まれること。

なお、短時日の作業段取りについてまでも書面により作成することを要求する趣旨でないこと。

また、これらの計画については、関係請負人に周知徹底されるよう指導すること。

（昭五五・一一・二五　基発第六四七号）

製造業等の元方事業者の講ずべき措置

第三十条の二　製造業その他政令で定める業種に属する事業（特定事業を除く。）の元方事業者は、その労働者及び関係請負人の労働者の作業が同一の場所において行われることによつて生ずる労働災害を防止するため、作業間の連絡及び調整を行うことに関する措置その他必要な措置を講じなければならない。

2　前条第二項の規定は、前項に規定する事業の仕事の発注者について準用する。この場合において、同条第二項中「特定元方事業者」とあるのは「元方事業者」と、「特定事業の仕事を二以上」

イ　法第 30 条第 2 項前段の場合

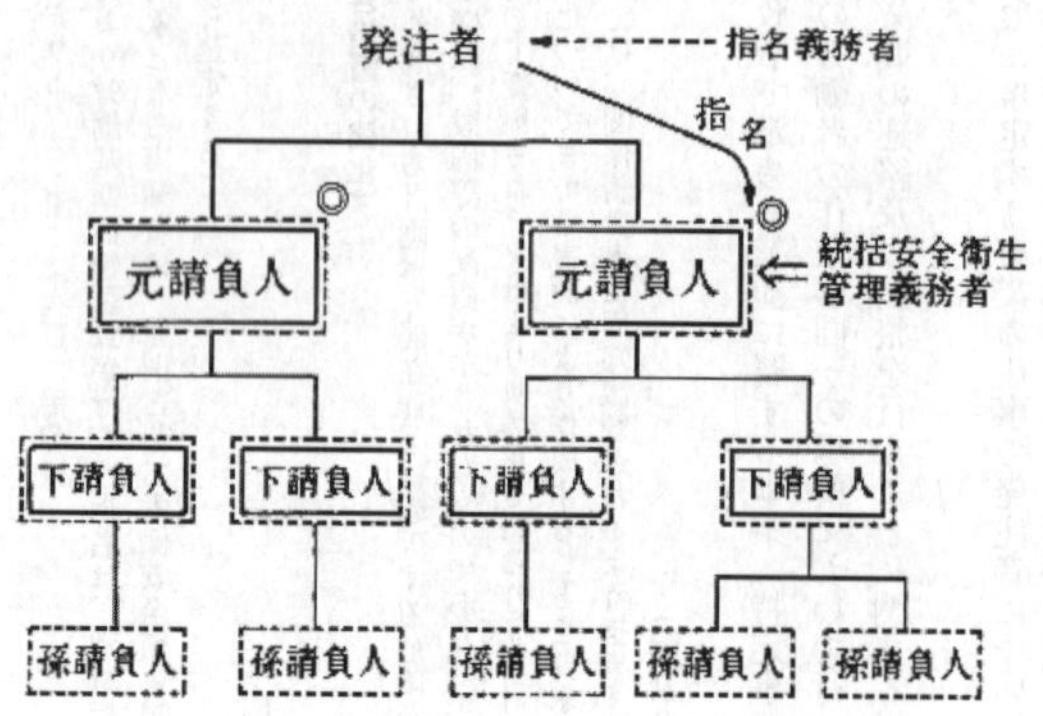

ロ　法第30条第2項後段の場合

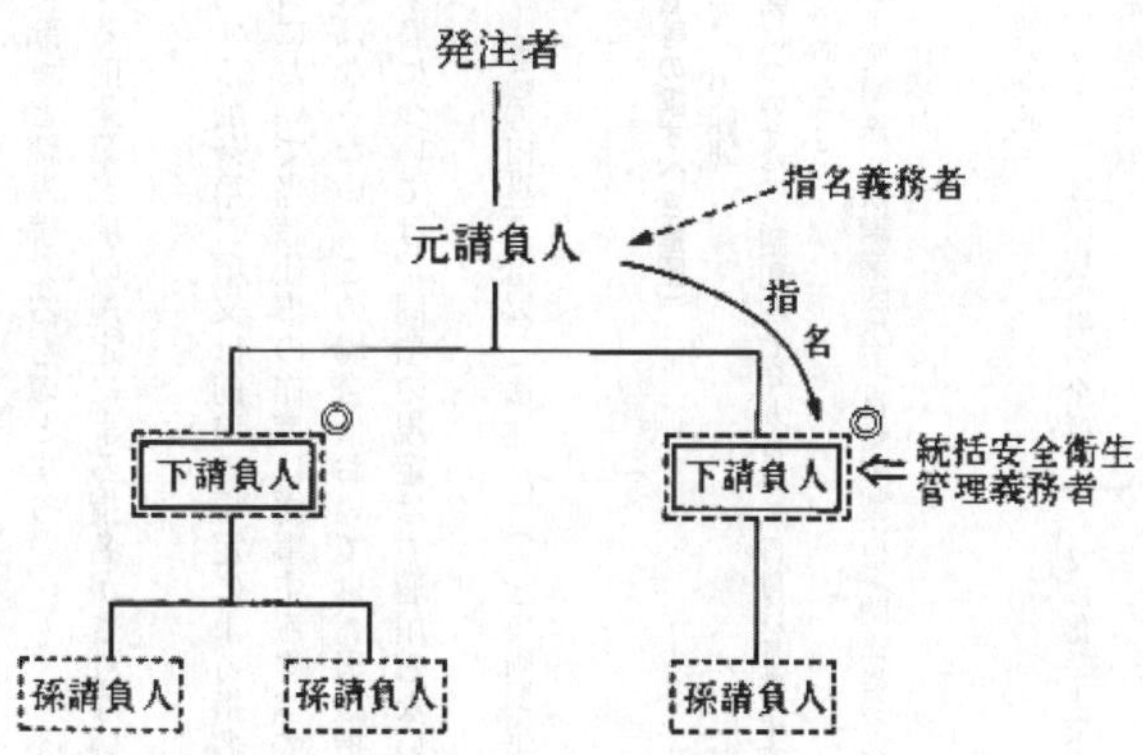

(注) ①　▭ 内の者は、一の場所において行なう事業の仕事の一部を請負人に請け負わせているものをさす。

②　┆┄┆ 内の者は、一の場所で自ら仕事を行なっているものをさす。

③　◎印は、特定元方事業者をさす。

とあるのは「仕事を二以上」と、「前項」とあるのは「次条第一項」と、「特定事業の仕事の全部」とあるのは「仕事の全部」と読み替えるものとする。

3　前項において準用する前条第二項の規定による指名がされないときは、同項の指名は、労働基準監督署長がする。

4　第二項において準用する前条第二項又は前項の規定による指名がされたときは、当該指名された事業者は、当該場所において当該仕事の作業に従事するすべての労働者に関し、第一項に規定する措置を講じなければならない。この場合においては、当該指名された事業者及び当該指名された事業者以外の事業者については、同項の規定は、適用しない。

▽**罰則**　1・4項違反－五〇万円以下の罰金（法一二〇（一））両罰規定（法一二二）

○通達

（製造業等の元方事業者等の講ずべき措置）

(1)　第一項の「一の場所」の範囲

「一の場所」の範囲については、昭和四七年九月一八日付け基発第六〇二号Ⅰの七の(2)〔編注＝第一五条の通達参照〕と同様であること。

なお、これを化学工業関係、鉄鋼業関係、自動車製造業関係について例示すれば、次のように考えられること。

ア　化学工業関係

製造施設作業場の全域
用役（ユーティリティ）施設作業場の全域 ｝又は化学工業事業場の全域
入出荷施設作業場の全域

イ　鉄鋼業関係
　製鋼作業場の全域
　熱延作業場の全域　｝又は製鉄所の全域
　冷延作業場の全域
ウ　自動車製造業関係
　プレス・溶接作業場の全域
　塗装作業場の全域　｝又は自動車製造事業場の全域
　組立作業場の全域
(2)　第一項の「その他政令で定める業種」は、定められていないこと。
(3)　第一項の「作業間の連絡及び調整」とは、混在作業による労働災害を防止するために、次に掲げる一連の事項の実施等により行うものであること。
①　各関係請負人が行う作業についての段取りの把握
②　混在作業による労働災害を防止するための段取りの調整
③　②の調整を行った後における当該段取りの各関係請負人への指示
(4)　第二項及び第四項の規定は、第三〇条第二項及び第四項と同様、いわゆる分割発注等の場合にみられるように、同一の場所において相関連して行われる一の仕事が二以上の請負人に分割して発注され、かつ、発注者自身は当該仕事を自ら行わない場合について規定したものであること。
(5)　第三項の規定により労働基準監督署長が指名を行う場合は、昭和四七年九月一八日付け基発第六〇二号の別紙様式第二号〈略〉と同様の様式により行うこと。この場合において指名の対象となる事業者は原則として安衛則第六四三条の七において準用する第六四三条第一項各号のいずれかに該当する者のうちから選定すること。

（平一八・二・二四　基発第〇二二四〇〇三号）

元方事業者の講ずべき安全確保措置

第三十条の三 第二十五条の二第一項に規定する仕事が数次の請負契約によつて行われる場合（第四項の場合を除く。）においては、元方事業者は、当該場所において当該仕事の作業に従事するすべての労働者に関し、同条第一項各号の措置を講じなければならない。この場合においては、当該元方事業者及び当該元方事業者以外の事業者については、同項の規定は、適用しない。

2 第三十条第二項の規定は、第二十五条の二第一項に規定する仕事の発注者について準用する。この場合において、第三十条第二項中「特定元方事業者」とあるのは「元方事業者」と、「特定事業の仕事を二以上」とあるのは「仕事を二以上」と、「前項に規定する措置」とあるのは「第二十五条の二第一項各号の措置」と、「特定事業の仕事の全部」とあるのは「仕事の全部」と読み替えるものとする。

3 前項において準用する第三十条第二項の規定による指名がされないときは、同項の指名は、労働基準監督署長がする。

4 第二項において準用する第三十条第二項又は前項の規定による指名がされたときは、当該指名された事業者は、当該場所において当該仕事の作業に従事するすべての労働者に関し、第二十五条の二第一項各号の措置を講じなければならない。この場合においては、当該指名された事業者及び当該指名された事業者以外の事業者については、同項の規定は、適用しない。

5 第二十五条の二第二項の規定は、第一項に規定する元方事業者及び前項の指名された事業者について準用する。この場合においては、当該元方事業者及び当該指名された事業者並びに当該元方事業者及び当該指名された事業者以外の事業者については、同条第二項の規定は、適用しない。

▽**罰則** 1・4項違反－六月以下の懲役又は五〇万円以下の罰金（法一一九（一））　5項違反－五〇万円

以下の罰金（法一二〇（一））両罰規定（法一二二）

注文者の講ずべき措置

安衛法

（注文者の講ずべき措置）

第三十一条 特定事業の仕事を自ら行う注文者は、建設物、設備又は原材料（以下「建設物等」という。）を、当該仕事を行う場所においてその請負人（当該仕事が数次の請負契約によつて行われるときは、当該請負人の請負契約の後次のすべての請負契約の当事者である請負人を含む。第三十一条の四において同じ。）の労働者に使用させるときは、当該建設物等について、当該労働者の労働災害を防止するため必要な措置を講じなければならない。

2 前項の規定は、当該事業の仕事が数次の請負契約によつて行なわれることにより同一の建設物等について同項の措置を講ずべき注文者が二以上あることとなるときは、後次の請負契約の当事者である注文者については、適用しない。

▽**罰則** 1項違反－六月以下の懲役又は五〇万円以下の罰金（法一一九（一））両罰規定（法一二二）

○通達

1 本条は、建設業等の仕事を自ら行なう注文者は、建設物等を当該仕事を行なう場所においてその請負人の労働者に使用させる場合には、当該建設物等について、当該労働者の労働災害を防止するため必要な措置を講ずる義務があることを定めたものであること。この場合においても、当該請負人も、労働基準法その他労働者の安全及び衛生に関する法令に基づき、その使用する労働者に係る当該建設物等について、安全衛生上の措置を講ずべき義務を免れるものではなく、法第五八条（現行＝安衛法第三一条）の趣旨は、かかる場合には、注文者及び請負人は、相協力して当該建設物等について労働災害の防止に関し必要な措置を講ずべきものであるというにあること。

2　本条の規定に基づき建設物等について措置義務を負うこととなる注文者は、次の要件をみたす者であり、これらの要件をみたす限り、法第五七条（現行＝安衛法第一五条）第一項に規定する措置を講ずべき元方事業主は勿論、その他の請負人も法第五八条（現行＝安衛法第三一条）に規定する措置を講ずる義務があること。

(イ)　法第五七条（現行＝安衛法第一五条）第一項の事業の仕事を自ら行なう注文者であること。

(ロ)　建設物等を当該仕事を行なう場所においてその請負人（当該仕事が数次の請負契約によって行なわれる場合には、当該請負人の請負契約の後次のすべての請負契約の当事者である請負人を含む。）の労働者に使用させる注文主であること。なお、「当該仕事を行なう場所」の範囲は、法第五七条（現行＝安衛法第一五条）第一項の「一の場所」の範囲に準じて解すべきものであること。

(ハ)　当該仕事が数次の請負契約によって行なわれ、かつ、当該建設物等が順次下位の請負人の労働者に使用させるという関係がある場合には、当該請負契約関係においても最も上位にある注文者であること。

（昭三九・一一・六　基発第一二五一号）

本条の規定は、従来、労働災害防止団体等に関する法律第五八条に「注文者の義務」として規定されていたものと同一であること。

（昭四七・九・一八　基発第六〇二号）

化学物質を扱う注文者による災害防止措置

＊施行令　第九条の三　286頁

第三十一条の二　化学物質、化学物質を含有する製剤その他の物を製造し、又は取り扱う設備で政令で定めるものの改造その他の厚生労働省令で定める作業に係る仕事の注文者は、当該物について、当該仕事に係る請負人の労働者の労働災害を防止するため必要な措置を講じなければならない。

▽**罰則**　六月以下の懲役又は五〇万円以下の罰金（法一一九（一））　両罰規定（法一二二）

特定作業に係る災害防止措置

第三十一条の三　建設業に属する事業の仕事を行う二以上の事業者の労働者が一の場所において機械で厚生労働省令で定めるものに係る作業（以下この条において「特定作業」という。）を行う場合において、特定作業に係る仕事を自ら行う発注者又は当該仕事の全部を請け負つた者で、当該場所において当該仕事の一部を請け負わせているものは、厚生労働省令で定めるところにより、当該場所において特定作業に従事するすべての労働者の労働災害を防止するため必要な措置を講じなければならない。

2　前項の場合において、同項の規定により同項に規定する措置を講ずべき者がいないときは、当該場所において行われる特定作業に係る仕事の全部を請負人に請け負わせている建設業に属する事業の元方事業者又は第三十条第二項若しくは第三項の規定により指名された事業者で建設業に属する事業を行うものは、前項に規定する措置を講ずる者を指名する等当該場所において特定作業に従事するすべての労働者の労働災害を防止するため必要な配慮をしなければならない。

○通達

(1)　第一項の「機械で厚生労働省令で定めるものに係る作業を行う場合」とは、直接当該機械に係る作業を行う場合をいうものであり、例えば移動式クレーンに係る作業において、つり荷、使用する移動式クレーン、荷卸しの箇所等を単に示すのみの場合は含まれないこと。

(2)　第一項の「特定作業に係る仕事を自ら行う発注者」とは、建設業に属する事業の事業者であって、仕事を他の者から請け負わないで注文し、かつ、特定作業に係る作業を自ら行う者であること。

(3)　第一項の「当該仕事の全部を請け負った者で、当該場所において当該仕事の一部を請け負わせているもの」とは、特定作業を共同して行う複数の事業者のうち、当該特定作業に係る仕事の全部を請け負った者で、特定作業に係る作業を自ら行うものであること。

(4) 元方事業者等が第二項の規定に基づいて、第一項に規定する措置を講ずる者を指名する場合には、当該者を機械的に指名するのではなく、当該特定作業の実態に応じて適切な者を指名するよう努めるとともに、元方事業者等において、当該指名された者が第一項の必要な措置を行うことができるよう適切な配慮を行うよう指導すること。

(5) 第二項の規定により指名を受けた事業者は、第一項の「必要な措置」を講じなければならない法律上の義務を負うものではないが、適切な措置を講じるよう指導すること。

(6) 本条の措置義務の関係を図示すれば次のようになること。〈64頁に掲載〉

（平四・八・二四　基発第四八〇号）

違法な指示の禁止

（違法な指示の禁止）

第三十一条の四　注文者は、その請負人に対し、当該仕事に関し、その指示に従つて当該請負人の労働者を労働させたならば、この法律又はこれに基づく命令の規定に違反することとなる指示をしてはならない。

○通達

〔違法な指示の禁止〕

本条は、指示を行った者が労働安全衛生法又はこれに基づく命令の規定に違反する行為が行われることを認識して当該指示を行った場合に適用されるものであり、指示の内容が一般的であって、請負人がその指示に従ったとしても労働安全衛生法又はこれに基づく命令の規定に違反することなく当該指示の目的を果たせる場合において、結果として請負人が命令違反を行ったようなときについては、その適用がないこと。

（平四・八・二四　基発第四八〇号）

請負人の講ずべき措置等

（請負人の講ずべき措置等）
第三十二条　第三十条第一項又は第四項の場合において、同条第一項に規定する措置を講ずべき事業者以外の請負人で、当該仕事を自ら行うものは、これらの規定により講ぜられる措置に応じて、必要な措置を講じなければならない。

2　第三十条の二第一項又は第四項の場合において、同条第一項に規定する措置を講ずべき事業者以外の請負人で、当該仕事を自ら行うものは、これらの規定により講ぜられる措置に応じて、必要な措置を講じなければならない。

3　第三十条の三第一項又は第四項の場合において、第二十五条の二第一項各号の措置を講ずべき事業者以外の請負人で、当該仕事を自ら行うものは、第三十条の三第一項又は第四項の規定により講ぜられる措置に応じて、必要な措置を講じなければならない。

4　第三十一条第一項の場合において、当該建設物等を使用する労働者に係る事業者である請負人は、同項の規定により講ぜられる措置に応じて、必要な措置を講じなければならない。

5　第三十一条の二の場合において、同条に規定する仕事に係る請負人は、同条の規定により講ぜられる措置に応じて、必要な措置を講じなければならない。

6　第三十条第一項若しくは第四項、第三十条の二第一項若しくは第四項、第三十条の三第一項若しくは第四項、第三十一条第一項又は第三十一条の二の場合において、労働者は、これらの規定又は前各項の規定により講ぜられる措置に応じて、必要な事項を守らなければならない。

7　第一項から第五項までの請負人及び前項の労働者は、第三十条第一項の特定元方事業者等、第三十条の二第一項若しくは第三十条の三第一項の元方事業者等、第三十一条第一項若しくは第

第１項の場合

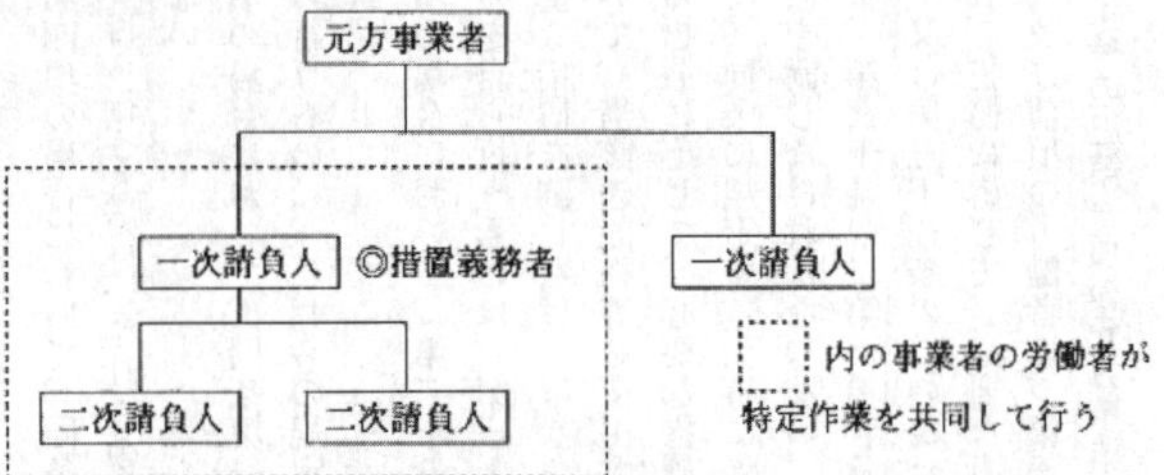
元方事業者
一次請負人
◎措置義務者
一次請負人
二次請負人
二次請負人
内の事業者の労働者が
特定作業を共同して行う

第２項の場合（第１項に該当しない場合）

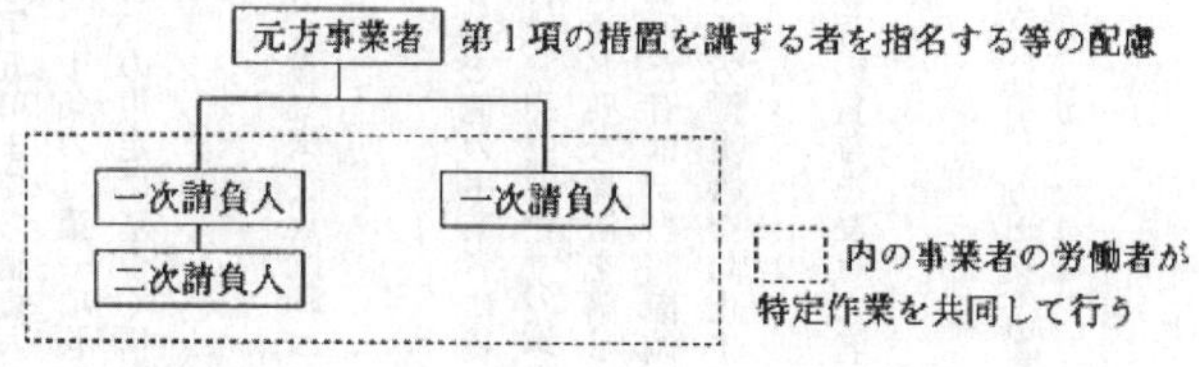

三十一条の二の注文者又は第一項から第五項までの請負人が第三十条第一項若しくは第四項、第三十条の二第一項若しくは第四項、第三十条の三第一項若しくは第四項、第三十一条第一項、第三十一条の二又は第一項から第五項までの規定に基づく措置の実施を確保するためにする指示に従わなければならない。

▽**罰則** 1〜6項違反－五〇万円以下の罰金（法一二〇（一））両罰規定（法一二二）

機械等貸与者等の講ずべき措置等
＊施行令
第十条
287頁

（機械等貸与者等の講ずべき措置等）

第三十三条 機械等で、政令で定めるものを他の事業者に貸与する者で、厚生労働省令で定めるもの（以下「機械等貸与者」という。）は、当該機械等の貸与を受けた事業者の事業場における当該機械等による労働災害を防止するため必要な措置を講じなければならない。

2 機械等貸与者から機械等の貸与を受けた者は、当該機械等を操作する者がその使用する労働者でないときは、当該機械等の操作による労働災害を防止するため必要な措置を講じなければならない。

3 前項の機械等を操作する者は、機械等の貸与を受けた者が同項の規定により講ずる措置に応じて、必要な事項を守らなければならない。

▽**罰則** 1・2項違反－六月以下の懲役又は五〇万円以下の罰金（法一一九（一））3項違反－五〇万円以下の罰金（法一二〇（一））両罰規定（法一二二）

建築物貸与者の講ずべき措置
＊施行令第十一条
289頁

重量表示

（建築物貸与者の講ずべき措置）

第三十四条 建築物で、政令で定めるものを他の事業者に貸与する者（以下「建築物貸与者」という。）は、当該建築物の貸与を受けた事業者の事業に係る当該建築物による労働災害を防止するため必要な措置を講じなければならない。ただし、当該建築物の全部を一の事業者に貸与するときは、この限りでない。

▽**罰則** 六月以下の懲役又は五〇万円以下の罰金（法一一九（一））両罰規定（法一二二）

○通達

令第一一条で定める建築物の全部の貸与を受けた者が、それを他の事業者に転貸する場合には、その転貸者を本条の「建築物貸与者」とすること。

（昭四七・九・一八 基発第六〇二号）

（重量表示）

第三十五条 一の貨物で、重量が一トン以上のものを発送しようとする者は、見やすく、かつ、容易に消滅しない方法で、当該貨物にその重量を表示しなければならない。ただし、包装されていない貨物で、その重量が一見して明らかであるものを発送しようとするときは、この限りでない。

▽**罰則** 六月以下の懲役又は五〇万円以下の罰金（法一一九（一））両罰規定（法一二二）

○通達

1　本条は、貨物を取り扱う者が、その重量について誤つた認識をもつて当該貨物を取り扱うことから生ずる労働災害を防止することを目的として定められたものであること。
2　本条の「発送」には、事業場構内における荷の移動は含まないものであること。
3　本条の「発送しようとする者」とは、最初に当該貨物を運送のルートにのせようとする者をいい、その途中における運送取扱者等は含まない趣旨であること。
なお、数個の貨物をまとめて、重量が一トン以上の一個の貨物とした者は、ここでいう「最初に当該貨物を運送のルートにのせようとする者」に該当すること。
4　本条の「その重量が一見して明らかなもの」とは、丸太、石材、鉄骨材等のように外観により重量の推定が可能であるものをいうこと。
5　コンテナ貨物についての本条の重量表示は、当該コンテナにその最大積載重量を表示されていれば足りるものであること。

(昭四七・九・一八　基発第六〇二号)

厚生労働省令への委任

(厚生労働省令への委任)

第三十六条　第三十条第一項若しくは第四項、第三十条の二第一項若しくは第四項、第三十条の三第一項若しくは第四項、第三十一条第一項、第三十一条の二、第三十二条第一項から第五項まで、第三十三条第一項若しくは第二項又は第三十四条の規定によりこれらの規定に定める者が講ずべき措置及び第三十二条第六項又は第三十三条第三項の規定によりこれらの規定に定める者が守らなければならない事項は、厚生労働省令で定める。

第五章　機械等並びに危険物及び有害物に関する規制

第一節　機械等に関する規制

特定機械等の製造許可
＊施行令
第十二条
２８９頁

（製造の許可）

第三十七条　特に危険な作業を必要とする機械等として別表第一に掲げるもので、政令で定めるもの（以下「特定機械等」という。）を製造しようとする者は、厚生労働省令で定めるところにより、あらかじめ、都道府県労働局長の許可を受けなければならない。

２　都道府県労働局長は、前項の許可の申請があつた場合には、その申請を審査し、申請に係る特定機械等の構造等が厚生労働大臣の定める基準に適合していると認めるときでなければ、同項の許可をしてはならない。

▽**罰則**　１項違反－一年以下の懲役又は一〇〇万円以下の罰金（法一一七）両罰規定（法一二二）

製造時等検査等

（製造時等検査等）

第三十八条　特定機械等を製造し、若しくは輸入した者、特定機械等で厚生労働省令で定める期間設置されなかつたものを設置しようとする者又は特定機械等で使用を廃止したものを再び設置し、若しくは使用しようとする者は、厚生労働省令で定めるところにより、当該特定機械等及びこれに係る厚生労働省令で定める事項について、当該特定機械等が、特別特定機械等（特定機械等のうち厚生労働省令で定めるものをいう。以下同じ。）以外のものであるときは都道府県労働局長の、特別特定機械等であるときは厚生労働大臣の登録を受けた者（以下「登録製造時等検査機関」という。）の検査を受けなければならない。ただし、輸入された特定機械等及びこれに係る厚生労働省令で定める事項（次項において「輸入時等検査対象機械等」という。）について当該特定機械等を外国において製造した者が次項の規定による検査を受けた場合は、この限りでない。

2　前項に定めるもののほか、次に掲げる場合には、輸入時等検査対象機械等について、外国において特定機械等を製造した者は、厚生労働省令で定めるところにより、自ら、当該特定機械等が、特別特定機械等以外のものであるときは都道府県労働局長の、特別特定機械等であるときは登録製造時等検査機関の検査を受けることができる。

一　当該特定機械等を本邦に輸出しようとするとき。

二　当該特定機械等を輸入した者が当該特定機械等を外国において製造した者以外の者（以下この号において単に「他の者」という。）である場合において、当該製造した者が当該他の者について前項の検査が行われることを希望しないとき。

3　特定機械等（移動式のものを除く。）を設置した者、特定機械等の厚生労働省令で定める部分に変更を加えた者又は特定機械等で使用を休止したものを再び使用しようとする者は、厚生労働省令で定めるところにより、当該特定機械等及びこれに係る厚生労働省令で定める事項について、労働基準監督署長の検査を受けなければならない。

▽**罰則**　1項違反－六月以下の懲役又は五〇万円以下の罰金（法一一九（一））　両罰規定（法一二二）

○通達

1　第一項の「特定機械等で使用を廃止したものを再び設置し、若しくは使用しようとする者」とは、所定の手続により使用を廃止した特定機械等を再び設置しようとする者のほかに、第四一条の性能検査を受けないで六月以上の期間を経過した特定機械等（移動式のものを除く。）または当該性能検査を受けなかつた移動式の特定機械等を再び使用しようとする者をいうものであること。

なお、本条第一項は、使用を廃止した特定機械等について、これを譲渡し、または貸与しようとする者が譲渡または貸与に先立つて検査を受けることを妨げるものではないこと。

2　本条第二項〔現行＝第三項〕の「特定機械等（移動式のものを除く。）を設置した者」には、法第四一条の性能検査を受けないで、六月未満の期間を経過した移動式以外の特定機械等を再び使用しようとする者が含まれるものであること。

（昭四七・九・一八　基発第六〇二号）

検査証の交付等

（検査証の交付等）

第三十九条　都道府県労働局長又は登録製造時等検査機関は、前条第一項又は第二項の検査（以下「製造時等検査」という。）に合格した移動式の特定機械等について、厚生労働省令で定めるところにより、検査証を交付する。

2　労働基準監督署長は、前条第三項の検査で、特定機械等の設置に係るものに合格した特定機械等について、厚生労働省令で定めるところにより、検査証を交付する。

3　労働基準監督署長は、前条第三項の検査で、特定機械等の部分の変更又は再使用に係るものに合格した特定機械等について、厚生労働省令で定めるところにより、当該特定機械等の検査証に、裏書を行う。

使用等の制限

第四十条　**（使用等の制限）**　前条第一項又は第二項の検査証（以下「検査証」という。）を受けていない特定機械等（第三十八条第三項の規定により部分の変更又は再使用に係る検査を受けなければならない特定機械等で、前条第三項の裏書を受けていないものを含む。）は、使用してはならない。

2　検査証を受けた特定機械等は、検査証とともにするのでなければ、譲渡し、又は貸与してはならない。

▽罰則　1項違反－六月以下の懲役又は五〇万円以下の罰金（法一一九（二））　2項違反－五〇万円以下の罰金（法一二〇（一））　両罰規定（法一二二）

○通達

本条の「検査証」とは、有効期間内の検査証をいうものであること。

（昭四七・九・一八　基発第六〇二号）

検査証の有効期間等

第四十一条　**（検査証の有効期間等）**　検査証の有効期間（次項の規定により検査証の有効期間が更新されたときにあつては、当該更新された検査証の有効期間）は、特定機械等の種類に応じて、厚生労働省令で定める期間とする。

2　検査証の有効期間の更新を受けようとする者は、厚生労働省令で定めるところにより、当該特定機械等及びこれに係る厚生労働省令で定める事項について、厚生労働大臣の登録を受けた者（以下「登録性能検査機関」という。）が行う性能検査を受けなければならない。

（譲渡等の制限等）

譲渡等の制限等

＊施行令第十三条
291頁

第四十二条　特定機械等以外の機械等で、別表第二に掲げるものその他危険若しくは有害な作業を必要とするもの、危険な場所において使用するもの又は危険若しくは健康障害を防止するため使用するもののうち、政令で定めるものは、厚生労働大臣が定める規格又は安全装置を具備しなければ、譲渡し、貸与し、又は設置してはならない。

▽罰則　六月以下の懲役又は五〇万円以下の罰金（法一一九（一））両罰規定（法一二二）

○通達

（譲渡等の制限に係る機械等）（第四二条関係）

譲渡等の制限を受ける機械等については、安衛法別表第二及び労働安全衛生法施行令（以下「安衛令」という。）第一三条第三項（ただし、同条第四項及び第五項の制限を受ける。）で定めることとなったが、別添1〈略〉のとおり、その内容について改正前と変更はないものであること。

（平一六・三・一九　基発第〇三一九〇〇九号）

動力駆動の機械等に係る譲渡等制限

第四十三条　動力により駆動される機械等で、作動部分上の突起物又は動力伝導部分若しくは調速部分に厚生労働省令で定める防護のための措置が施されていないものは、譲渡し、貸与し、又は譲渡若しくは貸与の目的で展示してはならない。

▽罰則　六月以下の懲役又は五〇万円以下の罰金（法一一九（一））両罰規定（法一二二）

○通達

1　本条の「作動部分上の突起物」とは、セットスクリュー、ボルト、キーのごとく作動部分に取り付けられた止め具等をいうものであること。
2　本条の「譲渡若しくは貸与の目的での展示」には、店頭における陳列のほか、機械展における展示等も含まれるものであること。

（昭四七・九・一八　基発第六〇二号）

厚生労働大臣等の回収、改善命令

第四十三条の二　厚生労働大臣又は都道府県労働局長は、第四十二条の機械等を製造し、又は輸入した者が、当該機械等で、次の各号のいずれかに該当するものを譲渡し、又は貸与した場合には、その者に対し、当該機械等の回収又は改善を図ること、当該機械等を使用している者へ厚生労働省令で定める事項を通知することその他当該機械等が使用されることによる労働災害を防止するため必要な措置を講ずることを命ずることができる。

一　次条第五項の規定に違反して、同条第四項の表示が付され、又はこれと紛らわしい表示が付された機械等
二　第四十四条の二第三項に規定する型式検定に合格した型式の機械等で、第四十二条の厚生労働大臣が定める規格又は安全装置（第四号において「規格等」という。）を具備していないもの
三　第四十四条の二第六項の規定に違反して、同条第五項の表示が付され、又はこれと紛らわしい表示が付された機械等
四　第四十四条の二第一項の機械等以外の機械等で、規格等を具備していないもの

▽**罰則**　六月以下の懲役又は五〇万円以下の罰金（法一一九（二））　両罰規定（法一二二）

○通達

「その他当該機械等が使用されることによる労働災害を防止するため必要な措置」には、当該機械等が本条各号のいずれかに該当する旨の広報を行うこと等があること。

（昭六三・九・一六　基発第六〇一号の一）

（機械等に係る命令制度）（第四三条の二関係）

登録個別検定機関が実施した個別検定において第五四条において準用する第四七条第三項の規定等によることなく不適正な検定が行われた場合、構造規格を具備していない機械等が流通するおそれがあるため、個別検定対象機械等であって構造規格を満たさないものについては、本条の機械等に係る回収等命令の対象に含めるものであること。

（平一六・三・一九　基発第〇三一九〇〇九号）

（個別検定）

第四十四条　第四十二条の機械等（次条第一項に規定する機械等を除く。）のうち、別表第三に掲げる機械等で政令で定めるものを製造し、又は輸入した者は、厚生労働省令で定めるところにより、厚生労働大臣の登録を受けた者（以下「登録個別検定機関」という。）が個々に行う当該機械等についての検定を受けなければならない。

2　前項の規定にかかわらず、同項の機械等を輸入した者が当該機械等を外国において製造した者（以下この項において「外国製造者」という。）以外の者（以下この項において単に「他の者」という。）である場合において、当該外国製造者が当該他の者について前項の検定が行われることを希望しないときは、当該外国製造者は、厚生労働省令で定めるところにより、自ら登録個別検定機関が個々に行う当該機械等についての検定を受けることができる。当該検定が行われた場合において

個別検定
***施行令**
第十四条
299頁

は、当該機械等を輸入した者については、同項の規定は、適用しない。

3　登録個別検定機関は、前二項の検定（以下「個別検定」という。）を受けようとする者から申請があつた場合には、当該申請に係る機械等が厚生労働省令で定める基準に適合していると認めるときでなければ、当該機械等を個別検定に合格させてはならない。

4　個別検定を受けた者は、当該個別検定に合格した機械等に、厚生労働省令で定めるところにより、当該個別検定に合格した旨の表示を付さなければならない。

5　個別検定に合格した機械等以外の機械等には、前項の表示を付し、又はこれと紛らわしい表示を付してはならない。

6　第一項の機械等で、第四項の表示が付されていないものは、使用してはならない。

▽**罰則**　1項違反－一年以下の懲役又は一〇〇万円以下の罰金（法一一七）　4・5項違反－五〇万円以下の罰金（法一二〇（一）（三））　6項違反－六月以下の懲役又は五〇万円以下の罰金（法一一九（一））　両罰規定（法一二二）

○通達

（個別検定）

第一項の「製造し」た者には、次の者が含まれるものとして取り扱うこと。

イ　当該機械等の構成部分の一部を他の者から購入し、これを加工し、又は組み合わせて完成品とした者

ロ　当該機械等の主要構造部分を変更した者

ハ　当該機械等で使用を廃止したもの（個別検定合格済の印を押した明細書を有するものを除く。）を再び使用するために整備した者

（昭五三・二・一〇　基発第七七号）

型式検定
＊施行令
第十四条の二
３００頁

（型式検定）

第四十四条の二　第四十二条の機械等のうち、別表第四に掲げる機械等で政令で定めるものを製造し、又は輸入した者は、厚生労働省令で定めるところにより、厚生労働大臣の登録を受けた者（以下「登録型式検定機関」という。）が行う当該機械等の型式についての検定を受けなければならない。ただし、当該機械等のうち輸入された機械等で、その型式について次項の検定が行われた機械等に該当するものは、この限りでない。

2　前項に定めるもののほか、次に掲げる場合には、外国において同項本文の機械等を製造した者（以下この項及び第四十四条の四において「外国製造者」という。）は、厚生労働省令で定めるところにより、当該機械等の型式について、自ら登録型式検定機関が行う検定を受けることができる。

一　当該機械等を本邦に輸出しようとするとき。

二　当該機械等を輸入した者が外国製造者以外の者（以下この号において単に「他の者」という。）である場合において、当該外国製造者が当該他の者について前項の検定が行われることを希望しないとき。

3　登録型式検定機関は、前二項の検定（以下「型式検定」という。）を受けようとする者から申請があつた場合には、当該申請に係る型式の機械等の構造並びに当該機械等を製造し、及び検査する設備等が厚生労働省令で定める基準に適合していると認めるときでなければ、当該型式を型式検定に合格させてはならない。

4　登録型式検定機関は、型式検定に合格した型式について、型式検定合格証を申請者に交付する。

5　型式検定を受けた者は、当該型式検定に合格した型式の機械等を本邦において製造し、又は本邦に輸入したときは、当該機械等に、厚生労働省令で定めるところにより、型式検定に合格した型式の機械等である旨の表示を付さなければならない。型式検定に合格した型式の機械等を本邦に輸入した者（当該型式検定を受けた者以外の者に限る。）についても、同様とする。

6　型式検定に合格した型式の機械等以外の機械等には、前項の表示を付し、又はこれと紛らわしい表示を付してはならない。

7　第一項本文の機械等で、第五項の表示が付されていないものは、使用してはならない。

▽**罰則**　1項違反－一年以下の懲役又は一〇〇万円以下の罰金（法一一七）　5・6項違反－五〇万円以下の罰金（法一二〇（一）（三））　7項違反－六月以下の懲役又は五〇万円以下の罰金（法一一九（一））　両罰規定（法一二二）

○**通達**

1　第一項の「製造し」た者には、当該機械等の構成部分の一部を他の者から購入し、これを加工し又は組み合わせて完成品とする者が含まれるものであること。

2　第一項の「型式」とは、機械等の種類、形状、性能等の組み合わせにおいて共通の安全性能を持つ一つのグループに分けられるものをいうこと。

3　第二項（現行＝第三項）の「構造」には、材料及び性能が含まれること。

4　第二項（現行＝第三項）の「製造し、及び検査する設備等」の「等」には、工作責任者、検査組織、検査のための規程が含まれるものであること。

（昭五三・二・一〇　基発第七七号）

型式検定合格

（型式検定合格証の有効期間等）

（型式検定合格証の有効期間等）

第四十四条の三　型式検定合格証の有効期間（次項の規定により型式検定合格証の有効期間が更新されたときにあつては、当該更新された型式検定合格証の有効期間）は、前条第一項本文の機械等の種類に応じて、厚生労働省令で定める期間とする。

2　型式検定合格証の有効期間の更新を受けようとする者は、厚生労働省令で定めるところにより、型式検定を受けなければならない。

○通達

「型式検定合格証の有効期間」とは、製造し、又は輸入する機械等に係る型式についての有効期間をいうもので、型式検定に合格した型式の機械等であつて現に使用しているものについて使用の有効期間をいうものではないこと。

（昭五三・二・一〇　基発第七七号）

本条の「型式検定合格証の有効期間」とは、昭和五三年二月一〇日付け基発第七七号の法律関係の4の（2）〈前掲通達〉に示したとおりであり、これはあくまで、型式検定に合格した機械等の製造又は輸入についての有効期間をいうものであつて、型式検定合格証の有効期間内に製造された機械等の販売についての有効期間、汎用部品の交換等による一部の補修の有効期間をいうものではないこと。

（平七・一二・二七　基発第四一七号）

（型式検定合格証の失効）

第四十四条の四　厚生労働大臣は、次の各号のいずれかに該当する場合には、当該各号の機械等に係る型式検定合格証（第二号にあつては、当該外国製造者が受けた型式検定合格証）の効力を失わせることができる。

一　型式検定に合格した型式の機械等の構造又は当該機械等を製造し、若しくは検査する設備等が第四十四条の二第三項の厚生労働省令で定める基準に適合していないと認められるとき。

二　型式検定を受けた外国製造者が、当該型式検定に合格した型式の機械等以外の機械等で本邦に輸入されたものに、第四十四条の二第五項の表示を付し、又はこれと紛らわしい表示を付しているとき。

三　厚生労働大臣が型式検定に合格した型式の機械等の構造並びに当該機械等を製造し、及び検査する設備等に関し労働者の安全と健康を確保するため必要があると認めてその職員をして当該型式検定を受けた外国製造者の事業場又は当該型式検定に係る機械等若しくは設備等の所在すると認める場所において、関係者に質問をさせ、又は当該機械等若しくは設備等その他の物件についての検査をさせようとした場合において、その質問に対して陳述がされず、若しくは虚偽の陳述がされ、又はその検査が拒まれ、妨げられ、若しくは忌避されたとき。

○通達

イ　第一号は、型式検定合格証の交付を受けた者が国内製造者、輸入者又は外国製造者のいずれであるかを問わず適用されるものであること。

ロ　第二号及び第三号は、型式検定合格証の交付を受けた者が外国製造者である場合に限って適用されるものであること。これは、型式検定合格証の交付を受けた者が国内製造者又は輸入者である場合にその者について第二号又は第三号の事由に相当する事由が発生したときは、第一一九条第一号（第四四条の二第六項違反）又は第一二〇条第四号（第九六条第一項違反）の罰則が適用されるが、外国製造者の国外における違反行為については、刑罰を科すことが困難であること等を考慮して、型式検定合格証を失効させることにより型式検定制度の適正な運用を図ることとしたものであること。

（昭五八・八・一　基発第四一九号）

定期自主検査
＊施行令
第十五条
３０３頁

（定期自主検査）

第四十五条　事業者は、ボイラーその他の機械等で、政令で定めるものについて、厚生労働省令で定めるところにより、定期に自主検査を行ない、及びその結果を記録しておかなければならない。

2　事業者は、前項の機械等で政令で定めるものについて同項の規定による自主検査のうち厚生労働省令で定める自主検査（以下「特定自主検査」という。）を行うときは、その使用する労働者で厚生労働省令で定める資格を有するもの又は第五十四条の三第一項に規定する登録を受け、他人の求めに応じて当該機械等について特定自主検査を行う者（以下「検査業者」という。）に実施させなければならない。

3　厚生労働大臣は、第一項の規定による自主検査の適切かつ有効な実施を図るため必要な自主検査指針を公表するものとする。

4　厚生労働大臣は、前項の自主検査指針を公表した場合において必要があると認めるときは、事業者若しくは検査業者又はこれらの団体に対し、当該自主検査指針に関し必要な指導等を行うことができる。

▽罰則　1・2項違反－五〇万円以下の罰金（法一二〇（一）（三））両罰規定（法一二二）

〇通達

本条は、一定の機械等についての一定の定期自主検査を事業者が自ら使用する労働者で一定の資格を有するもの又は検査業者に実施させることを義務づけたものであること。

○なお、当該機械等については、特定自主検査以外の自主検査も資格を有する者又は検査業者により行われることが望ましいこと。

（昭五三・二・一〇　基発第七七号）

登録製造時等検査機関の登録

（登録製造時等検査機関の登録）

第四十六条　第三十八条第一項の規定による登録（以下この条、次条、第五十三条第一項及び第二項並びに第五十三条の二第一項において「登録」という。）は、厚生労働省令で定めるところにより、厚生労働省令で定める区分ごとに、製造時等検査を行おうとする者の申請により行う。

2　次の各号のいずれかに該当する者は、登録を受けることができない。

一　この法律又はこれに基づく命令の規定に違反して、罰金以上の刑に処せられ、その執行を終わり、又は執行を受けることがなくなつた日から起算して二年を経過しない者

二　第五十三条第一項又は第二項の規定により登録を取り消され、その取消しの日から起算して二年を経過しない者

三　法人で、その業務を行う役員のうちに前二号のいずれかに該当する者があるもの

3　厚生労働大臣は、第一項の規定により登録を申請した者（以下この項において「登録申請者」という。）が次に掲げる要件の全てに適合しているときは、登録をしなければならない。

一　別表第五に掲げる機械器具その他の設備を用いて製造時等検査を行うものであること。

二　製造時等検査を実施する者（別表第六第一号に掲げる条件のいずれかに適合する知識経験を有する者に限る。以下「検査員」という。）が同表第二号に掲げる数以上であること。

三　検査員であつて別表第七に掲げる条件のいずれかに適合する知識経験を有する者が検査員を指揮するとともに製造時等検査の業務を管理するものであること。

四　登録申請者が、特別特定機械等を製造し、又は輸入する者（以下この号において「製造者等」という。）に支配されているものとして次のいずれかに該当するものでないこと。

イ　登録申請者が株式会社である場合にあつては、製造者等がその親法人（会社法（平成十七年法律第八十六号）第八百七十九条第一項に規定する親法人をいい、当該登録申請者が外国にある事務所において製造時等検査の業務を行おうとする者である場合にあつては、外国における同法の親法人に相当するものを含む。）であること。

ロ　登録申請者の役員（持分会社（会社法第五百七十五条第一項に規定する持分会社をいう。）にあつては、業務を執行する社員）に占める製造者等の役員又は職員（過去二年間に当該製造者等の役員又は職員であつた者を含む。）の割合が二分の一を超えていること。

ハ　登録申請者（法人にあつては、その代表権を有する役員）が、製造者等の役員又は職員（過去二年間に当該製造者等の役員又は職員であつた者を含む。）であること。

4　登録は、登録製造時等検査機関登録簿に次に掲げる事項を記載してするものとする。

一　登録年月日及び登録番号

二　氏名又は名称及び住所並びに法人にあつては、その代表者の氏名

三　事務所の名称及び所在地

四　第一項の区分

○通達

① 登録の申請（第一項関係）
本項の「製造時等検査を行おうとする者」は、法人又は個人であること。

② 検査・検定員（第三項第二号関係）
ア 検査・検定員の数
安衛法別表第六、第九、第一二に定める検査・検定員の数については、実施を予定する年間の検査・検定件数を除することとされている数で除して得た数（端数があるときは、これを切り上げる。）であること。

イ 検査・検定員の条件
安衛法別表第六、第九、第一二及び第一五に定める検査・検定員の条件における「同等以上の知識経験を有する者」は、別添2に掲げる者及び次に掲げる者が該当すること。

・安衛法別表第六第一号（三）の「同等以上の知識経験を有する者」は、独立行政法人大学改革支援・学位授与機構により学士の学位を授与された者（工学に関する学科を修めた者に限る。）又はこれと同等以上の学力を有すると認められる者（以下「特定学士等」という。）で、同表第一号（一）に掲げる研修を修了したもの

・安衛法別表第九各項の「同等以上の知識経験を有する者」は、それぞれ特定学士等で、それぞれの項第一号に掲げる経験を有し、かつ、研修を修了したもの又はそれぞれの項第二号に掲げる研修を修了したもの

・安衛法別表第一二別表第三第一号に掲げる機械等の項第三号の「同等以上の知識経験を有する者」は、特定学士等で、同項第一号に掲げる経験を有するもの

・安衛法別表第一二別表第三第二号から第四号までに掲げる機械等の項第五号の「同等以上の知識経験を有する者」は、特定学士等で、同項第一号に掲げる経験を有し、かつ、研修を修了したもの又は同項第二号に掲げる研修を修了したもの

・安衛法別表第一五第一号（三）の「同等以上の知識経験を有する者」は、特定学士等で、同表第一号に掲げる経験を有するもの

ウ　登録製造時等検査機関の検査員
安衛法別表第六に定める学科研修については、各科目全般について習熟させる観点から、科目別標準時間数を別添3に示すものであること。また、検査実習についても、区分ごとに機械の種類全般について実習すること。

エ　登録性能検査機関の検査員
安衛法別表第九の中欄に定める学科研修については、各科目全般について習熟させる観点から、科目別標準時間数を別添4〈略〉に示すものであること。また、検査実習についても、区分ごとに機械の種類全般について実習すること。

オ　登録個別検定機関の検定員
安衛法別表第一二の「別表第三第二号から第四号までに掲げる機械等」の項の中欄に定める学科研修については、各科目全般について習熟させる観点から、科目別標準時間数を別添5〈略〉に示すものであること。また、検定実習についても、区分ごとに機械の種類全般について実習すること。

③　検査長・主任検定員（第三項第三号関係）
上記②の検査・検定員とは別に、本号に規定する知識経験を有する者（以下「検査長・主任検定員」という。）が必要であり、検査長・主任検定員は、検査・検定の業務に関し、次の業務を統括管理していること。

ア　関係法令及び業務規程に規定された検査・検定の基準等に基づき、適正な検査・検定が行われるよう検査・検定員の指揮を行うこと。

イ　検査・検定業務に関する監査指導を行うこと。

ウ　検査・検定員の研修を行うこと。
なお、安衛法別表第七、第一〇、第一三及び第一六に定める検査・検定員の条件における「同等以上の知識経験を有する者」は、別添6に掲げる者及び次に掲げる者が該当すること。

・安衛法別表第七第三号、別表第一〇第三号、別表第一三第三号及び別表第一六第三号の「同等以上の知識経験を有する者」は、それぞれ特定学士等で、それぞれの表第一号に掲げる経験を有するもの

④ 登録簿に記載する事項（第四項関係）
本項第三号の「事務所」とは、検査・検定員が配置され、検査・検定を実施することができる体制にある事務所（以下「検査・検定事務所」という。）をいうこと。
（平一六・三・一九　基発第〇三一九〇〇九号、平二四・三・九　基発第〇三〇九第四号、平二五・三・一四　基発第〇三一四第四号）

登録の更新
＊施行令
第十五条の二
３０５頁

（登録の更新）
第四十六条の二　登録は、五年以上十年以内において政令で定める期間ごとにその更新を受けなければ、その期間の経過によつて、その効力を失う。
２　前条第二項から第四項までの規定は、前項の登録の更新について準用する。

製造時等検査の義務等

（製造時等検査の義務等）
第四十七条　登録製造時等検査機関は、製造時等検査を行うべきことを求められたときは、正当な理由がある場合を除き、遅滞なく、製造時等検査を行わなければならない。
２　登録製造時等検査機関は、製造時等検査を行うときは、検査員にこれを実施させなければならない。
３　登録製造時等検査機関は、公正に、かつ、第三十七条第二項の基準のうち特別特定機械等の構造に係るものに適合する方法により製造時等検査を行わなければならない。
４　登録製造時等検査機関は、製造時等検査を行うときは、製造時等検査の検査方法から生ずる危険を防止するために必要な措置として厚生労働省令で定める措置を講じなければならない。

○通達

（登録検査・検定機関の義務等）（第四七条等関係）

① 本条第三項の「公正」とは、特定の者を不当に差別的に取り扱わないことであること。公正でない行為の具体例としては、登録製造時等検査機関、登録性能検査機関、登録個別検定機関及び登録型式検定機関（以下「登録検査・検定機関」という。）が特定の取引関係のある者に対して検査料に差を設けること、受検者によって検査・検定の結果に異なる判定基準を適用することなどがあること。

② 本条第三項の「第三十七条第二項の基準のうち特別特定機械等の構造に係るものに適合する方法」は、別途示すものであること。

（平一六・三・一九　基発第〇三一九〇〇九号）

変更の届出

（変更の届出）

第四十七条の二　登録製造時等検査機関は、第四十六条第四項第二号又は第三号の事項を変更しようとするときは、変更しようとする日の二週間前までに、厚生労働大臣に届け出なければならない。

製造時等検査の業務規程

（業務規程）

第四十八条　登録製造時等検査機関は、製造時等検査の業務に関する規程（以下「業務規程」という。）を定め、製造時等検査の業務の開始の日の二週間前までに、厚生労働大臣に届け出なければならない。これを変更しようとするときも、同様とする。

2　業務規程には、製造時等検査の実施方法、製造時等検査に関する料金その他の厚生労働省令で定める事項を定めておかなければならない。

業務の休廃止

（業務の休廃止）

第四十九条　登録製造時等検査機関は、製造時等検査の業務の全部又は一部を休止し、又は廃止しようとするときは、厚生労働省令で定めるところにより、あらかじめ、その旨を厚生労働大臣に届け出なければならない。

▽罰則　五〇万円以下の罰金（法一二二（一））

財務諸表等の備付け及び閲覧等

（財務諸表等の備付け及び閲覧等）

第五十条　登録製造時等検査機関は、毎事業年度経過後三月以内に、その事業年度の財産目録、貸借対照表及び損益計算書又は収支決算書並びに事業報告書（その作成に代えて電磁的記録（電子的方式、磁気的方式その他の人の知覚によつては認識することができない方式で作られる記録であつて、電子計算機による情報処理の用に供されるものをいう。以下同じ。）の作成がされている場合における当該電磁的記録を含む。次項及び第百二十三条第一号において「財務諸表等」という。）を作成し、五年間事務所に備えて置かなければならない。

2　製造時等検査を受けようとする者その他の利害関係人は、登録製造時等検査機関の業務時間内は、いつでも、次に掲げる請求をすることができる。ただし、第二号及び第四号の請求をするには、登録製造時等検査機関の定めた費用を支払わなければならない。

一　財務諸表等が書面をもつて作成されているときは、当該書面の閲覧又は謄写の請求

二　前号の書面の謄本又は抄本の請求

三　財務諸表等が電磁的記録をもつて作成されているときは、当該電磁的記録に記録された事項を厚生労働省令で定める方法により表示したものの閲覧又は謄写の請求

四　前号の電磁的記録に記録された事項を電磁的方法であつて厚生労働省令で定めるものにより提供することの請求又は当該事項を記載した書面の交付の請求

3　製造時等検査を受けようとする者その他の利害関係人は、登録製造時等検査機関が製造時等検査に関し生じた損害を賠償するために必要な金額を担保することができる保険契約（以下この項において「損害保険契約」という。）を締結しているときは、登録製造時等検査機関の業務時間内は、いつでも、次に掲げる請求をすることができる。ただし、第二号及び第四号の請求をするには、登録製造時等検査機関の定めた費用を支払わなければならない。

一　損害保険契約の契約内容を記載した書類が書面をもつて作成されているときは、当該書面の閲覧又は謄写の請求

二　前号の書面の謄本又は抄本の請求

三　第一号の書類が電磁的記録をもつて作成されているときは、当該電磁的記録に記録された事項を厚生労働省令で定める方法により表示したものの閲覧又は謄写の請求

四　前号の電磁的記録に記録された事項を電磁的方法であつて厚生労働省令で定めるものにより提供することの請求又は当該事項を記載した書面の交付の請求

4　登録製造時等検査機関は、毎事業年度経過後三月以内に、第一項の規定により作成した損益計算書又は収支決算書及び事業報告書を厚生労働大臣に提出しなければならない。

▽**罰則**　1・2項違反－二〇万円以下の過料（法一二三（一））

○通達

（財務諸表等の備付け及び閲覧等）（第五〇条等関係）

①　本条の財産目録、貸借対照表及び損益計算書又は収支決算書は、登録機関が検査、検定、技能講習又は教習（以下「検査等」という。）以外の事業を行っている場合には、登録機関が法人であるときは、当該事

業も含めた法人全体の財務の状況を、登録機関が個人であるときは、当該事業も含めた個人全体の財務の状況を明らかにしたものであること。

② また、検査等の業務に係る会計は、他の業務に係る会計とは区分されていることが必要であること。検査・検定については、本条の営業報告書又は事業報告書は、登録を受けた事業の内容が明らかになっているもので足りるものであり、登録を受けた検査・検定の区分ごとに次の事項が記載されていなければならないこと。

ア　検査・検定事務所ごとの検査・検定員の数

イ　検査・検定事務所ごとの検査・検定件数

ウ　検査・検定事務所ごとの検査・検定の合格件数

エ　検査・検定事務所ごとの検査・検定による検査・検定料金の収入

③ 本条第二項は、受検者、受講者その他の利害関係人（以下「受検者等」という。）が登録機関を選択する際には、その経理状況及び事業の状況を自らの責任で判断する必要があることから、その判断に不可欠な財務諸表等の備付けを登録機関に義務付け、受検者等はその閲覧等を請求できることとしたものであること。

また、検査・検定については、本条第三項の損害保険契約の契約内容を記載した書類についても同様の趣旨であること。

④ 本条第二項の「その他の利害関係人」とは、検査・検定においては受検希望者の代理人等が含まれること。

⑤ 本条の財務諸表等については、登録後の毎事業年度において作成し、閲覧等に供するものであり、登録初年度の財務諸表等の備付け等は義務付けられていないが、③の趣旨からも、登録初年度においても財務諸表等のうち財産目録、貸借対照表及び損益計算書又は収支決算書を作成し、本条の規定を措置できるようにすることが望ましいこと。

（平一六・三・一九　基発第〇三一九〇〇九号）

検査員の選任等の届出

（検査員の選任等の届出）

第五十一条　登録製造時等検査機関は、検査員を選任し、又は解任したときは、厚生労働省令で定めるところにより、遅滞なく、その旨を厚生労働大臣に届け出なければならない。

適合命令

（適合命令）

第五十二条　厚生労働大臣は、登録製造時等検査機関（外国にある事務所において製造時等検査の業務を行う登録製造時等検査機関（以下「外国登録製造時等検査機関」という。）を除く。）が第四十六条第三項各号のいずれかに適合しなくなつたと認めるときは、その登録製造時等検査機関に対し、これらの規定に適合するため必要な措置をとるべきことを命ずることができる。

改善命令

（改善命令）

第五十二条の二　厚生労働大臣は、登録製造時等検査機関（外国登録製造時等検査機関を除く。）が第四十七条の規定に違反していると認めるときは、その登録製造時等検査機関に対し、製造時等検査を行うべきこと又は製造時等検査の方法その他の業務の方法の改善に関し必要な措置をとるべきことを命ずることができる。

○通達

（改善命令）（第五二条の二等関係）

本条に規定する登録機関が公正な検査等を実施しなかった場合に当該登録機関に命ずる「業務の方法の改善に関し必要な措置」には、受検者又は受講者に対し検査等の結果が無効であることを通知させること、再検査、再検定、再講習又は再教習を命ずることを含むものであること。

（平一六・三・一九　基発第〇三一九〇〇九号）

準用

（準用）

第五十二条の三　前二条の規定は、外国登録製造時等検査機関について準用する。この場合において、前二条中「命ずる」とあるのは、「請求する」と読み替えるものとする。

○通達

〔外国登録製造時等検査機関等〕

1　登録製造時等検査機関に対する適合命令及び改善命令に係る規定は、外国にある事務所において製造時等検査の業務を行う登録製造時等検査機関（以下「外国登録製造時等検査機関」という。）について準用するものとしたこと。この場合において、これらの規定中「命ずる」とあるのは、「請求する」と読み替えるものとしたこと。

（平二六・六・二五　基発〇六二五第四号）

登録の取消し等

（登録の取消し等）

第五十三条　厚生労働大臣は、登録製造時等検査機関（外国登録製造時等検査機関を除く。）が次の各号のいずれかに該当するに至つたときは、その登録を取り消し、又は六月を超えない範囲内で期間を定めて製造時等検査の業務の全部若しくは一部の停止を命ずることができる。

一　第四十六条第二項第一号又は第三号に該当するに至つたとき。

二　第四十七条から第四十九条まで、第五十条第一項若しくは第四項又は第百三条第二項の規定に違反したとき。

三　正当な理由がないのに第五十条第二項各号又は第三項各号の規定による請求を拒んだとき。

四　第五十一条の規定による届出をせず、又は虚偽の届出をしたとき。

五　第五十二条及び第五十二条の二の規定による命令に違反したとき。
六　不正の手段により登録を受けたとき。
2　厚生労働大臣は、外国登録製造時等検査機関が次の各号のいずれかに該当するに至つたときは、その登録を取り消すことができる。
一　前項第一号から第四号まで又は第六号のいずれかに該当するとき。
二　前条において読み替えて準用する第五十二条又は第五十二条の二の規定による請求に応じなかつたとき。
三　厚生労働大臣が、外国登録製造時等検査機関が前二号のいずれかに該当すると認めて、六月を超えない範囲内で期間を定めて製造時等検査の業務の全部又は一部の停止を請求した場合において、その請求に応じなかつたとき。
四　厚生労働大臣が、外国登録製造時等検査機関の業務の適正な運営を確保するため必要があると認めて、その職員をして外国登録製造時等検査機関の事務所に立ち入らせ、関係者に質問させ、又はその業務に関係のある帳簿、書類その他の物件を検査させようとした場合において、その立入り若しくは検査が拒まれ、妨げられ、若しくは忌避され、又は質問に対して陳述がされず、若しくは虚偽の陳述がされたとき。
五　厚生労働大臣が、この法律を施行するため必要があると認めて、外国登録製造時等検査機関に対し、必要な事項の報告を求めた場合において、その報告がされず、又は虚偽の報告がされたとき。
六　次項の規定による費用の負担をしないとき。

3　前項第四号の検査に要する費用（政令で定めるものに限る。）は、当該検査を受ける外国登録製造時等検査機関の負担とする。

▽**罰則**　一年以下の懲役又は一〇〇万円以下の罰金（法一一八）

○通達

〔外国登録製造時等検査機関等〕

2　厚生労働大臣は、外国登録製造時等検査機関が次のいずれかに該当するに至ったときは、その登録を取り消すことができるものとしたこと。

(1)　登録製造時等検査機関の登録の欠格事由等に該当するとき。

(2)　1により読み替えて準用する適合命令及び改善命令に係る規定による請求に応じなかったとき。

(3)　厚生労働大臣が、外国登録製造時等検査機関が(1)又は(2)のいずれかに該当すると認めて、六月を超えない範囲内で期間を定めて製造時等検査の業務の全部又は一部の停止を請求した場合において、その請求に応じなかったとき。

(4)　厚生労働大臣が、外国登録製造時等検査機関の業務の適正な運営を確保するため必要があると認めて、その職員をして外国登録製造時等検査機関の事務所に立ち入らせ、関係者に質問させ、又はその業務に関係のある帳簿、書類その他の物件を検査させようとした場合において、その立入り若しくは検査が拒まれ、妨げられ、若しくは忌避され、又は質問に対して陳述がされず、若しくは虚偽の陳述がされたとき。

(5)　厚生労働大臣が、この法律を施行するため必要があると認めて、外国登録製造時等検査機関に対し、必要な事項の報告を求めた場合において、その報告がされず、又は虚偽の報告がされたとき。

(6)　3による費用の負担をしないとき。

3　2の(4)の検査に要する費用（政令で定めるものに限る。）は、当該検査を受ける外国登録製造時等検査機関の負担とするものとしたこと。

（平二六・六・二五　基発第〇六二五第四号）

都道府県労働局長による製造時等検査の実施

（都道府県労働局長による製造時等検査の実施）

第五十三条の二　都道府県労働局長は、登録を受ける者がいないとき、第四十九条の規定による製造時等検査の業務の全部又は一部の休止又は廃止の届出があつたとき、前条第一項若しくは第二項の規定により登録を取り消し、又は登録製造時等検査機関に対し製造時等検査の業務の全部若しくは一部の停止を命じたとき、登録製造時等検査機関が天災その他の事由により製造時等検査の業務の全部又は一部を実施することが困難となつたときその他必要があると認めるときは、当該製造時等検査の業務の全部又は一部を自ら行うことができる。

2　都道府県労働局長が前項の規定により製造時等検査の業務の全部又は一部を自ら行う場合における製造時等検査の業務の引継ぎその他の必要な事項については、厚生労働省令で定める。

登録性能検査機関

（登録性能検査機関）

第五十三条の三　第四十六条及び第四十六条の二の規定は第四十一条第二項の登録について、第四十七条から前条までの規定は登録性能検査機関について準用する。この場合において、次の表の上欄に掲げる規定中同表の中欄に掲げる字句は、それぞれ同表の下欄に掲げる字句と読み替えるものとする。

第四十六条第一項	第三十八条第一項	第四十一条第二項
	製造時等検査	第四十一条第二項の性能検査（以下「性能検査」という。）
第四十六条第三項第一号	別表第五	別表第八の上欄に掲げる機械等に応じ、それぞれ同表の下欄
	製造時等検査	性能検査
第四十六条第三項第二号	製造時等検査	別表第九の上欄に掲げる機械等に応じ、性能検査
	別表第六第一号	同表の中欄
	同表第二号	同表の下欄
第四十六条第三項第三号	別表第七	別表第十
	製造時等検査	性能検査
第四十六条第三項第四号	特別特定機械等を製造し、又は輸入する者	特定機械等を製造し、若しくは輸入する者又は特定機械等の整備を業とする者
	製造時等検査	性能検査
第四十六条第四項	登録製造時等検査機関登録簿	登録性能検査機関登録簿
第四十七条第一項及び第二項	製造時等検査	性能検査

第四十七条第三項	特別特定機械等	特定機械等
	製造時等検査	性能検査
第四十七条第四項及び第四十八条	製造時等検査	性能検査
第四十九条	製造時等検査	性能検査
	あらかじめ	休止又は廃止の日の三十日前までに
第五十条第二項及び第三項	製造時等検査	性能検査
第五十二条及び第五十二条の二	製造時等検査	性能検査
	外国登録製造時等検査機関	外国登録性能検査機関
第五十二条の三	外国登録製造時等検査機関	外国登録性能検査機関
第五十三条第一項及び第二項	外国登録製造時等検査機関	外国登録性能検査機関
	製造時等検査	性能検査
第五十三条第三項	外国登録製造時等検査機関	外国登録性能検査機関
前条	都道府県労働局長	労働基準監督署長
	製造時等検査	性能検査

▽**罰則**　法五三条の準用事項違反―一年以下の懲役又は一〇〇万円以下の罰金（法一一八）　法四九条の準用

事項違反－五〇万円以下の罰金（法一二一（一））　法五〇条1項の準用事項違反－二〇万円以下の過料（法一二三）

登録個別検定機関

第五十四条（登録個別検定機関）　第四十六条及び第四十六条の二の規定は第四十四条第一項の登録について、第四十七条から第五十三条の二までの規定は登録個別検定機関について準用する。この場合において、次の表の上欄に掲げる規定中同表の中欄に掲げる字句は、それぞれ同表の下欄に掲げる字句と読み替えるものとする。

第四十六条第一項	第三十八条第一項	第四十四条第一項
	製造時等検査	個別検定
	別表第五	別表第十一の上欄に掲げる機械等に応じ、それぞれ同表の下欄
第四十六条第三項第一号	製造時等検査	個別検定
第四十六条第三項第二号	製造時等検査	別表第十二の上欄に掲げる機械等に応じ、個別検定
	別表第六第一号	同表の中欄
	検査員	検定員
	同表第二号	同表の下欄

第四十六条第三項第三号	検査員	検定員
	別表第七	別表第十三
	製造時等検査	個別検定
第四十六条第三項第四号	特別特定機械等	第四十四条第一項の政令で定める機械等
	製造時等検査	個別検定
第四十六条第四項	登録製造時等検査機関登録簿	登録個別検定機関登録簿
第四十七条第一項	製造時等検査	個別検定
第四十七条第二項	製造時等検査	個別検定
	検査員	検定員
第四十七条第三項	第三十七条第二項の基準のうち特別特定機械等の構造に係るもの	第四十四条第三項の基準
	製造時等検査	個別検定
第四十七条第四項	製造時等検査	個別検定
	検査方法	検定方法
第四十八条、第四十九条並びに第五十条第二項及び第三項	製造時等検査	個別検定

第五十一条	検査員	検定員
第五十二条及び第五十二条の二	製造時等検査	個別検定
	外国登録製造時等検査機関	外国登録個別検定機関
第五十二条の三	外国登録製造時等検査機関	外国登録個別検定機関
第五十三条第一項及び第二項	外国登録製造時等検査機関	外国登録個別検定機関
	製造時等検査	個別検定
第五十三条第三項	外国登録製造時等検査機関	外国登録個別検定機関
第五十三条の二	都道府県労働局長	厚生労働大臣又は都道府県労働局長
	製造時等検査	個別検定

▽**罰則** 法五三条の準用事項違反－一年以下の懲役又は一〇〇万円以下の罰金（法一一八）　法四九条の準用事項違反－五〇万円以下の罰金（法一二一（一））　法五〇条1項の準用事項違反－二〇万円以下の過料（法一二三）

登録型式検定機関

（登録型式検定機関）

第五十四条の二　第四十六条及び第四十六条の二の規定は第四十四条の二第一項の登録について、第四十七条から第五十三条の二までの規定は登録型式検定機関について準用する。この場合において、次の表の上欄に掲げる規定中同表の中欄に掲げる字句は、それぞれ同表の下欄に掲げる字句と読み替えるものとする。

第四十六条第一項	第三十八条第一項	第四十四条の二第一項
	製造時等検査	型式検定
第四十六条第三項第一号	別表第五	別表第十四の上欄に掲げる機械等に応じ、それぞれ同表の下欄
	製造時等検査	型式検定
第四十六条第三項第二号	製造時等検査	型式検定
	別表第六第一号	別表第十五第一号
	検査員	検定員
第四十六条第三項第三号	検査員	検定員
	別表第七	別表第十六
第四十六条第三項第四号	製造時等検査	型式検定
	特別特定機械等	第四十四条の二第一項の政令で定める機械等
	製造時等検査	型式検定
第四十六条第四項	登録製造時等検査機関登録簿	登録型式検定機関登録簿
第四十七条第一項	製造時等検査	型式検定
第四十七条第二項	製造時等検査	型式検定
	検査員	検定員

第四十七条第三項	第三十七条第二項の基準のうち特別特定機械等の構造に係るもの	第四十四条の二第三項の基準
	製造時等検査	型式検定
第四十七条第四項	製造時等検査	型式検定
	検査方法	検定方法
第四十八条、第四十九条並びに第五十条第二項及び第三項	製造時等検査	型式検定
第五十一条	検査員	検定員
第五十二条及び第五十二条の二	製造時等検査	型式検定
	外国登録製造時等検査機関	外国登録型式検定機関
第五十二条の三	外国登録製造時等検査機関	外国登録型式検定機関
第五十三条第一項及び第二項	外国登録製造時等検査機関	外国登録型式検定機関
	製造時等検査	型式検定
第五十三条第三項	外国登録製造時等検査機関	外国登録型式検定機関
第五十三条の二	都道府県労働局長	厚生労働大臣
	製造時等検査	型式検定

▽罰則　法五三条の準用事項違反－一年以下の懲役又は一〇〇万円以下の罰金（法一一八）　法四九条の準用事項違反－五〇万円以下の罰金（法一二一（一））　法五〇条1項の準用事項違反－二〇万円以下の過料（法一二三）

検査業者

（検査業者）

第五十四条の三　検査業者になろうとする者は、厚生労働省令で定めるところにより、厚生労働省又は都道府県労働局に備える検査業者名簿に、氏名又は名称、住所その他厚生労働省令で定める事項の登録を受けなければならない。

2　次の各号のいずれかに該当する者は、前項の登録を受けることができない。

一　第四十五条第一項若しくは第二項の規定若しくはこれらの規定に基づく命令に違反し、又は第五十四条の六第二項の規定による命令に違反して、罰金以上の刑に処せられ、その執行を終わり、又は執行を受けることがなくなつた日から起算して二年を経過しない者

二　第五十四条の六第二項の規定により登録を取り消され、その取消しの日から起算して二年を経過しない者

三　法人で、その業務を行う役員のうちに第一号に該当する者があるもの

3　第一項の登録は、検査業者になろうとする者の申請により行う。

4　厚生労働大臣又は都道府県労働局長は、前項の申請が厚生労働省令で定める基準に適合していると認めるときでなければ、第一項の登録をしてはならない。

5　事業者その他の関係者は、検査業者名簿の閲覧を求めることができる。

検査業者の資

第五十四条の四　検査業者は、他人の求めに応じて特定自主検査を行うときは、厚生労働省令で定

める資格を有する者にこれを実施させなければならない。

格

検査業者の地位の承継

第五十四条の五　検査業者がその事業の全部を譲り渡し、又は検査業者について相続、合併若しくは分割（その事業の全部を承継させるものに限る。）があつたときは、その事業の全部を譲り受けた者又は相続人（相続人が二人以上ある場合において、その全員の同意により事業を承継すべき相続人を選定したときは、その者。以下この項において同じ。）、合併後存続する法人若しくは合併により設立された法人若しくは分割によりその事業の全部を承継した法人は、その検査業者の地位を承継する。ただし、当該事業の全部を譲り受けた者又は相続人、合併後存続する法人若しくは合併により設立された法人若しくは分割により当該事業の全部を承継した法人が第五十四条の三第二項各号のいずれかに該当するときは、この限りでない。

2　前項の規定により検査業者の地位を承継した者は、厚生労働省令で定めるところにより、遅滞なく、その旨を厚生労働大臣又は都道府県労働局長に届け出なければならない。

検査業者の登録の取消等

第五十四条の六　厚生労働大臣又は都道府県労働局長は、検査業者が第五十四条の三第二項第一号又は第三号に該当するに至つたときは、その登録を取り消さなければならない。

2　厚生労働大臣又は都道府県労働局長は、検査業者が次の各号のいずれかに該当するに至つたときは、その登録を取り消し、又は六月を超えない範囲内で期間を定めて特定自主検査の業務の全部若しくは一部の停止を命ずることができる。

一　第五十四条の三第四項の基準に適合しなくなつたと認められるとき。

二　第五十四条の四の規定に違反したとき。

三　第百十条第一項の条件に違反したとき。

▽罰則　2項違反－一年以下の懲役又は一〇〇万円以下の罰金（法一一八）

第二節　危険物及び有害物に関する規制

有害物の製造等の禁止
＊施行令　第十六条　306頁

（製造等の禁止）

第五十五条　黄りんマッチ、ベンジジン、ベンジジンを含有する製剤その他の労働者に重度の健康障害を生ずる物で、政令で定めるものは、製造し、輸入し、譲渡し、提供し、又は使用してはならない。ただし、試験研究のため製造し、輸入し、又は使用する場合で、政令で定める要件に該当するときは、この限りでない。

▽**罰則**　三年以下の懲役又は三〇〇万円以下の罰金（法一一六）　両罰規定（法一二二）

○通達

1　本条の「製剤」とは、その物の有用性を利用できるように物理的に加工された物をいうのであり、利用ずみでその有用性を失ったものはこれに含まれないものであること。

2　ただし書の特例が認められるのは、試験研究者がみずから製造等を行なう場合であること。ただし、輸入について、輸入割当てを受ける事務等輸入に係る事務を輸入業者に代行せしめることは、輸入業者が輸入行為それ自体を行なうものではないと解せられるので認められること。

（昭四七・九・一八　基発第六〇二号）

製造の許可
＊施行令　第十七条　３０８頁

（製造の許可）

第五十六条　ジクロルベンジジン、ジクロルベンジジンを含有する製剤その他の労働者に重度の健康障害を生ずるおそれのある物で、政令で定めるものを製造しようとする者は、厚生労働省令で定めるところにより、あらかじめ、厚生労働大臣の許可を受けなければならない。

２　厚生労働大臣は、前項の許可の申請があつた場合には、その申請を審査し、製造設備、作業方法等が厚生労働大臣の定める基準に適合していると認めるときでなければ、同項の許可をしてはならない。

３　第一項の許可を受けた者（以下「製造者」という。）は、その製造設備を、前項の基準に適合するように維持しなければならない。

４　製造者は、第二項の基準に適合する作業方法に従つて第一項の物を製造しなければならない。

５　厚生労働大臣は、製造者の製造設備又は作業方法が第二項の基準に適合していないと認めるときは、当該基準に適合するように製造設備を修理し、改造し、若しくは移転し、又は当該基準に適合する作業方法に従つて第一項の物を製造すべきことを命ずることができる。

６　厚生労働大臣は、製造者がこの法律若しくはこれに基づく命令の規定又はこれらの規定に基づく処分に違反したときは、第一項の許可を取り消すことができる。

▽**罰則**　１項違反－一年以下の懲役又は一〇〇万円以下の罰金（法一一七）　３～５項違反－六月以下の懲役又は五〇万円以下の罰金（法一一九（一）（二））　両罰規定（法一二二）

有害物の表示

（表示等）

等

＊施行令
第十八条
３０８頁

第五十七条 爆発性の物、発火性の物、引火性の物その他の労働者に危険を生ずるおそれのある物若しくはベンゼン、ベンゼンを含有する製剤その他の労働者に健康障害を生ずるおそれのある物で政令で定めるもの又は前条第一項の物を容器に入れ、又は包装して、譲渡し、又は提供する者は、厚生労働省令で定めるところにより、その容器又は包装（容器に入れ、かつ、包装して、譲渡し、又は提供するときにあつては、その容器）に次に掲げるものを表示しなければならない。ただし、その容器又は包装のうち、主として一般消費者の生活の用に供するためのものについては、この限りでない。

一　次に掲げる事項
　イ　名称
　ロ　人体に及ぼす作用
　ハ　貯蔵又は取扱い上の注意
　ニ　イからハまでに掲げるもののほか、厚生労働省令で定める事項
二　当該物を取り扱う労働者に注意を喚起するための標章で厚生労働大臣が定めるもの

2　前項の政令で定める物又は前条第一項の物を前項に規定する方法以外の方法により譲渡し、又は提供する者は、厚生労働省令で定めるところにより、同項各号の事項を記載した文書を、譲渡し、又は提供する相手方に交付しなければならない。

▽**罰則**　１・２項違反－六月以下の懲役又は五〇万円以下の罰金（法一一九（一）（二））両罰規定（法一二二）

○通達

（容器・包装等に表示しなければならない事項）

1　名称（労働安全衛生法（昭和四七年法律第五七号。以下「法」という。）第五七条第一項第一号イ関係）

(1)　化学物質等の名称を記載すること。ただし、製品名により含有する化学物質等が特定できる場合においては、当該製品名を記載することで足りること。

(2)　化学物質等について、表示される名称と文書交付により通知される名称を一致させること。

2　成分（法第五七条第一項第一号ロ関係）

(1)　法及び労働安全衛生法施行令（以下「政令」という。）により表示対象とされている物質（以下「表示対象物質」という。）の含有量が裾切値（当該物質の含有量がその値未満の場合、規制の対象としないこととする場合の、当該値）以上である場合、当該表示対象物質の名称を列記すること。

(2)　(1)以外の化学物質の成分の名称についても記載することが望ましいこと。

3　人体に及ぼす作用（法第五七条第一項第一号ハ関係）

(1)　「人体に及ぼす作用」は、化学物質等の有害性を示すこと。

(2)　化学品の分類および表示に関する世界調和システム（以下「GHS」という。）に従った分類に基づき決定された危険有害性クラス（可燃性固体等の物理化学的危険性、発がん性、急性毒性等の健康有害性及び水生環境有害性等の環境有害性の種類）及び危険有害性区分（危険有害性の強度）に対してGHS附属書3又は日本工業規格Z七二五一（GHSに基づく化学物質等の表示）（以下「JISZ七二五一」という。）附属書Aにより割り当てられた「危険有害性情報」の欄に示されている文言を記載すること。

なお、GHSに従った分類については、日本工業規格Z七二五二（GHSに基づく化学物質等の分類法）（以下「JISZ七二五二」という。）及び事業者向けGHS分類ガイダンス（平成二一年度改訂版：平成二二年三月）（以下「事業者向け分類ガイダンス」という。）を参考にすること。また、GHSに従った分類結果については、独立行政法人製品評価技術基盤機構が公開している「GHS分類結果データベース」、厚生労働省が作成し公表している「GHSモデルラベル表示」及び「GHSモデルMSDS情報」等を参考にすること。

(3) 混合物において、混合物全体として有害性の分類がなされていない場合には、含有する表示対象物質の純物質としての有害性を、物質ごとに記載することで差し支えないこと。

(4) GHSに従い分類した結果、危険有害性クラス及び危険有害性区分が決定されない場合は、記載を要しないこと。

4 貯蔵又は取扱い上の注意（法第五七条第一項第一号ニ関係）

化学物質等のばく露又はその不適切な貯蔵若しくは取扱いから生じる被害を防止するために取るべき措置を記載すること。

5 標章（法第五七条第一項第二号関係）

(1) 混合物において、混合物全体として危険性又は有害性の分類がなされていない場合には、含有する表示対象物質の純物質としての危険性又は有害性を表す標章を、物質ごとに記載することで差し支えないこと。

(2) GHSに従い分類した結果、危険有害性クラス及び危険有害性区分が決定されない場合は、記載を要しないこと。

6 表示をする者の氏名（法人にあっては、その名称）、住所及び電話番号（労働安全衛生規則（以下「則」という。）第三三条第一号関係）

(1) 化学物質等を譲渡し又は提供する者の情報を記載すること。

(2) 緊急連絡電話番号等についても記載することが望ましいこと。

7 注意喚起語（則第三三条第二号関係）

(1) GHSに従った分類に基づき、決定された危険有害性クラス及び危険有害性区分に対してGHS附属書3又はJISZ七二五一附属書Aに割り当てられた「注意喚起語」の欄に示されている文言を記載すること。

なお、GHSに従った分類については、JISZ七二五二及び事業者向け分類ガイダンスを参考にすること。また、GHSに従った分類結果については、独立行政法人製品評価技術基盤機構が公開している「GHS分類結果データベース」や厚生労働省が作成し公表している「GHSモデルラベル表示」及び「GHSモデルMSDS情報」等を参考にすること。ただし、JISZ七二五二は、GHSに準じているが、物理化学的危険性に関する分類については言及していないため、特に物理化学的危険性については、GHS及び事業者向け分類ガイダンスを参考にすること。

(2) 混合物において、混合物全体として危険性又は有害性の分類がなされていない場合には、含有する表示対象物質の純物質としての危険性又は有害性を表す注意喚起語を、物質ごとに記載することで差し支えないこと。

(3) GHSに基づき分類した結果、危険有害性クラス及び危険有害性区分が決定されない場合、記載を要しないこと。

8 安定性及び反応性（則第三三条第三号関係）

(1) 「安定性及び反応性」は、化学物質等の危険性を示すこと。

(2) GHSに従った分類に基づき、決定された危険有害性クラス及び危険有害性区分に対してGHS附属書3又はJISZ七二五一附属書Aに割り当てられた「危険有害性情報」の欄に示されている文言を記載すること。

なお、「GHSに従った分類結果」については、独立行政法人製品評価技術基盤機構が公開している「GHS分類結果データベース」、厚生労働省が作成し公表している「GHSモデルラベル表示」及び「GHSモデルMSDS情報」等を参考にすること。ただし、JISZ七二五二は、GHSに準じているが、物理化学的危険性に関する分類については言及していないため、特に物理化学的危険性については、GHS及び事業者向け分類ガイダンスを参考にすること。

(3) 混合物において、混合物全体として危険性の分類がなされていない場合には、含有する全ての表示対象物質の純物質としての危険性を、物質ごとに記載することで差し支えないこと。

(4) GHSに従い分類した結果、危険有害性クラス及び危険有害性区分が決定されない場合、記載を要しないこと。

（平一八・一〇・二〇　基安化発第一〇二〇〇〇一号、平二二・一二・一六　基安化発一二一六第一号）

（表示義務の対象物及び通知対象物について事業者の行うべき調査等）

5　労働者に危険又は健康障害を生ずるおそれのある物を譲渡し、又は提供する際にその容器又は包装に表示しなければならないこととされているもののうち、成分を削除するものとしたこと。

（平二六・六・二五　基発〇六二五第四号）

文書の交付等

＊施行令　第十八条の二　310頁

（文書の交付等）

第五十七条の二　労働者に危険若しくは健康障害を生ずるおそれのある物で政令で定めるもの又は第五十六条第一項の物（以下この条及び次条第一項において「通知対象物」という。）を譲渡し、又は提供する者は、文書の交付その他厚生労働省令で定める方法により通知対象物に関する次の事項（前条第二項に規定する者にあつては、同項に規定する事項を除く。）を、譲渡し、又は提供する相手方に通知しなければならない。ただし、主として一般消費者の生活の用に供される製品として通知対象物を譲渡し、又は提供する場合については、この限りでない。

一　名称

二　成分及びその含有量

三　物理的及び化学的性質

四　人体に及ぼす作用

五　貯蔵又は取扱い上の注意

六　流出その他の事故が発生した場合において講ずべき応急の措置

七　前各号に掲げるもののほか、厚生労働省令で定める事項

2　通知対象物を譲渡し、又は提供する者は、前項の規定により通知した事項に変更を行う必要が

生じたときは、文書の交付その他厚生労働省令で定める方法により、変更後の同項各号の事項を、速やかに、譲渡し、又は提供した相手方に通知するよう努めなければならない。

3　前二項に定めるもののほか、前二項の通知に関し必要な事項は、厚生労働省令で定める。

○通達

〔文書交付等により通知しなければならない事項〕

1　名称（法第五七条の二第一項第一号関係）

化学物質等の名称を記載すること。ただし、製品名により含有する化学物質等が特定できる場合においては、当該製品名を記載することで足りること。

2　成分及びその含有量（法第五七条の二第一項第二号関係）

(1)　法及び政令で通知対象としている物質（以下「通知対象物質」という。）が裾切値以上含有される場合、当該通知対象物質の名称を列記するとともに、その含有量についても記載すること。

(2)　ケミカルアブストラクトサービス登録番号（CAS 番号）及び別名についても記載することが望ましいこと。

(3)　(1) 以外の化学物質の成分の名称及びその含有量についても、本項目に記載することが望ましいこと。

3　物理的及び化学的性質（法第五七条の二第一項第三号関係）

(1)　次の項目に係る情報について記載すること。

ア　化学物質等の外観（物理的状態、形状、色等）

イ　臭い

ウ　pH

エ　融点及び凝固点

オ　沸点、初留点及び沸騰範囲

カ　引火点

キ　燃焼又は爆発範囲の上限及び下限
ク　蒸気圧
ケ　蒸気密度
コ　比重（相対密度）
サ　溶解度
シ　n－オクタノール／水分配係数
ス　自然発火温度
セ　分解温度
(2)　次の項目に係る情報について記載することが望ましいこと。
ア　臭いのしきい（閾）値
イ　蒸発速度
ウ　燃焼性（固体又はガスのみ）
(3)　放射性等、当該化学物質等の安全な使用に関係するその他のデータを示すことが望ましいこと。
(4)　測定方法についても記載することが望ましいこと。
(5)　混合物において、混合物全体として危険性の試験がなされていない場合には、含有する通知対象物質の純物質としての情報を、物質ごとに記載することで差し支えないこと。
4　人体に及ぼす作用（法第五七条の二第一項第四号関係）
(1)　「人体に及ぼす作用」は、化学物質等の有害性を示すこと。
(2)　取扱者が化学物質等に接触した場合に生じる健康への影響について、簡明かつ包括的な説明を記載すること。なお、以下の項目に係る情報を記載すること。
ア　急性毒性
イ　皮膚腐食性・刺激性
ウ　眼に対する重篤な損傷性・眼刺激性
エ　呼吸器感作性又は皮膚感作性

オ　生殖細胞変異原性
カ　発がん性
キ　生殖毒性
ク　特定標的臓器毒性―単回ばく露
ケ　特定標的臓器毒性―反復ばく露
コ　吸引性呼吸器有害性

(3)　ばく露直後の影響と遅発性の影響とをばく露経路ごとに区別し、毒性の数値的尺度を含めることが望ましいこと。

(4)　混合物において、混合物全体として有害性の試験がなされていない場合には、含有する通知対象物質の純物質としての有害性を、物質ごとに記載することで差し支えないこと。

(5)　GHSに従い分類した結果、分類の判断を行うのに十分な情報が得られなかった場合（以下「分類できない」という。）、GHSで規定する危険有害性クラスから外れている物理化学的危険性及び健康有害性のため当該クラスでの分類の対象となっていない場合（以下「分類対象外」という。例えば、「○○性固体」という危険有害性クラスは、常態が液体や気体のものについては分類の対象とならない。（及び分類を行うのに十分な情報が得られているものの、分類を行った結果、GHSで規定する危険有害性クラスにおいて最も低い危険有害性区分とする十分な証拠が認められなかった場合（以下「区分外」という。）のいずれかに該当することにより、危険有害性クラス及び危険有害性区分が決定されない場合は、GHSでは当該危険有害性クラスの情報は、必ずしも記載は要しないとされているが、「分類できない」、「分類対象外」、「区分外」の旨を記載することが望ましい。

また、発がん性の分類にあたっては、発がん性が否定されること、又は発がん性が極めて低いことが明確な場合を除き、「区分外」の判定は慎重に行うこと。疑義があれば、「分類できない」とすること。なお、記載にあたっては、事業者向け分類ガイダンスを参考にすること。

5　貯蔵又は取扱い上の注意（法第五七条の二第一項第五号関係）

次の事項を記載すること。

(1) 適切な保管条件、避けるべき保管条件等
(2) 混合接触させてはならない化学物質等（混触禁止物質）との分離を含めた取扱い上の注意
(3) 管理濃度、許容濃度等
(4) 密閉装置、局所排気装置等の設備対策
(5) 保護具の使用
(6) 廃棄上の注意及び輸送上の注意

6 流出その他の事故が発生した場合において講ずべき応急の措置（法第五七条の二第一項第六号関係）
次の事項を記載すること。
(1) 吸入した場合、皮膚に付着した場合、眼に入った場合又は飲み込んだ場合に取るべき措置等
(2) 火災の際に使用するのに適切な消火剤又は使用してはならない消火剤
(3) 事故が発生した際の退避措置、立ち入り禁止措置、保護具の使用等
(4) 漏出した化学物質等に係る回収、中和、封じ込め及び浄化の方法並びに使用する機材

7 通知を行う者の氏名（法人にあっては、その名称）、住所及び電話番号（則第三四条の二の四第一号関係）
(1) 化学物質等を譲渡し又は提供する者の情報を記載すること。
(2) 緊急連絡電話番号、ファックス番号及び電子メールアドレスも記載することが望ましいこと。

8 危険性又は有害性の要約（則第三四条の二の四第二号関係）
(1) GHSに従った分類に基づき決定された危険有害性クラス、危険有害性区分、絵表示、注意喚起語、危険有害性情報及び注意書きに対してGHS附属書3又はJISZ七二五一附属書Aにより割り当てられた絵表示と文言を記載すること。
なお、GHSに従った分類については、JISZ七二五二及び事業者向け分類ガイダンスを参考にすること。また、GHSに従った分類結果については、独立行政法人製品評価技術基盤機構が公開しているGHS分類結果データベース」、厚生労働省が作成し公表している「GHSモデルラベル表示」及び「GHSモデルMSDS情報」等を参考にすること。

ただし、JISZ七二五二は、GHSのうち、物理化学的危険性に関する分類については、GHS及

び事業者向け分類ガイダンスを参考にすること。

(2) 混合物において、混合物全体として危険性又は有害性の分類がなされていない場合には、含有する通知対象物質の純物質としての危険性又は有害性を、物質ごとに記載することで差し支えないこと。

(3) ＧＨＳに従い分類した結果、「分類できない」、「分類対象外」及び「区分外」のいずれかに該当することにより、危険有害性クラス及び危険有害性区分が決定されない場合は、ＧＨＳでは当該危険有害性クラスの情報は、必ずしも記載を要しないとされているが、「分類できない」、「分類対象外」「区分外」の旨を記載することが望ましい。

また、発がん性の分類にあたっては、発がん性が否定されること、又は発がん性が極めて低いことが明確な場合を除き、「区分外」の判定は慎重に行うこと。疑義があれば、「分類できない」とすること。なお、記載にあたっては、事業者向け分類ガイダンスを参考にすること。

(4) 標章は白黒の図で記載しても差し支えないこと。また、標章を構成する画像要素（シンボル）の名称（「炎」、「どくろ」等）をもって当該標章に代えても差し支えないこと。

(5) 粉じん爆発危険性等の危険性又は有害性についても記載することが望ましいこと。

9 安定性及び反応性（則第三四条の二の四第三号関係）

次の事項を記載すること。

(1) 避けるべき条件（静電放電、衝撃、振動等）

(2) 混触危険物質

(3) 通常発生する一酸化炭素、二酸化炭素及び水以外の予想される危険有害な分解生成物

10 適用される法令（則第三四条の二の四第四号関係）

化学物質等に適用される法令の名称を記載するとともに、当該法令に基づく規制に関する情報を記載すること。

11 その他参考となる事項（則第三四条の二の四第五号関係）

(1) 化学物質等安全データシート（ＭＳＤＳ）等を作成する際に参考とした出典を記載することが望ましいこと。

(2) 環境影響情報については、本項目に記載することが望ましいこと。
(平一八・一〇・二〇 基安化発第一〇二〇〇〇一号、平二三・一二・一六 基安化発一二一六第一号)

物及び通知対象物について事業者が行うべき調査等

(第五十七条第一項の政令で定める物及び通知対象物について事業者が行うべき調査等)

第五十七条の三 事業者は、厚生労働省令で定めるところにより、第五十七条第一項の政令で定める物及び通知対象物による危険性又は有害性等を調査しなければならない。

2 事業者は、前項の調査の結果に基づいて、この法律又はこれに基づく命令の規定による措置を講ずるほか、労働者の危険又は健康障害を防止するため必要な措置を講ずるように努めなければならない。

3 厚生労働大臣は、第二十八条第一項及び第三項に定めるもののほか、前二項の措置に関して、その適切かつ有効な実施を図るため必要な指針を公表するものとする。

4 厚生労働大臣は、前項の指針に従い、事業者又はその団体に対し、必要な指導、援助等を行うことができる。

化学物質の有害性の調査
＊施行令 第十八条の三 311頁

(化学物質の有害性の調査)

第五十七条の四 化学物質による労働者の健康障害を防止するため、既存の化学物質として政令で定める化学物質(第三項の規定によりその名称が公表された化学物質を含む。)以外の化学物質(以下この条において「新規化学物質」という。)を製造し、又は輸入しようとする事業者は、あらかじめ、厚生労働省令で定めるところにより、厚生労働大臣の定める基準に従つて有害性の調査(当該新規化学物質が労働者の健康に与える影響についての調査をいう。以下この条において同じ。)を行い、当該新規化学物質の名称、有害性の調査の結果その他の事項を厚生労働大臣に

＊施行令
第十八条の四
313頁

届け出なければならない。ただし、次の各号のいずれかに該当するときその他政令で定める場合は、この限りでない。

一　当該新規化学物質に関し、厚生労働省令で定めるところにより、当該新規化学物質について予定されている製造又は取扱いの方法等からみて労働者が当該新規化学物質にさらされるおそれがない旨の厚生労働大臣の確認を受けたとき。

二　当該新規化学物質に関し、厚生労働省令で定めるところにより、既に得られている知見等に基づき厚生労働省令で定める有害性がない旨の厚生労働大臣の確認を受けたとき。

三　当該新規化学物質を試験研究のため製造し、又は輸入しようとするとき。

四　当該新規化学物質が主として一般消費者の生活の用に供される製品（当該新規化学物質を含有する製品を含む。）として輸入される場合で、厚生労働省令で定めるとき。

2　有害性の調査を行つた事業者は、その結果に基づいて、当該新規化学物質による労働者の健康障害を防止するため必要な措置を速やかに講じなければならない。

3　厚生労働大臣は、第一項の規定による届出があつた場合（同項第二号の規定による確認をした場合を含む。）には、厚生労働省令で定めるところにより、当該新規化学物質の名称を公表するものとする。

4　厚生労働大臣は、第一項の規定による届出があつた場合には、厚生労働省令で定めるところにより、有害性の調査の結果について学識経験者の意見を聴き、当該届出に係る化学物質による労働者の健康障害を防止するため必要があると認めるときは、届出をした事業者に対し、施設又は設備の設置又は整備、保護具の備付けその他の措置を講ずべきことを勧告することができる。

5　前項の規定により有害性の調査の結果について意見を求められた学識経験者は、当該有害性の調査の結果に関して知り得た秘密を漏らしてはならない。ただし、労働者の健康障害を防止するためやむを得ないときは、この限りでない。

▽**罰則**　1項違反－五〇万円以下の罰金（法一二〇（一））　5項違反－六月以下の懲役又は五〇万円以下の罰金（法一一九（一））　両罰規定（法一二二）

○通達

1　本条は、新規化学物質について有害性の調査を行うことにより、がん原性の疑いのある化学物質をスクリーニング（ふるいわけ）する趣旨であること。

2　本条の化学物質には、製造中間体（製品の製造工程中において生成し、同一事業場内で他の化学物質に変化する化学物質をいう。以下同じ。）副生物、廃棄物も含まれること。これは、製造中間体等であっても、労働者が当該製造中間体等にさらされるおそれがあるからであること。

3　第一項の届出を行った事業者は、第三項の規定に基づく名称の公表前であっても当該新規化学物質を製造し、又は輸入することができるものであること。

4　新規化学物質を密封した部品が含まれる機械等を輸入しようとする場合であって、本邦の地域内において当該新規化学物質が密封された状態のまま、当該機械等が使用される予定であるときは、当該機械等に密封された新規化学物質の輸入は、第一項の輸入には該当しないこと。

5　新規化学物質をサンプル（輸入貿易管理令（昭和二四年政令第四一四号）の別表第一第三号の無償の商品見本又は宣伝用物品であって、通商産業大臣が告示で定めるものをいう。）として輸入しようとする場合は第一項の輸入として取り扱わないものとすること。

6　新規化学物質を使用又は販売しようとする事業者が、当該新規化学物質の輸入に係る事務を他の事業者に委託した場合には、当該委託を行った事業者が第一項の「輸入しようとする事業者」に該当するものであること。

7　新規化学物質の輸入に伴う輸送の業務のみを行う事業者は、第一項の「輸入しようとする事業者」に該当しないものであること。

8　第一項第一号の「新規化学物質にさらされるおそれがない」とは、当該新規物質が製造中間体等であつて、その製造又は取扱いを行う場合において、次のイからハまでの条件をすべて満たすときをいうものであること。

イ　新規化学物質を製造し、又は取り扱う作業（定常作業（サンプリング作業等の断続的な作業を含む。）のほか、製造又は取扱い設備等の清掃、改修等の非定常作業が含まれること。）において、労働者が当該化学物質を開放して取り扱うことがないこと。

ロ　新規化学物質を製造し、又は取り扱う設備等は、原料等の供給口、生成物等の取り出し口、フランジの部分等から当該新規化学物質が漏れないように十分な気密性を持つた密閉式の構造のものであること。

ハ　設備等の気密性の低下による当該新規化学物質の漏えいを防止する措置が講じられているものであること。

9　第一項第二号の「既に得られている知見等」とは、新規化学物質の有害性の調査に関して学会誌等に公表されている報告であつて信頼できる調査結果のほか、未公開であつても信頼できる調査結果であれば、これを含むものであること。

10　第一項第三号の「試験研究のため製造し、又は輸入しようとするとき」とは、新規化学物質の開発研究等を行う場合であつて次のイからハまでに掲げる基準のすべてに適合しているとき、又は当該新規化学物質の全量を試薬として製造し、若しくは輸入しようとするときをいうものであること。

イ　実験室的な規模で行われること。

ロ　新規化学物質にさらされるおそれのある作業に従事する者が、当該試験研究の担当者に限られること。

ハ　新規化学物質が当該試験研究を行う場所以外の場所に持ち出されることのないものであること。

（昭五四・三・二三　基発第一三二号）

安衛法

がん等の生ずるおそれのある物質の有害性の調査

＊施行令
第十八条の五
313頁

第五十七条の五　厚生労働大臣は、化学物質で、がんその他の重度の健康障害を労働者に生ずるおそれのあるものについて、当該化学物質による労働者の健康障害を防止するため必要があると認めるときは、厚生労働省令で定めるところにより、当該化学物質を製造し、輸入し、又は使用している事業者その他厚生労働省令で定める事業者に対し、政令で定める有害性の調査（当該化学物質が労働者の健康障害に及ぼす影響についての調査をいう。）を行い、その結果を報告すべきことを指示することができる。

2　前項の規定による指示は、化学物質についての有害性の調査に関する技術水準、調査を実施する機関の整備状況、当該事業者の調査の能力等を総合的に考慮し、厚生労働大臣の定める基準に従つて行うものとする。

3　厚生労働大臣は、第一項の規定による指示を行おうとするときは、あらかじめ、厚生労働省令で定めるところにより、学識経験者の意見を聴かなければならない。

4　第一項の規定による有害性の調査を行つた事業者は、その結果に基づいて、当該化学物質による労働者の健康障害を防止するため必要な措置を速やかに講じなければならない。

5　第三項の規定により第一項の規定による指示について意見を求められた学識経験者は、当該指示に関して知り得た秘密を漏らしてはならない。ただし、労働者の健康障害を防止するためやむを得ないときは、この限りでない。

▽**罰則**　1項違反－五〇万円以下の罰金（法一二〇（二））　5項違反－六月以下の懲役又は五〇万円以下の罰金（法一一九（一））　両罰規定（法一二二）

○通達

(1) 本条は、がん原性が疑われているが、がん原性物質と確定するには、いまだデータ不足である化学物質について、労働大臣が事業者にがん原性の試験の実施を指示することができる趣旨であること。

(2) 化学物質を密封した部品が含まれる機械等を輸入する場合であつて、本邦の地域内において当該化学物質が密封された状態のまま、当該機械等が使用されるときは、当該機械等に密封された化学物質の輸入は、第一項の輸入には該当しないものであること。

(3) 化学物質を使用又は販売する事業者が、当該化学物質の輸入に係る事務を他の事業者に委託した場合には、当該委託を行つた事業者が第一項の「輸入している事業者」に該当するものであること。

(4) 化学物質の輸入に伴う輸送の業務のみを行う事業者は、第一項の「輸入している事業者」に該当しないものであること。

（昭五四・三・二三　基発第一三二号）

国の援助等

（国の援助等）

第五十八条　国は、前二条の規定による有害性の調査の適切な実施に資するため、化学物質について、有害性の調査を実施する施設の整備、資料の提供その他必要な援助に努めるほか、自ら有害性の調査を実施するよう努めるものとする。

安衛法

第六章　労働者の就業に当たつての措置

雇入れ時の安全衛生教育

（安全衛生教育）

第五十九条　事業者は、労働者を雇い入れたときは、当該労働者に対し、厚生労働省令で定めるところにより、その従事する業務に関する安全又は衛生のための教育を行なわなければならない。

2　前項の規定は、労働者の作業内容を変更したときについて準用する。

3　事業者は、危険又は有害な業務で、厚生労働省令で定めるものに労働者をつかせるときは、厚生労働省令で定めるところにより、当該業務に関する安全又は衛生のための特別の教育を行なわなければならない。

▽罰則　1・2項違反－五〇万円以下の罰金（法一二〇（一））　3項違反－六月以下の懲役又は五〇万円以下の罰金（法一一九（一））　両罰規定（法一二二）

○通達

(1)　第二項の「作業内容を変更したとき」とは、異なる作業に転換をしたときや作業設備、作業方法等について大幅な変更があつたときをいい、これらについての軽易な変更があつたときは含まない趣旨であること。

(2)　第五九条および第六〇条の安全衛生教育は、労働者がその業務に従事する場合の労働災害の防止をはかるため、事業者の責任において実施されなければならないものであり、したがつて、安全衛生教育については所定労働時間内に行なうのを原則とすること。また、安全衛生教育の実施に要する時間は労働時間と解されるので、当該教育が法定時間外に行なわれた場合には、当然割増賃金が支払われなければならないものであること。

また、第五九条第三項の特別の教育ないし第六〇条の職長教育を企業外で行なう場合の講習会費、講習旅費等についても、この法律に基づいて行なうものについては、事業者が負担すべきものであること。
（昭四七・九・一八　基発第六〇二号）

職長等の安全衛生教育
＊施行令
第十九条
313頁

第六十条　事業者は、その事業場の業種が政令で定めるものに該当するときは、新たに職務につくこととなつた職長その他の作業中の労働者を直接指導又は監督する者（作業主任者を除く。）に対し、次の事項について、厚生労働省令で定めるところにより、安全又は衛生のための教育を行なわなければならない。
一　作業方法の決定及び労働者の配置に関すること。
二　労働者に対する指導又は監督の方法に関すること。
三　前二号に掲げるもののほか、労働災害を防止するため必要な事項で、厚生労働省令で定めるもの

有害業務従事者等の安全衛生教育

第六十条の二　事業者は、前二条に定めるもののほか、その事業場における安全衛生の水準の向上を図るため、危険又は有害な業務に現に就いている者に対し、その従事する業務に関する安全又は衛生のための教育を行うように努めなければならない。
2　厚生労働大臣は、前項の教育の適切かつ有効な実施を図るため必要な指針を公表するものとする。
3　厚生労働大臣は、前項の指針に従い、事業者又はその団体に対し、必要な指導等を行うことができる。

就業制限
＊施行令

（就業制限）
第六十一条　事業者は、クレーンの運転その他の業務で、政令で定めるものについては、都道府県

労働局長の当該業務に係る免許を受けた者又は都道府県労働局長の登録を受けた者が行う当該業務に係る技能講習を修了した者その他厚生労働省令で定める資格を有する者でなければ、当該業務に就かせてはならない。

2 前項の規定により当該業務につくことができる者以外の者は、当該業務を行なつてはならない。

3 第一項の規定により当該業務につくことができる者は、当該業務に従事するときは、これに係る免許証その他その資格を証する書面を携帯していなければならない。

4 職業能力開発促進法（昭和四十四年法律第六十四号）第二十四条第一項（同法第二十七条の二第二項において準用する場合を含む。）の認定に係る職業訓練を受ける労働者について必要がある場合においては、その必要の限度で、前三項の規定について、厚生労働省令で別段の定めをすることができる。

▽**罰則** 1・4項違反－六月以下の懲役又は五〇万円以下の罰金（法一一九（一）（四））2項違反－五〇万円以下の罰金（法一二〇（一））両罰規定（法一二二）

○通達

技能講習修了証及び他の法令に基づく資格を労働安全衛生法上の資格と見なすものに係る修了証等その資格の取得に関する事項を手帳型式に取り纏め、当該修了証等の発行機関がそれを証明し又は確認し、かつ、次の⑴及び⑵を満たす場合は、法第六一条第三項の「資格を証する書面」と見なして差支えないこと。

⑴ 資格の取得に関する事項を証明又は確認した旨を修了証等原本に記載し、割印をとつていること。

⑵ 証明又は確認した書面に写真を貼付し、当該書面と当該写真との間に割印をとつていること。

（昭五〇・七・一 計画課長・安全課長内翰）

中高年齢者等についての配慮

（中高年齢者等についての配慮）

第六十二条 事業者は、中高年齢者その他労働災害の防止上その就業に当たつて特に配慮を必要とする者については、これらの者の心身の条件に応じて適正な配置を行なうように努めなければならない。

○通達

○本条の「その他労働災害の防止上その就業に当たつて特に配慮を必要とする者」には、身体障害者、出稼労働者等があること。

（昭四七・九・一八 基発第六〇二号）

国の援助

（国の援助）

第六十三条 国は、事業者が行なう安全又は衛生のための教育の効果的実施を図るため、指導員の養成及び資質の向上のための措置、教育指導方法の整備及び普及、教育資料の提供その他必要な施策の充実に努めるものとする。

第七章　健康の保持増進のための措置

第六十四条　削除

（作業環境測定）

第六十五条　事業者は、有害な業務を行う屋内作業場その他の作業場で、政令で定めるものについて、厚生労働省令で定めるところにより、必要な作業環境測定を行い、及びその結果を記録しておかなければならない。

2　前項の規定による作業環境測定は、厚生労働大臣の定める作業環境測定基準に従って行わなければならない。

3　厚生労働大臣は、第一項の規定による作業環境測定の適切かつ有効な実施を図るため必要な作業環境測定指針を公表するものとする。

4　厚生労働大臣は、前項の作業環境測定指針を公表した場合において必要があると認めるときは、事業者若しくは作業環境測定機関又はこれらの団体に対し、当該作業環境測定指針に関し必要な指導等を行うことができる。

5　都道府県労働局長は、作業環境の改善により労働者の健康を保持する必要があると認めるときは、労働衛生指導医の意見に基づき、厚生労働省令で定めるところにより、事業者に対し、作業環境測定の実施その他必要な事項を指示することができる。

▽**罰則**　1項違反－六月以下の懲役又は五〇万円以下の罰金（法一一九（一））　5項違反－五〇万円以下の罰金（法一二〇（二））　両罰規定（法一二二）

作業環境測定

＊施行令　第二十一条

318頁

○通達

1　同一の作業場に複数の事業者に使用される労働者が混在して業務を行っている場合で、一の事業者が本条第一項の作業環境測定を行い、その結果を共同して利用するときには、当該作業場について同項の作業環境測定を行わない他の事業者に関し、同項違反として取り扱わなくとも差し支えないものであること。

2　第二項の「作業環境測定基準」は、第一項の規定により行われる作業環境測定が、客観性をもち、かつ、正確であることを担保するために必要とされる測定方法の基本的な事項について定めるものであること。

3　第五項の「指示」は、安衛法第六五条第一項の作業環境測定を行うべき作業場以外の作業場において労働者に健康障害が発生しその作業環境の実態をは握する必要があると認められる場合、同項の作業環境測定を行うべき作業場において労働者の多くに重度の健康障害が発生し臨時に作業環境測定を行わせる必要があると認められる場合等に行われるべきものであること。

（昭四七・九・一八　基発第六〇二号、昭五〇・八・一　基発第四四八号）

作業環境測定の結果の評価等

（作業環境測定の結果の評価等）

第六十五条の二　事業者は、前条第一項又は第五項の規定による作業環境測定の結果の評価に基づいて、労働者の健康を保持するため必要があると認められるときは、厚生労働省令で定めるところにより、施設又は設備の設置又は整備、健康診断の実施その他の適切な措置を講じなければならない。

2　事業者は、前項の評価を行うに当たつては、厚生労働省令で定めるところにより、厚生労働大臣の定める作業環境評価基準に従つて行わなければならない。

3　事業者は、前項の規定による作業環境測定の結果の評価を行つたときは、厚生労働省令で定めるところにより、その結果を記録しておかなければならない。

○通達

第一項の「労働者の健康を保持するため必要があると認められるとき」に該当するか否かは、第二項の労働大臣の定める作業環境評価基準に従つた作業環境測定の結果の評価により定まるものであること。

（昭六三・九・一六　基発第六〇一号の一）

作業の管理

（作業の管理）

第六十五条の三　事業者は、労働者の健康に配慮して、労働者の従事する作業を適切に管理するように努めなければならない。

○通達

本条の規定による措置は、一連続作業時間と休憩時間の適正化、作業量の適正化、作業姿勢の改善等労働者の健康の保持増進を図るという観点から労働者の従事する作業を適切に管理することであること。

（昭六三・九・一六　基発第六〇一号の一）

作業時間の制限

（作業時間の制限）

第六十五条の四　事業者は、潜水業務その他の健康障害を生ずるおそれのある業務で、厚生労働省令で定めるものに従事させる労働者については、厚生労働省令で定める作業時間についての基準に違反して、当該業務に従事させてはならない。

▽罰則　六月以下の懲役又は五〇万円以下の罰金（法一一九（一））　両罰規定（法一二二）

（健康診断）

第六十六条　事業者は、労働者に対し、厚生労働省令で定めるところにより、医師による健康診断（第六十六条の十第一項に規定する検査を除く。以下この条及び次条において同じ。）を行わなければならない。

2　事業者は、有害な業務で、政令で定めるものに従事する労働者に対し、厚生労働省令で定めるところにより、医師による特別の項目についての健康診断を行なわなければならない。有害な業務で、政令で定めるものに従事させたことのある労働者で、現に使用しているものについても、同様とする。

3　事業者は、有害な業務で、政令で定めるものに従事する労働者に対し、厚生労働省令で定めるところにより、歯科医師による健康診断を行なわなければならない。

4　都道府県労働局長は、労働者の健康を保持するため必要があると認めるときは、労働衛生指導医の意見に基づき、厚生労働省令で定めるところにより、事業者に対し、臨時の健康診断の実施その他必要な事項を指示することができる。

5　労働者は、前各項の規定により事業者が行なう健康診断を受けなければならない。ただし、事業者の指定した医師又は歯科医師が行なう健康診断を受けることを希望しない場合において、他の医師又は歯科医師の行なうこれらの規定による健康診断に相当する健康診断を受け、その結果を証明する書面を事業者に提出したときは、この限りでない。

▽罰則　1～4項違反－五〇万円以下の罰金（法一二〇（一）（二））　両罰規定（法一二二）

健康診断
＊施行令　第二十二条
321頁

○通達

1　第一項から第四項までの規定により実施される健康診断の費用については、法で事業者に健康診断の実施の義務を課している以上、当然、事業者が負担すべきものであること。

2　健康診断の受診に要した時間についての賃金の支払いについては、労働者一般に対して行なわれる、いわゆる一般健康診断は、一般的な健康の確保をはかることを目的として事業者にその実施義務を課したものであり、業務遂行との関連において行なわれるものではないので、その受診のために要した時間については、当然には事業者の負担すべきものではなく労使協議して定めるべきものであるが、労働者の健康の確保は、事業の円滑な運営の不可決な条件であることを考えると、その受診に要した時間の賃金を事業者が支払うことが望ましいこと。

特定の有害な業務に従事する労働者について行なわれる健康診断、いわゆる特殊健康診断は、事業の遂行にからんで当然実施されなければならない性格のものであり、それは所定労働時間内に行なわれるのを原則とすること。また、特殊健康診断の実施に要する時間は労働時間と解されるので、当該健康診断が時間外に行なわれた場合には、当然割増賃金を支払わなければならないものであること。

3　第四項の「その他必要な事項」には、健康診断項目の追加等があること。

（昭四七・九・一八　基発第六〇二号）

自発的健康診断の結果の提出

（自発的健康診断の結果の提出）

第六十六条の二　午後十時から午前五時まで（厚生労働大臣が必要であると認める場合においては、その定める地域又は期間については午後十一時から午前六時まで）の間における業務（以下「深夜業」という。）に従事する労働者であつて、その深夜業の回数その他の事項が深夜業に従事する労働者の健康の保持を考慮して厚生労働省令で定める要件に該当するものは、厚生労働省令で定めるところにより、自ら受けた健康診断（前条第五項ただし書の規定による健康診断を除く。）

の結果を証明する書面を事業者に提出することができる。

健康診断の結果の記録

（健康診断の結果の記録）

第六十六条の三　事業者は、厚生労働省令で定めるところにより、第六十六条第一項から第四項まで及び第五項ただし書並びに前条の規定による健康診断の結果を記録しておかなければならない。

▽罰則　五〇万円以下の罰金（法一二〇（一））　両罰規定（法一二二）

健康診断の結果についての医師等からの意見聴取

（健康診断の結果についての医師等からの意見聴取）

第六十六条の四　事業者は、第六十六条第一項から第四項まで若しくは第五項ただし書又は第六十六条の二の規定による健康診断の結果（当該健康診断の項目に異常の所見があると診断された労働者に係るものに限る。）に基づき、当該労働者の健康を保持するために必要な措置について、厚生労働省令で定めるところにより、医師又は歯科医師の意見を聴かなければならない。

○通達

(1)「異常の所見があると診断された労働者」とは、健康診断の結果、その項目に異常の所見があると医師等が診断した者であること。

(2)歯科医師からの意見聴取は、第六六条第三項の規定により、歯科医師による健康診断を行った場合等に行えば足りるものであること。

(3)産業医の選任義務のある事業場においては、産業医の意見を聴くことが適当であること。
また、産業医の選任義務のない事業場においては、労働者の健康管理等を行うのに必要な医学に関する知識を有する医師等から意見を聴くことが適当であること。

(4) 第六六条第一項から第四項まで又は第五項のただし書の規定による健康診断後の再検査又は精密検査は、当該健康診断には含まれないことから、本条は、当該再検査又は精密検査の結果に基づき、医師又は歯科医師の意見を聴くことを事業者に義務付けるものではないが、再検査又は精密検査の受診は、疾病の早期発見、その後の健康管理等に資することから、事業場でのその取扱いについて、再検査又は精密検査の結果に基づく医師等の意見の聴取を含め、労使が協議して定めることが望ましいこと。

(5) 意見聴取の対象となる健康診断は、施行日以降に行われたものであること。

(6) その他、意見聴取に当たっては、第六六条の三第二項の規定に基づき、健康診断結果に基づき事業者が講ずべき措置に関し、労働大臣が公表する指針（以下「指針」という。）を十分に考慮して行うべきこと。

（平八・九・一三　基発第五六六号）

健康診断実施後の措置

（健康診断実施後の措置）

第六十六条の五　事業者は、前条の規定による医師又は歯科医師の意見を勘案し、その必要があると認めるときは、当該労働者の実情を考慮して、就業場所の変更、作業の転換、労働時間の短縮、深夜業の回数の減少等の措置を講ずるほか、作業環境測定の実施、施設又は設備の設置又は整備、当該医師又は歯科医師の意見の衛生委員会若しくは安全衛生委員会又は労働時間等設定改善委員会（労働時間等の設定の改善に関する特別措置法（平成四年法律第九十号）第七条に規定する労働時間等設定改善委員会をいう。以下同じ。）への報告その他の適切な措置を講じなければならない。

2　厚生労働大臣は、前項の規定により事業者が講ずべき措置の適切かつ有効な実施を図るため必要な指針を公表するものとする。

3　厚生労働大臣は、前項の指針を公表した場合において必要があると認めるときは、事業者又はその団体に対し、当該指針に関し必要な指導等を行うことができる。

○通達

（健康診断実施後の措置等）（第六六条の五関係）

長時間にわたる労働による労働者の健康障害の防止を図るための対策やメンタルヘルス対策等の労働者の健康障害の防止及び健康の保持増進を図るための対策については、衛生委員会等（衛生委員会及び安全衛生委員会をいう。以下同じ。）において必要に応じて労働者の健康の状況を掌握し、これを踏まえて調査審議することが有効と考えられることから、健康診断実施後の措置の例として、医師等の意見の衛生委員会等への報告を追加したこと。

また、労働時間等の設定の改善に関する特別措置法（平成四年法律第九〇号）第七条の労働時間等設定改善委員会は、労働時間等の設定の改善を図るための措置その他労働時間等の設定の改善に関する事項を調査審議し、事業主に対し意見を述べることを目的とする委員会であり、同委員会に対して健康診断結果に基づく医師の意見を報告することは、労働者の健康に配慮した労働時間等の設定の改善に有効と考えられることから、健康診断実施後の措置の例として、医師等の意見の労働時間等設定改善委員会への報告を追加したこと。

なお、衛生委員会等又は労働時間等設定改善委員会への医師等の意見の報告に当たっては、医師等からの意見は個人が特定できないように集約・加工するなど労働者のプライバシーに適正な配慮を行うことが必要であること。

（平一八・二・二四　基発第〇二二四〇〇三号）

健康診断の結果の通知

（健康診断の結果の通知）

第六十六条の六　事業者は、第六十六条第一項から第四項までの規定により行う健康診断を受けた労働者に対し、厚生労働省令で定めるところにより、当該健康診断の結果を通知しなければならない。

▽罰則　五〇万円以下の罰金（法一二〇（一））　両罰規定（法一二二）

○通達

〔一般健康診断の結果の通知〕

(1)　通知は、総合判定結果だけではなく、各健康診断の項目ごとの結果も通知する必要があること。

(2)　通知の方法としては、健康診断を実施した医師、健康診断機関等から報告された個人用の結果報告書を各労働者に配付する方法、健康診断個人票のうち必要な部分の写しを各労働者に示す方法等があること。

(3)　通知の対象となる一般健康診断は、施行日以降に行われたものであること。

(4)　通知した旨の事実は、記録しておくことが望ましいこと。

（平八・九・一三　基発第五六六号）

〔特殊健康診断の結果の通知〕（第六六条の六関係）

(1)　従来から健康診断結果の通知が義務付けられている定期健康診断等に加えて、特殊健康診断等についてもその結果の通知を義務づけたこと。

(2)　通知は、総合判定結果だけではなく、各健康診断の項目ごとの結果も通知する必要があること。

(3)　通知の方法としては、健康診断を実施した医師、健康診断機関等から報告された個人用の結果報告書を各労働者に配布する方法、健康診断個人票のうち必要な部分の写しを各労働者に示す方法等があること。

(4)　今回の改正により新たに通知の対象となる健康診断は、法の施行の日〈平一八・四・一〉以降に行われたものであること。

(5) 通知した旨の事実は、記録しておくことが望ましいこと。

（平一八・二・二四　基発第〇二二四〇〇三号）

保健指導等

（保健指導等）

第六十六条の七　事業者は、第六十六条第一項の規定による健康診断若しくは当該健康診断に係る同条第五項ただし書の規定による健康診断又は第六十六条の二の規定による健康診断の結果、特に健康の保持に努める必要があると認める労働者に対し、医師又は保健師による保健指導を行うように努めなければならない。

2　労働者は、前条の規定により通知された健康診断の結果及び前項の規定による保健指導を利用して、その健康の保持に努めるものとする。

○通達

(1) 保健指導の方法としては、面談による個別指導、文書による指導等の方法があること。

(2) 保健指導の内容としては、日常生活面での指導、健康管理に関する情報の提供、再検査又は精密検査の受診の勧奨、医療機関で治療を受けることの勧奨等があること。

(3) 第一項の「特に健康の保持に努める必要があると認める労働者」には、健康診断の結果、異常な所見を有すると判定された労働者等であって、医師等が必要と認めるものであること。

(4) その他、保健指導に当たつては、指針を十分に考慮して行うべきこと。

（平八・九・一三　基発第五六六号）

面接指導等

（面接指導等）

第六十六条の八　事業者は、その労働時間の状況その他の事項が労働者の健康の保持を考慮して厚生労働省令で定める要件に該当する労働者（次条第一項に規定する者及び第六十六条の八の四第一項に規定する者を除く。以下この条において同じ。）に対し、厚生労働省令で定めるところにより、医師による面接指導（問診その他の方法により心身の状況を把握し、これに応じて面接により必要な指導を行うことをいう。以下同じ。）を行わなければならない。

2　労働者は、前項の規定により事業者が行う面接指導を受けなければならない。ただし、事業者の指定した医師が行う面接指導を受けることを希望しない場合において、他の医師の行う同項の規定による面接指導に相当する面接指導を受け、その結果を証明する書面を事業者に提出したときは、この限りでない。

3　事業者は、厚生労働省令で定めるところにより、第一項及び前項ただし書の規定による面接指導の結果を記録しておかなければならない。

4　事業者は、第一項又は第二項ただし書の規定による面接指導の結果に基づき、当該労働者の健康を保持するために必要な措置について、厚生労働省令で定めるところにより、医師の意見を聴かなければならない。

5　事業者は、前項の規定による医師の意見を勘案し、その必要があると認めるときは、当該労働者の実情を考慮して、就業場所の変更、作業の転換、労働時間の短縮、深夜業の回数の減少等の措置を講ずるほか、当該医師の意見の衛生委員会若しくは安全衛生委員会又は労働時間等設定改善委員会への報告その他の適切な措置を講じなければならない。

○通達

〔面接指導〕（第六六条の八関係）

ア　第一項関係

(ア)　脳血管疾患及び虚血性心疾患等（以下「脳・心臓疾患」という。）の発症が長時間労働との関連性が強いとする医学的知見を踏まえ、これら疾病の発症を予防するため、医師による面接指導を実施すべきこととしたものであること。また、労災認定された自殺事案をみると長時間労働であった者が多いことから、面接指導の実施の際には、うつ病等のストレスが関係する精神疾患等の発症を予防するためにメンタルヘルス面にも配慮すること。

(イ)　面接指導を実施する医師としては、産業医、産業医の要件を備えた医師等労働者の健康管理等を行うのに必要な医学に関する知識を有する医師が望ましいこと。

(ウ)　面接指導の費用については、法で事業者に面接指導の実施の義務を課している以上、当然、事業者が負担すべきものであること。

(エ)　面接指導を受けるのに要した時間に係る賃金の支払いについては、当然には事業者の負担すべきものではなく、労使協議して定めるべきものであるが、労働者の健康の確保は、事業の円滑な運営の不可欠な条件であることを考えると、面接指導を受けるのに要した時間の賃金を事業者が支払うことが望ましいこと。

(オ)　派遣労働者に対する面接指導については、派遣元事業主に実施義務が課せられるものであること。なお、派遣労働者の労働時間については、実際の派遣就業した日ごとの始業し、及び終業した時刻並びに休憩した時間について、労働者派遣事業の適正な運営の確保及び派遣労働者の就業条件の整備等に関する法律（昭和六〇年法律第八八号。以下「労働者派遣法」という。）第四二条第三項に基づき派遣先が派遣元事業主に通知することとなっており、面接指導が適正に行われるためには派遣先及び派遣元の連携が不可欠であること。

イ　第四項関係

(ア)　医師の意見聴取については、面接指導を実施した医師から、面接指導の結果報告に併せて意見を聴取することが適当であること。なお、地域産業保健センターの医師により面接指導を実施した場合は、事業者は当該医師から意見を聴取すること。

(イ) 面接指導を実施した医師が、当該面接指導を受けた労働者の所属する事業場で選任されている産業医でない場合には、面接指導を実施した医師からの意見聴取と併せて、当該事業場で選任されている産業医の意見を聴取することも考えられること。

ウ 第五項関係

(ア) 面接指導実施後の措置の例として、医師の意見の衛生委員会等又は労働時間等設定改善委員会への報告を規定した趣旨は、Ⅰの5〔編注＝第六六条の五の通達参照〕と同様であること。

また、衛生委員会等又は労働時間等設定改善委員会への医師の意見の報告に当たっては、医師からの意見は個人が特定できないように集約・加工するなど労働者のプライバシーに適正な配慮を行うことが必要であること。

(イ) 特にメンタルヘルス不調に関し、面接指導を受けた結果として、事業者が労働者に対して不利益な取扱いをすることがあってはならないこと。

(ウ) 事業者は、面接指導により労働者のメンタルヘルス不調を把握した場合は、必要に応じ精神科医等と連携を図りつつ対応することが適当であること。

（平一八・二・二四　基発第〇二二四〇〇三号）

研究開発業務の従業者の面接指導等

第六十六条の八の二 事業者は、その労働時間が労働者の健康の保持を考慮して厚生労働省令で定める時間を超える労働者（労働基準法第三十六条第十一項に規定する業務に従事する者（同法第四十一条各号に掲げる者及び第六十六条の八の四第一項に規定する者を除く。）に限る。）に対し、厚生労働省令で定めるところにより、医師による面接指導を行わなければならない。

2 前条第二項から第五項までの規定は、前項の事業者及び労働者について準用する。この場合において、同条第五項中「作業の転換」とあるのは、「職務内容の変更、有給休暇（労働基準法第三十九条の規定による有給休暇を除く。）の付与」と読み替えるものとする。

▽罰則　1項違反－五〇万円以下の罰金（法一二〇（一））両罰規定（法一二二）

労働者の労働時間の把握

第六十六条の八の三　事業者は、第六十六条の八第一項又は前条第一項の規定による面接指導を実施するため、厚生労働省令で定める方法により、労働者（次条第一項に規定する者を除く。）の労働時間の状況を把握しなければならない。

高度プロフェッショナルの対象者の面接指導等

第六十六条の八の四　事業者は、労働基準法第四十一条の二第一項の規定により労働する労働者であつて、その健康管理時間（同項第三号に規定する健康管理時間をいう。）が当該労働者の健康の保持を考慮して厚生労働省令で定める時間を超えるものに対し、厚生労働省令で定めるところにより、医師による面接指導を行わなければならない。

2　第六十六条の八第二項から第五項までの規定は、前項の事業者及び労働者について準用する。この場合において、同条第五項中「就業場所の変更、作業の転換、労働時間の短縮、深夜業の回数の減少等」とあるのは、「職務内容の変更、有給休暇（労働基準法第三十九条の規定による有給休暇を除く。）の付与、健康管理時間（第六十六条の八の四第一項に規定する健康管理時間をいう。）が短縮されるための配慮等」と読み替えるものとする。

▽罰則　1項違反－五〇万円以下の罰金（法一二〇（一））両罰規定（法一二二）

（事業者の健康配慮措置）
第六十六条の九　事業者は、第六十六条の八第一項、第六十六条の八の二第一項又は前条第一項の規定により面接指導を行う労働者以外の労働者であつて健康への配慮が必要なものについては、厚生労働省令で定めるところにより、必要な措置を講ずるように努めなければならない。

（心理的な負担の程度を把握するための検査等）
第六十六条の十　事業者は、労働者に対し、厚生労働省令で定めるところにより、医師、保健師その他の厚生労働省令で定める者（以下この条において「医師等」という。）による心理的な負担の程度を把握するための検査を行わなければならない。
2　事業者は、前項の規定により行う検査を受けた労働者に対し、厚生労働省令で定めるところにより、当該検査を行つた医師等から当該検査の結果が通知されるようにしなければならない。この場合において、当該医師等は、あらかじめ当該検査を受けた労働者の同意を得ないで、当該労働者の検査の結果を事業者に提供してはならない。
3　事業者は、前項の規定による通知を受けた労働者であつて、心理的な負担の程度が労働者の健康の保持を考慮して厚生労働省令で定める要件に該当するものが医師による面接指導を受けることを希望する旨を申し出たときは、当該申出をした労働者に対し、厚生労働省令で定めるところにより、医師による面接指導を行わなければならない。この場合において、事業者は、労働者が当該申出をしたことを理由として、当該労働者に対し、不利益な取扱いをしてはならない。
4　事業者は、厚生労働省令で定めるところにより、前項の規定による面接指導の結果を記録しておかなければならない。
5　事業者は、第三項の規定による面接指導の結果に基づき、当該労働者の健康を保持するために必要な措置について、厚生労働省令で定めるところにより、医師の意見を聴かなければならない。

6　事業者は、前項の規定による医師の意見を勘案し、その必要があると認めるときは、当該労働者の実情を考慮して、就業場所の変更、作業の転換、労働時間の短縮、深夜業の回数の減少等の措置を講ずるほか、当該医師の意見の衛生委員会若しくは安全衛生委員会又は労働時間等設定改善委員会への報告その他の適切な措置を講じなければならない。

7　厚生労働大臣は、前項の規定により事業者が講ずべき措置の適切かつ有効な実施を図るため必要な指針を公表するものとする。

8　厚生労働大臣は、前項の指針を公表した場合において必要があると認めるときは、事業者又はその団体に対し、当該指針に関し必要な指導等を行うことができる。

9　国は、心理的な負担の程度が労働者の健康の保持に及ぼす影響に関する医師等に対する研修を実施するよう努めるとともに、第二項の規定により通知された検査の結果を利用する労働者に対する健康相談の実施その他の当該労働者の健康の保持増進を図ることを促進するための措置を講ずるよう努めるものとする。

○通達

1　制度の目的

労働者のメンタルヘルス不調を未然に防止するため、医師、保健師等による心理的な負担の程度を把握するための検査（以下「ストレスチェック」という。）及びその結果に基づく医師による面接指導等を内容とする制度（以下「ストレスチェック制度」という。）を設けたものであること。なお、本制度は、メンタルヘルス不調の労働者を把握することを目的とした制度ではないこと。

2　第1項関係

労働者にストレスチェックを受ける義務はないが、メンタルヘルス不調で治療中のため受検の負担が大きいなどの特別な理由がない限り、全ての労働者がストレスチェックを受けることが望ましいこと。

なお、当該事業場でストレスチェックを実施する時点で休業している労働者については、事業者は当該労働者に対してストレスチェックを実施しなくても差し支えないこと。

3　第3項関係

事業者は、労働者が面接指導の申出をしたことを理由として、当該労働者に対し不利益な取扱いをしてはならず、また、申出の時点においてストレスチェック結果のみで就業上の措置の要否や内容を判断することはできないことから、事業者は、当然、ストレスチェックの結果のみを理由とした不利益な取扱いについても、これを行ってはならないこと。

4　費用負担等

イ　ストレスチェック及び面接指導の費用については、法で事業者にストレスチェック及び面接指導の実施の義務を課している以上、当然、事業者が負担すべきものであること。

ロ　ストレスチェック及び面接指導を受けるのに要した時間に係る賃金の支払いについては、当然には事業者の負担すべきものではなく、労使協議をして定めるべきものであるが、労働者の健康の確保は、事業の円滑な運営の不可欠な条件であることを考えると、ストレスチェック及び面接指導を受けるのに要した時間の賃金を事業者が支払うことが望ましいこと。

（平二七・五・一　基発〇五〇一第三号）

（健康管理手帳）

第六十七条　都道府県労働局長は、がんその他の重度の健康障害を生ずるおそれのある業務で、政令で定めるものに従事していた者のうち、厚生労働省令で定める要件に該当する者に対し、離職の際に又は離職の後に、当該業務に係る健康管理手帳を交付するものとする。ただし、現に当該業務に係る健康管理手帳を所持している者については、この限りでない。

健康管理手帳
＊施行令　第二十三条
326頁

2　政府は、健康管理手帳を所持している者に対する健康診断に関し、厚生労働省令で定めるところにより、必要な措置を行なう。

3　健康管理手帳の交付を受けた者は、当該健康管理手帳を他人に譲渡し、又は貸与してはならない。

4　健康管理手帳の様式その他健康管理手帳について必要な事項は、厚生労働省令で定める。

病者の就業禁止

（病者の就業禁止）

第六十八条　事業者は、伝染性の疾病その他の疾病で、厚生労働省令で定めるものにかかつた労働者については、厚生労働省令で定めるところにより、その就業を禁止しなければならない。

▽**罰則**　六月以下の懲役又は五〇万円以下の罰金（法一一九（一））　両罰規定（法一二二）

受動喫煙の防止

（受動喫煙の防止）

第六十八条の二　事業者は、室内又はこれに準ずる環境における労働者の受動喫煙（健康増進法（平成十四年法律第百三号）第二十八条第三号に規定する受動喫煙をいう。第七十一条第一項において同じ。）を防止するため、当該事業者及び事業場の実情に応じ適切な措置を講ずるよう努めるものとする。

○通達

①「事業者及び事業場の実情」について

労働者の受動喫煙を防止するための措置を講ずるに当たって考慮する「事業者及び事業場の実情」としては、例えば、以下のようなものがあること。この場合において、特に配慮すべき労働者がいる場合は、これらの者の受動喫煙を防止するため格別の配慮を行うこと。
・特に配慮すべき労働者の有無（例：妊娠している者、呼吸器・循環器に疾患をもつ者、未成年者）
・職場の空気環境の測定結果
・事業場の施設の状況（例：事業場の施設が賃借であること、消防法等他法令による施設上の制約）
・労働者及び顧客の受動喫煙防止対策の必要性に対する理解度
・労働者及び顧客の受動喫煙防止対策に関する意見・要望
・労働者及び顧客の喫煙状況

② 事業者及び事業場の実情の分析及び労働者の受動喫煙を防止するための措置の決定について
職場の受動喫煙防止対策については様々な意見があるため、各立場の者から適宜意見等を聴取し、当該聴取結果その他の事業者及び事業場の実情を踏まえつつ、例えば、衛生委員会又は安全衛生委員会（以下「衛生委員会等」という。）において検討し、講ずる措置を決定すること。

なお、各事業場が効果的に受動喫煙防止対策に取り組むために参考となると考えられる事項を別途通知することとしているので、講ずる措置の決定の際は、事業者及び事業場の実情に応じ、当該通達も適宜参考とすること。

③「適切な措置」について
「適切な措置」とは、当該事業者及び事業場の実情を把握・分析した結果等を踏まえ、実施することが可能な労働者の受動喫煙の防止のための措置のうち、最も効果的なものであるが、当該措置には、施設・設備面（ハード面）の対策だけでなく、例えば以下のようなソフト面の対策も含まれること。
・受動喫煙防止対策の担当部署の指定
・受動喫煙防止対策の推進計画の策定
・受動喫煙防止に関する教育、指導の実施等
・受動喫煙防止対策に関する周知、掲示等

④ 衛生委員会等の付議事項について
改正法の施行に伴い、法第18条第1項第2号の「労働者の健康の保持増進を図るための基本となるべき

対策」及び規則第22条第8号の「労働者の健康の保持増進を図るため必要な措置」に職場の受動喫煙防止対策が含まれることとなること。

（平二七・五・一五　基安発〇五一五第一号）

健康教育等

（健康教育等）

第六十九条　事業者は、労働者に対する健康教育及び健康相談その他労働者の健康の保持増進を図るため必要な措置を継続的かつ計画的に講ずるように努めなければならない。

2　労働者は、前項の事業者が講ずる措置を利用して、その健康の保持増進に努めるものとする。

○通達

(1)　第一項の「その他労働者の健康の保持増進を図るため必要な措置」には、例えば、労働者自らが行う健康の保持増進のための活動に対する援助、勤務条件面での配慮等が含まれること。

(2)　第一項で「継続的かつ計画的」とあるのは、健康が長い間の積み重ねによつてつくられるものであることにかんがみ、労働者の職業生涯を通じた健康づくりを進めることが必要であることを明らかにしたものであること。

（昭六三・九・一六　基発第六〇一号の一）

体育活動等についての便宜供与等

（体育活動等についての便宜供与等）

第七十条　事業者は、前条第一項に定めるもののほか、労働者の健康の保持増進を図るため、体育活動、レクリエーションその他の活動についての便宜を供与する等必要な措置を講ずるように努めなければならない。

○通達

1　事業者が、その事業活動を通じて労働者の健康の保持増進を図ることは望ましいことであるので、本条では、それを事業者の努力義務として規定するものである。したがつて、本条に規定する「便宜を供与する等必要な措置」は、事業の運営に支障を及ぼさない範囲内で講ずれば足りるものであること。また、本条は、「便宜を供与する等必要な措置」を請求する権利について触れたものではないこと。

2　本条の「その他の活動」には、職場体操、栄養改善が含まれること。

（昭四七・九・一八　基発第六〇二号）

健康の保持増進のための指針の公表等

（健康の保持増進のための指針の公表等）

第七十条の二　厚生労働大臣は、第六十九条第一項の事業者が講ずべき健康の保持増進のための措置に関して、その適切かつ有効な実施を図るため必要な指針を公表するものとする。

2　厚生労働大臣は、前項の指針に従い、事業者又はその団体に対し、必要な指導等を行うことができる。

健康診査等指針との調和

（健康診査等指針との調和）

第七十条の三　第六十六条第一項の厚生労働省令、第六十六条の五第二項の指針、第六十六条の六の厚生労働省令及び前条第一項の指針は、健康増進法第九条第一項に規定する健康診査等指針と調和が保たれたものでなければならない。

国の援助

（国の援助）

第七十一条　国は、労働者の健康の保持増進に関する措置の適切かつ有効な実施を図るため、必要な資料の提供、作業環境測定及び健康診断の実施の促進、受動喫煙の防止のための設備の設置の促進、事業場における健康教育等に関する指導員の確保及び資質の向上の促進その他の必要な援助に努めるものとする。

2　国は、前項の援助を行うに当たつては、中小企業者に対し、特別の配慮をするものとする。

第七章の二　快適な職場環境の形成のための措置

事業者の講ずる措置

（事業者の講ずる措置）

第七十一条の二　事業者は、事業場における安全衛生の水準の向上を図るため、次の措置を継続的かつ計画的に講ずることにより、快適な職場環境を形成するように努めなければならない。

一　作業環境を快適な状態に維持管理するための措置

二　労働者の従事する作業について、その方法を改善するための措置

三　作業に従事することによる労働者の疲労を回復するための施設又は設備の設置又は整備

四　前三号に掲げるもののほか、快適な職場環境を形成するため必要な措置

快適な職場環境の形成のための指針の公表等

（快適な職場環境の形成のための指針の公表等）

第七十一条の三　厚生労働大臣は、前条の事業者が講ずべき快適な職場環境の形成のための措置に関して、その適切かつ有効な実施を図るため必要な指針を公表するものとする。

2　厚生労働大臣は、前項の指針に従い、事業者又はその団体に対し、必要な指導等を行うことができる。

国の援助

（国の援助）

第七十一条の四 国は、事業者が講ずる快適な職場環境を形成するための措置の適切かつ有効な実施に資するため、金融上の措置、技術上の助言、資料の提供その他の必要な援助に努めるものとする。

第八章　免許等

免許

（免許）

第七十二条　第十二条第一項、第十四条又は第六十一条第一項の免許（以下「免許」という。）は、第七十五条第一項の免許試験に合格した者その他厚生労働省令で定める資格を有する者に対し、免許証を交付して行う。

2　次の各号のいずれかに該当する者には、免許を与えない。

一　第七十四条第二項（第三号を除く。）の規定により免許を取り消され、その取消しの日から起算して一年を経過しない者

二　前号に掲げる者のほか、免許の種類に応じて、厚生労働省令で定める者

3　第六十一条第一項の免許については、心身の障害により当該免許に係る業務を適正に行うことができない者として厚生労働省令で定めるものには、同項の免許を与えないことがある。

4　都道府県労働局長は、前項の規定により第六十一条第一項の免許を与えないこととするときは、あらかじめ、当該免許を申請した者にその旨を通知し、その求めがあつたときは、都道府県労働局長の指定する職員にその意見を聴取させなければならない。

免許の有効期間等

第七十三条　免許には、有効期間を設けることができる。

2　都道府県労働局長は、免許の有効期間の更新の申請があつた場合には、当該免許を受けた者が厚生労働省令で定める要件に該当するときでなければ、当該免許の有効期間を更新してはならない。

免許の取消し等

（免許の取消し等）

第七十四条 都道府県労働局長は、免許を受けた者が第七十二条第二項第二号に該当するに至つたときは、その免許を取り消さなければならない。

2 都道府県労働局長は、免許を受けた者が次の各号のいずれかに該当するに至つたときは、その免許を取り消し、又は期間（第一号、第二号、第四号又は第五号に該当する場合にあつては、六月を超えない範囲内の期間）を定めてその免許の効力を停止することができる。

一 故意又は重大な過失により、当該免許に係る業務について重大な事故を発生させたとき。

二 当該免許に係る業務について、この法律又はこれに基づく命令の規定に違反したとき。

三 当該免許が第六十一条第一項の免許である場合にあつては、第七十二条第三項に規定する厚生労働省令で定める者となつたとき。

四 第百十条第一項の条件に違反したとき。

五 前各号に掲げる場合のほか、免許の種類に応じて、厚生労働省令で定めるとき。

3 前項第三号に該当し、同項の規定により免許を取り消された者であつても、その者がその取消しの理由となつた事項に該当しなくなつたとき、その他その後の事情により再び免許を与えるのが適当であると認められるに至つたときは、再免許を与えることができる。

○通達

第二項の「免許の効力の停止」を行なつた場合には、免許証を提出させてその旨および効力停止の期間を記入するとともに、局の掲示板に掲示する等の方法によりその旨を公示すること。

なお、免許証を提出しないときは、当該免許を取り消すことも考慮すること。

（昭四七・九・一八　基発第六〇二号）

厚生労働省令への委任

第七十四条の二（厚生労働省令への委任）　前三条に定めるもののほか、免許証の交付の手続その他免許に関して必要な事項は、厚生労働省令で定める。

免許試験

第七十五条（免許試験）　免許試験は、厚生労働省令で定める区分ごとに、都道府県労働局長が行う。

2　前項の免許試験（以下「免許試験」という。）は、学科試験及び実技試験又はこれらのいずれかによつて行う。

3　都道府県労働局長は、厚生労働省令で定めるところにより、都道府県労働局長の登録を受けた者が行う教習を修了した者でその修了した日から起算して一年を経過しないものその他厚生労働省令で定める資格を有する者に対し、前項の学科試験又は実技試験の全部又は一部を免除することができる。

4　前項の教習（以下「教習」という。）は、別表第十七に掲げる区分ごとに行う。

5　免許試験の受験資格、試験科目及び受験手続並びに教習の受講手続その他免許試験の実施について必要な事項は、厚生労働省令で定める。

指定試験機関の指定

第七十五条の二（指定試験機関の指定）　厚生労働大臣は、厚生労働省令で定めるところにより、厚生労働大臣の指定する者（以下「指定試験機関」という。）に前条第一項の規定により都道府県労働局長が行う免許試験の実施に関する事務（以下「試験事務」という。）の全部又は一部を行わせることができる。

2　前項の規定による指定（以下第七十五条の十二までにおいて「指定」という。）は、試験事務を行おうとする者の申請により行う。

3　都道府県労働局長は、第一項の規定により指定試験機関が試験事務の全部又は一部を行うこととされたときは、当該試験事務の全部又は一部を行わないものとする。

○通達

（指定試験機関）（第七五条の二から第七五条の一一まで関係）

指定試験機関に行わせることができる免許試験の実施に関する事務とは、労働安全衛生規則第六九条で定められた免許試験の区分について、試験日時及び試験場の公示、受験申請書の受理、試験問題の作成、試験の実施、合否の決定及び合否の通知の事務であること。

（昭五三・二・一〇　基発第七七号）

（指定の基準）

第七十五条の三　厚生労働大臣は、他に指定を受けた者がなく、かつ、前条第二項の申請が次の各号に適合していると認めるときでなければ、指定をしてはならない。

一　職員、設備、試験事務の実施の方法その他の事項についての試験事務の実施に関する計画が、試験事務の適正かつ確実な実施に適合したものであること。

二　経理的及び技術的な基礎が、前号の試験事務の実施に関する計画の適正かつ確実な実施に足るものであること。

2　厚生労働大臣は、前条第二項の申請が次の各号のいずれかに該当するときは、指定をしてはならない。

一　申請者が、一般社団法人又は一般財団法人以外の者であること。

二　申請者が行う試験事務以外の業務により申請者が試験事務を公正に実施することができないおそれがあること。
三　申請者がこの法律又はこれに基づく命令の規定に違反して、刑に処せられ、その執行を終わり、又は執行を受けることがなくなつた日から起算して二年を経過しない者であること。
四　申請者が第七十五条の十一第一項の規定により指定を取り消され、その取消しの日から起算して二年を経過しない者であること。
五　申請者の役員のうちに、第三号に該当する者があること。
六　申請者の役員のうちに、次条第二項の規定による命令により解任され、その解任の日から起算して二年を経過しない者があること。

役員の選任及び解任

（役員の選任及び解任）
第七十五条の四　試験事務に従事する指定試験機関の役員の選任及び解任は、厚生労働大臣の認可を受けなければ、その効力を生じない。
2　厚生労働大臣は、指定試験機関の役員が、この法律（これに基づく命令又は処分を含む。）若しくは第七十五条の六第一項に規定する試験事務規程に違反する行為をしたとき、又は試験事務に関し著しく不適当な行為をしたときは、指定試験機関に対し、当該役員を解任すべきことを命ずることができる。

免許試験員

（免許試験員）
第七十五条の五　指定試験機関は、試験事務を行う場合において、免許を受ける者として必要な知識及び能力を有するかどうかの判定に関する事務については、免許試験員に行わせなければならない。

2 指定試験機関は、免許試験員を選任しようとするときは、厚生労働省令で定める要件を備える者のうちから選任しなければならない。

3 指定試験機関は、免許試験員を選任したときは、厚生労働省令で定めるところにより、厚生労働大臣にその旨を届け出なければならない。免許試験員に変更があつたときも、同様とする。

4 厚生労働大臣は、免許試験員が、この法律（これに基づく命令又は処分を含む。）若しくは次条第一項に規定する試験事務規程に違反する行為をしたとき、又は試験事務に関し著しく不適当な行為をしたときは、指定試験機関に対し、当該免許試験員の解任を命ずることができる。

試験事務規程

（試験事務規程）

第七十五条の六 指定試験機関は、試験事務の開始前に、試験事務の実施に関する規程（以下この条及び第七十五条の十一第二項第四号において「試験事務規程」という。）を定め、厚生労働大臣の認可を受けなければならない。これを変更しようとするときも、同様とする。

2 試験事務規程で定めるべき事項は、厚生労働省令で定める。

3 厚生労働大臣は、第一項の認可をした試験事務規程が試験事務の適正かつ確実な実施上不適当となつたと認めるときは、指定試験機関に対し、これを変更すべきことを命ずることができる。

事業計画の認可等

（事業計画の認可等）

第七十五条の七 指定試験機関は、毎事業年度、事業計画及び収支予算を作成し、当該事業年度の開始前に（指定を受けた日の属する事業年度にあつては、その指定を受けた後遅滞なく）、厚生労働大臣の認可を受けなければならない。これを変更しようとするときも、同様とする。

2　指定試験機関は、毎事業年度の経過後三月以内に、その事業年度の事業報告書及び収支決算書を作成し、厚生労働大臣に提出しなければならない。

秘密保持義務等

(秘密保持義務等)

第七十五条の八　指定試験機関の役員若しくは職員(免許試験員を含む。)又はこれらの職にあった者は、試験事務に関して知り得た秘密を漏らしてはならない。

2　試験事務に従事する指定試験機関の役員及び職員(免許試験員を含む。)は、刑法(明治四十年法律第四十五号)その他の罰則の適用については、法令により公務に従事する職員とみなす。

▽**罰則**　1項違反—一年以下の懲役又は一〇〇万円以下の罰金(法一一七)両罰規定(法一二二)

監督命令

(監督命令)

第七十五条の九　厚生労働大臣は、この法律を施行するため必要があると認めるときは、指定試験機関に対し、試験事務に関し監督上必要な命令をすることができる。

試験事務の休廃止

(試験事務の休廃止)

第七十五条の十　指定試験機関は、厚生労働大臣の許可を受けなければ、試験事務の全部又は一部を休止し、又は廃止してはならない。

▽**罰則**　五〇万円以下の罰金(法一二一(二))

指定の取消し等

（指定の取消し等）

第七十五条の十一　厚生労働大臣は、指定試験機関が第七十五条の三第二項第三号又は第五号に該当するに至つたときは、その指定を取り消さなければならない。

2　厚生労働大臣は、指定試験機関が次の各号のいずれかに該当するに至つたときは、その指定を取り消し、又は期間を定めて試験事務の全部若しくは一部の停止を命ずることができる。

一　第七十五条の三第二項第六号に該当するとき。

二　第七十五条の四第二項、第七十五条の五第四項、第七十五条の六第三項又は第七十五条の九の規定による命令に違反したとき。

三　第七十五条の五第一項から第三項まで、第七十五条の七又は前条の規定に違反したとき。

四　第七十五条の六第一項の規定により認可を受けた試験事務規程によらないで試験事務を行つたとき。

五　第百十条第一項の条件に違反したとき。

▽罰則　２項違反－一年以下の懲役又は一〇〇万円以下の罰金（法一一八）

都道府県労働局長による免許試験の実施

（都道府県労働局長による免許試験の実施）

第七十五条の十二　都道府県労働局長は、指定試験機関が第七十五条の十の規定による厚生労働大臣の許可を受けて試験事務の全部若しくは一部を休止したとき、前条第二項の規定により厚生労働大臣が指定試験機関に対し試験事務の全部若しくは一部の停止を命じたとき、又は指定試験機関が天災その他の事由により試験事務の全部若しくは一部を実施することが困難となつた場合において必要があると認めるときは、当該試験事務の全部若しくは一部を自ら行うものとする。

2 都道府県労働局長が前項の規定により試験事務を自ら行う場合、指定試験機関が第七十五条の十の規定による厚生労働大臣の許可を受けて試験事務の全部若しくは一部を廃止する場合、又は前条の規定により厚生労働大臣が指定試験機関の指定を取り消した場合における試験事務の引継ぎその他の必要な事項については、厚生労働省令で定める。

技能講習

（技能講習）

第七十六条 第十四条又は第六十一条第一項の技能講習（以下「技能講習」という。）は、別表第十八に掲げる区分ごとに、学科講習又は実技講習によつて行う。

2 技能講習を行なつた者は、当該技能講習を修了した者に対し、厚生労働省令で定めるところにより、技能講習修了証を交付しなければならない。

3 技能講習の受講資格及び受講手続その他技能講習の実施について必要な事項は、厚生労働省令で定める。

登録教習機関

（登録教習機関）

第七十七条 第十四条、第六十一条第一項又は第七十五条第三項の規定による登録（以下この条において「登録」という。）は、厚生労働省令で定めるところにより、厚生労働省令で定める区分ごとに、技能講習又は教習を行おうとする者の申請により行う。

2 都道府県労働局長は、前項の規定により登録を申請した者（以下この項において「登録申請者」という。）が次に掲げる要件のすべてに適合しているときは、登録をしなければならない。

一 別表第十九の上欄に掲げる技能講習又は教習については、それぞれ同表の下欄に掲げる機械器具その他の設備及び施設を用いて行うものであること。

二　技能講習にあつては別表第二十各号の表の講習科目の欄に掲げる講習科目に応じ、それぞれ同表の条件の欄に掲げる条件のいずれかに適合する知識経験を有する者が技能講習を実施し、その人数が事業所ごとに一名以上であり、教習にあつては別表第二十一の上欄に掲げる教習に応じ、それぞれ同表の下欄に掲げる条件のいずれかに適合する知識経験を有する者が教習を実施し、その人数が事業所ごとに二名以上であること。

三　技能講習又は教習の業務を管理する者（教習にあつては、別表第二十二の上欄に掲げる教習に応じ、同表の下欄に掲げる条件のいずれかに適合する知識経験を有する者に限る。）が置かれていること。

四　教習にあつては、前項の申請の日前六月の間に登録申請者が行つた教習に相当するものを修了し、かつ、当該教習に係る免許試験の学科試験又は実技試験を受けた者のうちに当該学科試験又は実技試験に合格した者の占める割合が、九十五パーセント以上であること。

3　第四十六条第二項及び第四項の規定は第一項の登録について、第四十七条の二から第四十九条まで、第五十条第一項、第二項及び第四項、第五十二条、第五十二条の二、第五十三条第一項（第四号を除く。以下この項において同じ。）並びに第五十三条の二の規定は第一項の登録を受けて技能講習又は教習を行う者（以下「登録教習機関」という。）について準用する。この場合において、次の表の上欄に掲げる規定中同表の中欄に掲げる字句は、それぞれ同表の下欄に掲げる字句と読み替えるものとする。

第四十六条第二項各号列記以外の部分	登録	第七十七条第一項に規定する登録（以下この条、第五十三条第一項及び第五十三条の二第一項において「登録」という。）
第四十六条第四項	登録製造時等検査機関登録簿	登録教習機関登録簿
第四十七条の二	厚生労働大臣	都道府県労働局長
第四十八条第一項	製造時等検査	第十四条若しくは第六十一条第一項の技能講習又は第七十五条第三項の教習
第四十八条第二項	厚生労働大臣	都道府県労働局長
	製造時等検査	第十四条若しくは第六十一条第一項の技能講習又は第七十五条第三項の教習
第四十九条	製造時等検査	第十四条若しくは第六十一条第一項の技能講習又は第七十五条第三項の教習
	厚生労働大臣	都道府県労働局長
第五十条第一項	事業報告書	事業報告書（登録教習機関が国

		又は地方公共団体である場合にあつては、事業報告書）
第五十条第二項	製造時等検査	第十四条若しくは第六十一条第一項の技能講習又は第七十五条第三項の教習
第五十条第四項	事業報告書	事業報告書（登録教習機関が国又は地方公共団体である場合にあつては、事業報告書）
	厚生労働大臣	都道府県労働局長
第五十二条	厚生労働大臣	都道府県労働局長
	第四十六条第三項各号	第七十七条第二項各号
第五十二条の二	厚生労働大臣	都道府県労働局長
	第四十七条	第七十七条第六項又は第七項
	製造時等検査	第十四条若しくは第六十一条第一項の技能講習若しくは第七十五条第三項の教習
第五十三条第一項	厚生労働大臣	都道府県労働局長
	製造時等検査	第十四条若しくは第六十一条

		七十五条第三項の教習
第五十三条第一項第二号	第四十七条から第四十九条まで、第五十条第一項若しくは第四項	第四十七条の二から第四十九条まで、第五十条第一項若しくは第四項、第七十七条第六項若しくは第七項
第五十三条第一項第三号	第五十条第二項各号又は第三項各号	第五十条第二項各号
第五十三条の二	製造時等検査	第十四条若しくは第六十一条第一項の技能講習

＊施行令第二十三条の二
330頁

4　登録は、五年以上十年以内において政令で定める期間ごとにその更新を受けなければ、その期間の経過によつて、その効力を失う。

5　第二項並びに第四十六条第二項及び第四項の規定は、前項の更新について準用する。この場合において、第四十六条第二項各号列記以外の部分中「登録」とあるのは「第七十七条第一項の登録（以下この条において同じ。）」と、同条第四項中「登録製造時等検査機関登録簿」とあるのは「登録教習機関登録簿」と読み替えるものとする。

6　登録教習機関は、正当な理由がある場合を除き、毎事業年度、厚生労働省令で定めるところにより、技能講習又は教習の実施に関する計画を作成し、これに基づいて技能講習又は教習を実施しなければならない。

7　登録教習機関は、公正に、かつ、第七十五条第五項又は前条第三項の規定に従って技能講習又は教習を行わなければならない。

▽**罰則**　3項における法五三条の準用事項違反－一年以下の懲役又は一〇〇万円以下の罰金（法一一八）法四九条の準用事項違反－五〇万円以下の罰金（法一二一（一））法五〇条1項の準用事項違反－二〇万円以下の過料（法一二三（一））

○通達

【登録教習機関の登録】（第七七条関係）

①　登録の申請（第一項関係）

本項の「登録」とは、申請に基づき都道府県労働局長が行う登録を単位とするものであること。

本項の「技能講習又は教習を行おうとする者」は、法人又は個人であること。ただし、法人の支部、支店等については、当該法人から当該支部、支店等に対し、登録の申請を行う権限が委任されている場合には、登録の申請を行うことができるものとすること。また、当該支部、支店等が技能講習又は教習の業務を実施する場合には、当該業務の実施等に係る権限が当該法人から委任されている必要があるものとすること。

②　機械器具等（第二項第一号関係）

本号の「機械器具その他の設備及び施設を用いて行うものであること」とは、機械器具その他の設備及び施設（以下「機械設備等」という。）を所有して技能講習又は教習を行うほか、機械設備等を借り上げて行うことも含む趣旨であること。ただし、この場合にあっても登録教習機関として賃貸借契約を締結している等当該機械設備等を正当に占有できることが明らかとなっているものであること。

同表の「運転することができる施設」は、当該技能講習又は教習を安全に行えるだけの面積、地盤等が十分に確保され、かつ、整備されているものであること。

技能講習又は教習の種類ごとに必要な機械設備等は、別添7〈略〉のとおりであり、旧安衛法における指定教習機関が備えるべきものと変わるものではないこと。

③　講師等（第二項第二号関係）

安衛法別表第二〇又は第二一の条件の欄に掲げる知識経験を有する者は、登録教習機関が雇用する者以外の者については、契約により確保されていることが明らかとなっている必要があること。

安衛法別表第二〇の各技能講習における科目ごとの講師の条件の欄の「同等以上の知識経験を有する者」には、別添8〈略〉に掲げる者及び次に掲げる者が含まれるものであり、また、同欄の「大学等」を「旧大学令による大学」、「旧専門学校令による専門学校」、「職業能力開発促進法による高度職業訓練専門課程及び指導員訓練」並びに「防衛省設置法による防衛大学校及び防衛医科大学校」を「大学等」と、また、「旧中等学校令による中等学校」及び「職業能力開発促進法による普通職業訓練普通課程」を「高等学校等」と同等と取り扱って差し支えないなど、旧安衛法における指定教習機関の講師の条件と変わるものではないこと。

・安衛法別表第二〇の「同等以上の知識経験を有する者」（大学等関係）は、それぞれ独立行政法人大学改革支援・学位授与機構により学士の学位を授与された者（それぞれの欄第一号に掲げる学科を修めた者に限る。）又はこれと同等以上の学力を有すると認められる者で、それぞれの欄の学校教育法による大学を卒業した者について規定される経験を有するもの

・安衛法別表第二〇の「同等以上の知識経験を有する者」（高等学校等関係）（学校教育法による高等学校において特定の学科を修めて卒業した者であることが規定されている欄に規定されているものを除く。）は、それぞれ学校教育法施行規則（昭和二二年文部省令第一一号）第一五〇条に規定する者又はこれと同等以上の学力を有すると認められる者で、それぞれの欄の学校教育法による高等学校を卒業した者について規定される経験を有するもの

④　実施管理者（第二項第三号関係）

本号の「技能講習又は教習の業務」とは、例えば以下に掲げる業務をいうこと。

ア　技能講習又は教習に関する実施計画の策定

イ　技能講習の講師又は教習の指導員及び技能検定員の選定

ウ　使用する機械器具その他の設備及び施設の整備

エ　技能講習の受講資格の確認
オ　技能講習又は教習の科目及び時間の決定並びに実施状況の把握
カ　修了試験の作成、修了試験の合否の判定及び修了者の決定
キ　関係帳簿の作成
ク　修了証の再交付及び書替えの業務
ケ　関係者からの照会及び苦情処理
コ　その他の技能講習又は教習に関する重要な業務

また、同号の「技能講習又は教習の業務を管理する者」（以下「実施管理者」という。）は、前項各号の業務の管理に係る職務権限を有し、かつ、当該管理の業務を直接行うものであること。なお、実施管理者が当該管理を確実に行うためには、安衛法及び関係法令等を十分理解している必要があること。

⑤　登録教習機関に係る要件（第二項第四号関係）

本号の「教習に相当するもの」とは、揚貨装置運転実技教習、クレーン運転実技教習及び移動式クレーン運転実技教習規程（昭和四七年労働省告示第九九号）の規定に従って行われるものをいうこと。

また、同号の適用には、「学科試験又は実技試験を受けた者」が二〇人以上いることが必要であること。

⑥　財務諸表等の備付け及び閲覧等（第三項において準用する第五〇条関係）

ア　本項において準用する第五〇条の営業報告書又は事業報告書は、登録を受けた事業の内容が明らかになっているもので足りるものであり、登録を受けた技能講習又は教習の区分ごとに次の事項が記載されていなければならないこと。

(ア)　実施場所ごとの実施回数（実施場所については、市区町村名で足りること。）
(イ)　受講者数
(ウ)　修了証交付数

なお、当該事業期間内に、担当役員、実施管理者、技能講習の講師、教習の指導員及び技能検定員が新たに選任された場合には、その氏名、略歴、担当科目等について付記されたものとすること。

イ　本項において準用する第五〇条第二項の「その他の利害関係人」とは、技能講習又は教習においては受

講希望者の所属する事業者等が含まれること。

⑦　実施計画の作成（第六項関係）

本項の技能講習又は教習の実施に関する計画を作成できない「正当な理由がある場合」とは、第七七条第三項において準用する第四九条の規定に基づき登録の業務を休止している場合、受講申込みの見込み者数が著しく少ないため、当該事業年度に技能講習又は教習を行うことが困難な場合などがあること。

⑧　登録教習機関の義務等（第七項関係）

本項の「公正」とは、特定の者を不当に差別的に取り扱わないことであること。公正でない行為の具体例としては、登録教習機関が受講対象者を不当に制限していること、特定の取引関係のある受講者に対して受講料に差を設けること、受講者によって修了試験の結果に異なる判定基準を適用すること等があること。

（平一六・三・一九　基発第〇三一九〇〇九号、
平二一・三・三一　基発第〇三三一〇四〇号、
平二四・三・九　基発〇三〇九第四号、
平二五・三・一四　基発〇三一四第四号）

第九章　事業場の安全又は衛生に関する改善措置等

第一節　特別安全衛生改善計画

特別安全衛生改善計画

安衛法

（特別安全衛生改善計画）

第七十八条　厚生労働大臣は、重大な労働災害として厚生労働省令で定めるもの（以下この条において「重大な労働災害」という。）が発生した場合において、重大な労働災害の再発を防止するため必要がある場合として厚生労働省令で定める場合に該当すると認めるときは、厚生労働省令で定めるところにより、事業者に対し、その事業場の安全又は衛生に関する改善計画（以下「特別安全衛生改善計画」という。）を作成し、これを厚生労働大臣に提出すべきことを指示することができる。

2　事業者は、特別安全衛生改善計画を作成しようとする場合には、当該事業場に労働者の過半数で組織する労働組合があるときにおいてはその労働組合、労働者の過半数で組織する労働組合がないときにおいては労働者の過半数を代表する者の意見を聴かなければならない。

3　第一項の事業者及びその労働者は、特別安全衛生改善計画を守らなければならない。

4　厚生労働大臣は、特別安全衛生改善計画が重大な労働災害の再発の防止を図る上で適切でないと認めるときは、厚生労働省令で定めるところにより、事業者に対し、当該特別安全衛生改善計画を変更すべきことを指示することができる。

5　厚生労働大臣は、第一項若しくは前項の規定による指示を受けた事業者がその指示に従わなかつた場合又は特別安全衛生改善計画を作成した事業者が当該特別安全衛生改善計画を守っていないと認める場合において、重大な労働災害が再発するおそれがあると認めるときは、当該事業者に対し、重大な労働災害の再発の防止に関し必要な措置をとるべきことを勧告することができる。

6　厚生労働大臣は、前項の規定による勧告を受けた事業者がこれに従わなかつたときは、その旨を公表することができる。

○通達

(安全事業場の安全又は衛生に関する改善措置等)

1　厚生労働大臣は、重大な労働災害として厚生労働省令で定めるもの（以下「重大な労働災害」という。）が発生した場合において、重大な労働災害の再発を防止するため必要がある場合として厚生労働省令で定める場合に該当すると認めるときは、厚生労働省令で定めるところにより、事業者に対し、その事業場の安全又は衛生に関する改善計画（以下「特別安全衛生改善計画」という。）を作成し、これを厚生労働大臣に提出すべきことを指示することができるものとしたこと。

2　事業者は、特別安全衛生改善計画を作成しようとする場合には、当該事業場に労働者の過半数で組織する労働組合があるときにおいてはその労働組合、労働者の過半数で組織する労働組合がないときにおいては労働者の過半数を代表する者の意見を聴かなければならないものとしたこと。

3　1の事業者及びその労働者は、特別安全衛生改善計画を守らなければならないものとしたこと

4　厚生労働大臣は、特別安全衛生改善計画が重大な労働災害の再発の防止を図る上で適切でないと認めるときは、厚生労働省令で定めるところにより、事業者に対し、当該特別安全衛生改善計画を変更すべきことを指示することができるものとしたこと。

5　厚生労働大臣は、1又は4に規定する指示を受けた事業者がその指示に従わなかった場合又は特別安全衛生改善計画を作成した事業者が特別安全衛生改善計画を守っていないと認める場合において、重大な労働災害が再発するおそれがあると認めるときは、当該事業者に対し、重大な労働災害の再発の防止に関し

必要な措置をとるべきことを勧告することができるものとしたこと。

6　厚生労働大臣は、5の勧告を受けた事業者がこれに従わなかったときは、その旨を公表することができるものとしたこと。

（平二六・六・二五　基発第〇六二五第四号）

安全衛生改善計画

第七十九条　都道府県労働局長は、事業場の施設その他の事項について、労働災害の防止を図るため総合的な改善措置を講ずる必要があると認めるとき（前条第一項の規定により厚生労働大臣が同項の厚生労働省令で定める場合に該当すると認めるときを除く。）は、厚生労働省令で定めるところにより、事業者に対し、当該事業場の安全又は衛生に関する改善計画（以下「安全衛生改善計画」という。）を作成すべきことを指示することができる。

2　前条第二項及び第三項の規定は、安全衛生改善計画について準用する。この場合において、同項中「第一項」とあるのは、「次条第一項」と読み替えるものとする。

○通達

「総合的な改善措置」とは、労働災害の防止を図るための設備、管理、教育面等全般にわたる改善措置をいうが、必ずしも当該事業場全体に係る改善措置である必要はなく、事業場のうちの一部門に限つた改善措置でも差しつかえないものであること。

（昭四七・九・一八　基発第六〇二号）

安全衛生診断

（安全衛生診断）

第八十条　厚生労働大臣は、第七十八条第一項又は第四項の規定による指示をした場合において、専門的な助言を必要とすると認めるときは、当該事業者に対し、労働安全コンサルタント又は労働衛生コンサルタントによる安全又は衛生に係る診断を受け、かつ、特別安全衛生改善計画の作成又は変更について、これらの者の意見を聴くべきことを勧奨することができる。

2　前項の規定は、都道府県労働局長が前条第一項の規定による指示をした場合について準用する。この場合において、前項中「作成又は変更」とあるのは、「作成」と読み替えるものとする。

第二節　労働安全コンサルタント及び労働衛生コンサルタント

コンサルタントの業務

（業務）

第八十一条　労働安全コンサルタントは、労働安全コンサルタントの名称を用いて、他人の求めに応じ報酬を得て、労働者の安全の水準の向上を図るため、事業場の安全についての診断及びこれに基づく指導を行なうことを業とする。

2　労働衛生コンサルタントは、労働衛生コンサルタントの名称を用いて、他人の求めに応じ報酬を得て、労働者の衛生の水準の向上を図るため、事業場の衛生についての診断及びこれに基づく指導を行なうことを業とする。

労働安全コンサルタント試験

（労働安全コンサルタント試験）

第八十二条　労働安全コンサルタント試験は、厚生労働大臣が行なう。

2　労働安全コンサルタント試験は、厚生労働省令で定める区分ごとに、筆記試験及び口述試験によつて行なう。

3　次の各号のいずれかに該当する者でなければ、労働安全コンサルタント試験を受けることができない。

一　学校教育法（昭和二十二年法律第二十六号）による大学（短期大学を除く。）若しくは旧大学令（大正七年勅令第三百八十八号）による大学又は旧専門学校令（明治三十六年勅令第六十一号）による専門学校において理科系統の正規の課程を修めて卒業した者で、その後五年以上安全の実務に従事した経験を有するもの

二　学校教育法による短期大学（同法による専門職大学の前期課程（以下「専門職大学前期課程」という。）を含む。）又は高等専門学校において理科系統の正規の課程を修めて卒業した者（専門職大学前期課程にあつては、修了した者）で、その後七年以上安全の実務に従事した経験を有するもの

三　前二号に掲げる者と同等以上の能力を有すると認められる者で、厚生労働省令で定めるもの

4　厚生労働大臣は、厚生労働省令で定める資格を有する者に対し、第二項の筆記試験又は口述試験の全部又は一部を免除することができる。

○通達

1　第八二条第三項（第八三条第二項において準用する場合を含む。）の「理科系統の正規の課程」とは、学校教育法による大学の理学部、医学部、歯学部、薬学部、工学部、鉱山学部、農学部、衛生学部、獣医学部、水産畜産学部、電気通信学部および商船学部の学科または課程、体育学部の健康学科または健康教育学科、家政学部の物理化学専攻課程および衛生看護学科、教育学部の教学、理科、工業教育養成課程ならびに旧大学令による大学、旧専門学校令による専門学校および学校教育法による短期大学または高等専門学校におけるこれらと同様の学科または課程をいうものであること。

2　第八二条第三項の「安全の実務」とは、産業安全に限らず鉱山保安、高圧ガス保安などの業務も含む趣旨であること。また、安全関係専門の業務に限定することなく、生産ラインにおける管理業務をも含めて差しつかえないものであること。

3　第八二条第三項（第八三条第二項において準用する場合を含む。）の実務経験年数は、筆記試験の実施予定日を基準に算定するものであること。

（昭四八・三・二八　基発第一八二号）

労働衛生コンサルタント試験

（労働衛生コンサルタント試験）

第八十三条　労働衛生コンサルタント試験は、厚生労働大臣が行なう。

2　前条第二項から第四項までの規定は、労働衛生コンサルタント試験について準用する。この場合において、同条第三項第一号及び第二号中「安全」とあるのは、「衛生」と読み替えるものとする。

○通達

1　第八二条第三項（第八三条第二項において準用する場合を含む。）の「理科系統の正規の課程」とは、学校教育法による大学の理学部、医学部、歯学部、薬学部、工学部、鉱山学部、農学部、衛生学部、獣医学部、水産畜産学部、電気通信学部および商船学部の学科または課程、体育学部の健康学科または健康教育学科、家政学部の物理化学専攻課程および衛生看護学科、教育学部の教学、理科、工業教育養成課程ならびに旧大学令による大学、旧専門学校令による専門学校および学校教育法による短期大学または高等専門学校におけるこれらと同様の学科または課程をいうものであること。

2　第八二条第三項（第八三条第二項において準用する場合を含む。）の実務経験年数は、筆記試験の実施予定日を基準に算定するものであること。

3　第八三条第二項の「衛生の実務」とは、労働衛生に限らず、保健衛生関係の試験研究機関、医療機関等における試験研究、衛生指導、測定分析等の業務をも含む趣旨であること。

（昭四八・三・二八　基発第一八二号）

指定コンサルタント試験機関

（指定コンサルタント試験機関）

第八十三条の二　厚生労働大臣は、厚生労働省令で定めるところにより、厚生労働大臣の指定する者（以下「指定コンサルタント試験機関」という。）に労働安全コンサルタント試験又は労働衛生コンサルタント試験の実施に関する事務（合格の決定に関する事務を除く。以下「コンサルタント試験事務」という。）の全部又は一部を行わせることができる。

指定コンサルタント試験機関の指定等についての準用

（指定コンサルタント試験機関の指定等についての準用）

第八十三条の三　第七十五条の二第二項及び第三項並びに第七十五条の三から第七十五条の十二までの規定は、前条の規定による指定、指定コンサルタント試験機関及びコンサルタント試験事務について準用する。この場合において、第七十五条の二第三項及び第七十五条の十二中「都道府県労働局長」とあるのは「厚生労働大臣」と、第七十五条の二第三項中「第一項」とあるのは「第八十三条の二」と、第七十五条の四第二項中「第七十五条の六第一項に規定する試験事務規程」とあるのは「コンサルタント試験事務の実施に関する規程」と、第七十五条の五第一項中「免許を受ける者として必要な知識及び能力を有するかどうかの判定」とあるのは「労働安全コンサルタント試験又は労働衛生コンサルタント試験の問題の作成及び採点」と、同条及び第七十五条の八中「免許試験員」とあるのは「コンサルタント試験員」と、第七十五条の五第四項中「次条第一項に規定する試験事務規程」とあるのは「コンサルタント試験事務の実施に関する規程」と、第七十五条の六第一項中「規程（以下この条及び第七十五条の十一第二項第四号において「試験事務規程」という。）」とあるのは「規程」と、同条第二項及び第三項並びに第七十五条の十一第二項第四号中「試験事務規程」とあるのは「コンサルタント試験事務の実施に関する規程」と読み替えるものとする。

▽**罰則**　法七五条の八1項の準用事項違反－一年以下の懲役又は一〇〇万円以下の罰金（法一一七）両罰規定（法一二二）法七五条の一一2項の準用事項違反－一年以下の懲役又は一〇〇万円以下の罰金（法一一八）法七五条の一〇の準用事項違反－五〇万円以下の罰金（法一二一（二））

コンサルタントの登録

（登録）

第八十四条　労働安全コンサルタント試験又は労働衛生コンサルタント試験に合格した者は、厚生労働省に備える労働安全コンサルタント名簿又は労働衛生コンサルタント名簿に、氏名、事務所の所在地その他厚生労働省令で定める事項の登録を受けて、労働安全コンサルタント又は労働衛生コンサルタントとなることができる。

2　次の各号のいずれかに該当する者は、前項の登録を受けることができない。

一　心身の故障により労働安全コンサルタント又は労働衛生コンサルタントの業務を適正に行うことができない者として厚生労働省令で定めるもの

二　この法律又はこれに基づく命令の規定に違反して、罰金以上の刑に処せられ、その執行を終わり、又は執行を受けることがなくなつた日から起算して二年を経過しない者

三　この法律及びこれに基づく命令以外の法令の規定に違反して、禁錮以上の刑に処せられ、その執行を終わり、又は執行を受けることがなくなつた日から起算して二年を経過しない者

※（編注）本条第二項第三号は、令四法律第六八号により次のとおり改正され、令四法律第六七号施行日（公布の日から起算して三年を超えない範囲内において政令で定める日）から施行される。

三　この法律及びこれに基づく命令以外の法令の規定に違反して、拘禁刑以上の刑に処せられ、その執行を終わり、又は執行を受けることがなくなつた日から起算して二年を経過しない者

四　次条第二項の規定により登録を取り消され、その取消しの日から起算して二年を経過しない者

登録の取消し

（登録の取消し）

第八十五条　厚生労働大臣は、労働安全コンサルタント又は労働衛生コンサルタント（以下「コンサルタント」という。）が前条第二項第一号から第三号までのいずれかに該当するに至つたときは、その登録を取り消さなければならない。

2　厚生労働大臣は、コンサルタントが第八十六条の規定に違反したときは、その登録を取り消すことができる。

指定登録機関

（指定登録機関）

第八十五条の二　厚生労働大臣は、厚生労働大臣の指定する者（以下「指定登録機関」という。）に、コンサルタントの登録の実施に関する事務（前条の規程による登録の取消しに関する事務を除く。以下「登録事務」という。）を行わせることができる。

2　指定登録機関が登録事務を行う場合における第八十四条第一項の規定の適用については、同項中「厚生労働省に」とあるのは「指定登録機関に」とする。

指定登録機関

（指定登録機関の指定等についての準用）

の指定等についての準用

第八十五条の三　第七十五条の二第二項及び第三項、第七十五条の三、第七十五条の四並びに第七十五条の六から第七十五条の十二までの規定は、前条第一項の規定による指定、指定登録機関及び登録事務について準用する。この場合において、第七十五条の二第三項及び第七十五条の十二中「都道府県労働局長」とあるのは「厚生労働大臣」と、第七十五条の二第三項中「第一項」とあるのは「第八十五条の二第一項」と、第七十五条の四第二項中「第七十五条の六第一項に規定する試験事務規程」とあるのは「登録事務の実施に関する規程」と、第七十五条の六第一項中「規程（以下この条及び第七十五条の十一第二項第四号において「試験事務規程」という。）」とあるのは「規程」と、同条第二項及び第三項並びに第七十五条の十一第二項第四号中「試験事務規程」とあるのは「登録事務の実施に関する規程」と、第七十五条の八中「職員（免許試験員を含む。）」とあるのは「職員」と、第七十五条の十中「試験事務の全部又は一部」とあるのは「登録事務」と、第七十五条の十一第二項及び第七十五条の十二中「試験事務の全部若しくは一部」とあるのは「登録事務」と読み替えるものとする。

▽罰則　法七五条の八1項の準用事項違反－一年以下の懲役又は一〇〇万円以下の罰金（法一一七）　両罰規定（法一二二）　法七五条の一一2項の準用事項違反－一年以下の懲役又は一〇〇万円以下の罰金（法一一八）　法七五条の一〇の準用事項違反－五〇万円以下の罰金（法一二一（二））

コンサルタントの義務

（義務）

第八十六条　コンサルタントは、コンサルタントの信用を傷つけ、又はコンサルタント全体の不名誉となるような行為をしてはならない。

2　コンサルタントは、その業務に関して知り得た秘密を漏らし、又は盗用してはならない。コンサルタントでなくなつた後においても、同様とする。

▽**罰則**　2項違反－一年以下の懲役又は一〇〇万円以下の罰金（法一一七）両罰規定（法一二二）

日本労働安全衛生コンサルタント会

（日本労働安全衛生コンサルタント会）

第八十七条　その名称中に日本労働安全衛生コンサルタント会という文字を用いる一般社団法人は、コンサルタントを社員とする旨の定款の定めがあり、かつ、全国のコンサルタントの品位の保持及びその業務の進歩改善に資するため、社員の指導及び連絡に関する事務を全国的に行うことを目的とするものに限り、設立することができる。

2　前項に規定する定款の定めは、これを変更することができない。

3　第一項の一般社団法人（以下「コンサルタント会」という。）は、成立したときは、成立の日から二週間以内に、登記事項証明書及び定款の写しを添えて、その旨を厚生労働大臣に届け出なければならない。

4　コンサルタント会の業務は、厚生労働大臣の監督に属する。

5　厚生労働大臣は、コンサルタント会の業務の適正な実施を確保するため必要があると認めるときは、いつでも、当該業務及びコンサルタント会の財産の状況を検査し、又はコンサルタント会に対し、当該業務に関し監督上必要な命令をすることができる。

6　コンサルタント会以外の者は、その名称中に日本労働安全衛生コンサルタント会という文字を用いてはならない。

▽**罰則**　3・5項違反－五〇万円以下の過料（法一二二の二（一）（二））　6項違反－五〇万円以下の罰金（法一二〇（二））　両罰規定（法一二二）

第十章　監督等

計画の届出等
***施行令**
第二十四条
３３０頁

（計画の届出等）

第八十八条　事業者は、機械等で、危険若しくは有害な作業を必要とするもの、危険な場所において使用するもの又は危険若しくは健康障害を防止するため使用するもののうち、厚生労働省令で定めるものを設置し、若しくは移転し、又はこれらの主要構造部分を変更しようとするときは、その計画を当該工事の開始の日の三十日前までに、厚生労働省令で定めるところにより、労働基準監督署長に届け出なければならない。ただし、第二十八条の二第一項に規定する措置その他の厚生労働省令で定める措置を講じているものとして、厚生労働省令で定めるところにより労働基準監督署長が認定した事業者については、この限りでない。

２　事業者は、建設業に属する事業の仕事のうち重大な労働災害を生ずるおそれがある特に大規模な仕事で、厚生労働省令で定めるものを開始しようとするときは、その計画を当該仕事の開始の日の三十日前までに、厚生労働省令で定めるところにより、厚生労働大臣に届け出なければならない。

３　事業者は、建設業その他政令で定める業種に属する事業の仕事（建設業に属する事業にあつては、前項の厚生労働省令で定める仕事を除く。）で、厚生労働省令で定めるものを開始しようとするときは、その計画を当該仕事の開始の日の十四日前までに、厚生労働省令で定めるところにより、労働基準監督署長に届け出なければならない。

４　事業者は、第一項の規定による届出に係る工事のうち厚生労働省令で定める工事の計画、第二項の厚生労働省令で定める仕事の計画又は前項の規定による届出に係る仕事のうち厚生労働省令で定める仕事の計画を作成するときは、当該工事に係る建設物若しくは機械等又は当該仕事から生ずる労働災害の防止を図るため、厚生労働省令で定める資格を有する者を参画させなければならない。

5　前三項の規定（前項の規定のうち、第一項の規定による届出に係る部分を除く。）は、当該仕事が数次の請負契約によつて行われる場合において、当該仕事を自ら行う発注者がいるときは当該発注者以外の事業者、当該仕事を自ら行う発注者がいないときは元請負人以外の事業者については、適用しない。

6　労働基準監督署長は第一項又は第三項の規定による届出があつた場合において、厚生労働大臣は第二項の規定による届出があつた場合において、それぞれ当該届出に係る事項がこの法律又はこれに基づく命令の規定に違反すると認めるときは、当該届出をした事業者に対し、その届出に係る工事若しくは仕事の開始を差し止め、又は当該計画を変更すべきことを命ずることができる。

7　厚生労働大臣又は労働基準監督署長は、前項の規定による命令（第二項又は第三項の規定による届出をした事業者に対するものに限る。）をした場合において、必要があると認めるときは、当該命令に係る仕事の発注者（当該仕事を自ら行う者を除く。）に対し、労働災害の防止に関する事項について必要な勧告又は要請を行うことができる。

▽**罰則**　1～4項違反－五〇万円以下の罰金（法一二〇（一））　6項違反－六月以下の懲役又は五〇万円以下の罰金（法一一九（二））　両罰規定（法一二二）

○通達

第四項〔現行＝第五項〕の「元請負人」は、必ずしも第三項〔現行＝第二項及び第三項〕の「事業の仕事」を自ら行なう者のみに限られるものではないこと。

（昭四七・九・一八　基発第六〇二号）

〔計画の届出の審査の充実〕

1　第五項〔現行＝第四項〕の「資格を有する者」は、事業者に雇用されている者であることが通常であろうが、必ずしもそのような者でなくとも差し支えないこと。

2　第五項〔現行＝第四項〕の「参画」には、直接その計画を作成することのほか、最終的に計画を安全衛生面から点検することも含まれるものであること。

（昭五五・一一・二五　基発第六四七号）

1　第八八条第八項〔現行＝第七項〕又は第九八条第四項に基づく勧告又は要請は、当該仕事の発注者（第九八条第四項の場合にあつては、注文者）が労働安全衛生法違反を惹起させる条件を付していることを理由に行うこととしているものであり、したがつて設計図面において同法違反となる事項が明示されている場合等に行うものであること。

2　第八八条第八項〔現行＝第七項〕の「労働災害の防止に関する事項」及び第九八条第四項の「労働災害を防止するため必要な事項」には、命令に基づく事業者の改善措置が迅速に講ぜられるよう配慮すること、今後、労働安全衛生法違反を惹起させる条件を付さないよう留意すること等があること。

（昭六三・九・一六　基発第六〇一号の一）

〔計画の届出の廃止〕

第八八条第一項の規定による建設物又は機械等の設置等の計画の届出義務を廃止するものとしたこと。

（平二六・六・二五　基発〇六二五第四号）

厚生労働大臣の審査等

第八十九条　**(厚生労働大臣の審査等)**　厚生労働大臣は、前条第一項から第三項までの規定による届出（次条を除き、以下「届出」という。）があつた計画のうち、高度の技術的検討を要するものについて審査をすることができる。

2　厚生労働大臣は、前項の審査を行なうに当たつては、厚生労働省令で定めるところにより、学識経験者の意見をきかなければならない。

3　厚生労働大臣は、第一項の審査の結果必要があると認めるときは、届出をした事業者に対し、労働災害の防止に関する事項について必要な勧告又は要請をすることができる。

4　厚生労働大臣は、前項の勧告又は要請をするに当たつては、あらかじめ、当該届出をした事業者の意見をきかなければならない。

5　第二項の規定により第一項の計画に関してその意見を求められた学識経験者は、当該計画に関して知り得た秘密を漏らしてはならない。

▽**罰則**　5項違反－六月以下の懲役又は五〇万円以下の罰金（法一一九（一））両罰規定（法一二二）

都道府県労働局長の審査等

第八十九条の二　**(都道府県労働局長の審査等)**　都道府県労働局長は、第八十八条第一項又は第三項の規定による届出があつた計画のうち、前条第一項の高度の技術的検討を要するものに準ずるものとして当該計画に係る建設物若しくは機械等又は仕事の規模その他の事項を勘案して厚生労働省令で定めるものについて審査をすることができる。ただし、当該計画のうち、当該審査と同等の技術的検討を行つたと認められるものとして厚生労働省令で定めるものについては、当該審査を行わないものとする。

2　前条第二項から第五項までの規定は、前項の審査について準用する。

▽罰則　2項における法八九条5項の準用事項違反－六月以下の懲役又は五〇万円以下の罰金（法一一九（一））　両罰規定（法一二二）

○通達

（都道府県労働基準局長の審査等）

本条の審査については、原則として計画の届出のあった日から一四日以内に行い、その結果を速やかに事業者に通知すること。

また、審査は、労働安全衛生規則第九一条第一項の書類の範囲内で行うこと。

（平四・八・二四　基発第四八〇号）

労働基準監督署長及び労働基準監督官

（労働基準監督署長及び労働基準監督官）

第九十条　労働基準監督署長及び労働基準監督官は、厚生労働省令で定めるところにより、この法律の施行に関する事務をつかさどる。

労働基準監督官の権限

（労働基準監督官の権限）

第九十一条　労働基準監督官は、この法律を施行するため必要があると認めるときは、事業場に立ち入り、関係者に質問し、帳簿、書類その他の物件を検査し、若しくは作業環境測定を行い、又は検査に必要な限度において無償で製品、原材料若しくは器具を収去することができる。

2　医師である労働基準監督官は、第六十八条の疾病にかかつた疑いのある労働者の検診を行なうことができる。

3　前二項の場合において、労働基準監督官は、その身分を示す証票を携帯し、関係者に提示しなければならない。

4　第一項の規定による立入検査の権限は、犯罪捜査のために認められたものと解釈してはならない。

▽罰則　1・2項の阻害行為等－五〇万円以下の罰金（法一二〇（四））　両罰規定（法一二二）

労働基準監督官の司法警察員としての職務

第九十二条　労働基準監督官は、この法律の規定に違反する罪について、刑事訴訟法（昭和二十三年法律第百三十一号）の規定による司法警察員の職務を行なう。

産業安全専門官及び労働衛生専門官

（産業安全専門官及び労働衛生専門官）

第九十三条　厚生労働省、都道府県労働局及び労働基準監督署に、産業安全専門官及び労働衛生専門官を置く。

2　産業安全専門官は、第三十七条第一項の許可、特別安全衛生改善計画、安全衛生改善計画及び届出に関する事務並びに労働災害の原因の調査その他特に専門的知識を必要とする事務で、安全に係るものをつかさどるほか、事業者、労働者その他の関係者に対し、労働者の危険を防止するため必要な事項について指導及び援助を行う。

3　労働衛生専門官は、第五十六条第一項の許可、第五十七条の四第四項の規定による勧告、第五十七条の五第一項の規定による指示、第六十五条の規定による作業環境測定についての専門技術的事項、特別安全衛生改善計画、安全衛生改善計画及び届出に関する事務並びに労働災害の原因の調査その他特に専門的知識を必要とする事務で、衛生に係るものをつかさどるほか、事業者、労働者その他の関係者に対し、労働者の健康障害を防止するため必要な事項及び労働者の健康の保持増進を図るため必要な事項について指導及び援助を行う。

4　前三項に定めるもののほか、産業安全専門官及び労働衛生専門官について必要な事項は、厚生労働省令で定める。

産業安全専門官及び労働衛生専門官の権限

（産業安全専門官及び労働衛生専門官の権限）

第九十四条　産業安全専門官又は労働衛生専門官は、前条第二項又は第三項の規定による事務を行うため必要があると認めるときは、事業場に立ち入り、関係者に質問し、帳簿、書類その他の物件を検査し、若しくは作業環境測定を行い、又は検査に必要な限度において無償で製品、原材料若しくは器具を収去することができる。

2　第九十一条第三項及び第四項の規定は、前項の規定による立入検査について準用する。

▽**罰則**　1項の阻害行為等－五〇万円以下の罰金（法一二〇（四））両罰規定（法一二二）

労働衛生指導医

（労働衛生指導医）

第九十五条　都道府県労働局に、労働衛生指導医を置く。

2　労働衛生指導医は、第六十五条第五項又は第六十六条第四項の規定による指示に関する事務その他労働者の衛生に関する事務に参画する。

3　労働衛生指導医は、労働衛生に関し学識経験を有する医師のうちから、厚生労働大臣が任命する。

4　労働衛生指導医は、非常勤とする。

厚生労働大臣等の権限

第九十六条　**（厚生労働大臣等の権限）** 厚生労働大臣は、型式検定に合格した型式の機械等の構造並びに当該機械等を製造し、及び検査する設備等に関し労働者の安全と健康を確保するため必要があると認めるときは、その職員をして当該型式検定を受けた者の事業場又は当該型式検定に係る機械等若しくは設備等の所在すると認める場所に立ち入り、関係者に質問させ、又は当該機械等若しくは設備等その他の物件を検査させることができる。

2　厚生労働大臣は、コンサルタントの業務の適正な運営を確保するため必要があると認めるときは、その職員をしてコンサルタントの事務所に立ち入り、関係者に質問させ、又はその業務に関係のある帳簿若しくは書類（その作成、備付け又は保存に代えて電磁的記録の作成、備付け又は保存がされている場合における当該電磁的記録を含む。）を検査させることができる。

3　厚生労働大臣又は都道府県労働局長は、登録製造時等検査機関、登録性能検査機関、登録個別検定機関、登録型式検定機関、検査業者、指定試験機関、登録教習機関、指定コンサルタント試験機関又は指定登録機関（外国登録製造時等検査機関、外国登録性能検査機関、外国登録個別検定機関及び外国登録型式検定機関（第百二十三条第一号において「外国登録製造時等検査機関等」という。）を除く。）（以下「登録製造時等検査機関等」という。）の業務の適正な運営を確保するため必要があると認めるときは、その職員をしてこれらの事務所に立ち入り、関係者に質問させ、又はその業務に関係のある帳簿、書類その他の物件を検査させることができる。

4　都道府県労働局長は、労働衛生指導医を前条第二項の規定による事務に参画させるため必要があると認めるときは、当該労働衛生指導医をして事業場に立ち入り、関係者に質問させ、又は作業環境測定若しくは健康診断の結果の記録その他の物件を検査させることができる。

5　第九十一条第三項及び第四項の規定は、前各項の規定による立入検査について準用する。

▽罰則　1・2・4項の阻害行為等－五〇万円以下の罰金（法一二〇（四））　両罰規定（法一二二）　3項阻害行為等－五〇万円以下の罰金（法一二一（三））

○通達

この規定による強制立入り、検査等は国内に存する事業場、物件等についてのみ認められるものであり、これを拒んだ者等に対しては、罰則の適用があること。

なお、外国事業者の事業場等の検査等については、第四四条の四第三号に規定されており、これを拒んだ者等に対しては、労働大臣は、型式検定合格証を失効させることができること。

（昭五八・八・一　基発第四一九号）

機構による労働災害の原因の調査等の実施

（機構による労働災害の原因の調査等の実施）

第九十六条の二　厚生労働大臣は、第九十三条第二項又は第三項の規定による労働災害の原因の調査が行われる場合において、当該労働災害の規模その他の状況から判断して必要があると認めるときは、独立行政法人労働者健康安全機構（以下「機構」という。）に、当該調査を行わせることができる。

2　厚生労働大臣は、必要があると認めるときは、機構に、第九十四条第一項の規定による立入検査（前項に規定する調査に係るものに限る。）を行わせることができる。

3　厚生労働大臣は、前項の規定により機構に立入検査を行わせる場合には、機構に対し、当該立入検査の場所その他必要な事項を示してこれを実施すべきことを指示するものとする。

4　機構は、前項の指示に従つて立入検査を行つたときは、その結果を厚生労働大臣に報告しなければならない。

5　第九十一条第三項及び第四項の規定は、第二項の規定による立入検査について準用する。この場合において、同条第三項中「労働基準監督官」とあるのは、「独立行政法人労働者健康安全機構の職員」と読み替えるものとする。

機構に対する命令

（機構に対する命令）

第九十六条の三　厚生労働大臣は、前条第一項に規定する調査に係る業務及び同条第二項に規定する立入検査の業務の適正な実施を確保するため必要があると認めるときは、機構に対し、これらの業務に関し必要な命令をすることができる。

▽**罰則**　二〇万円以下の過料（法一二三（二））

労働者の申告

（労働者の申告）

第九十七条　労働者は、事業場にこの法律又はこれに基づく命令の規定に違反する事実があるときは、その事実を都道府県労働局長、労働基準監督署長又は労働基準監督官に申告して是正のため適当な措置をとるように求めることができる。

2　事業者は、前項の申告をしたことを理由として、労働者に対し、解雇その他不利益な取扱いをしてはならない。

▽**罰則**　2項違反－六月以下の懲役又は五〇万円以下の罰金（法一一九（二））　両罰規定（法一二二）

（使用停止命令等）

第九十八条　都道府県労働局長又は労働基準監督署長は、第二十条から第二十五条まで、第二十五条の二第一項、第三十条の三第一項若しくは第四項、第三十一条第一項、第三十一条の二、第三十三条第一項又は第三十四条の規定に違反する事実があるときは、その違反した事業者、注文者、機械等貸与者又は建築物貸与者に対し、作業の全部又は一部の停止、建設物等の全部又は一部の使用の停止又は変更その他労働災害を防止するため必要な事項を命ずることができる。

2　都道府県労働局長又は労働基準監督署長は、前項の規定により命じた事項について必要な事項を労働者、請負人又は建築物の貸与を受けている者に命ずることができる。

3　労働基準監督官は、前二項の場合において、労働者に急迫した危険があるときは、これらの項の都道府県労働局長又は労働基準監督署長の権限を即時に行うことができる。

4　都道府県労働局長又は労働基準監督署長は、請負契約によつて行われる仕事について第一項の規定による命令をした場合において、必要があると認めるときは、当該仕事の注文者（当該仕事が数次の請負契約によつて行われるときは、当該注文者の請負契約の先次のすべての請負契約の当事者である注文者を含み、当該命令を受けた注文者を除く。）に対し、当該違反する事実に関して、労働災害を防止するため必要な事項について勧告又は要請を行うことができる。

▽**罰則**　1項違反－六月以下の懲役又は五〇万円以下の罰金（法一一九（二））　2項違反－五〇万円以下の罰金（法一二〇（二））　両罰規定（法一二二）

○通達

第九八条または第九九条の命令については、必要に応じ事前に関係行政機関と連絡調整を行なつておくとともに、第九九条の命令を発したときは、関係行政機関に通知するものとすること。

（昭四七・九・一八　基発第六〇二号）

⑴　第八八条第八項（現行＝第七項）又は第九八条第四項に基づく勧告又は要請は、当該仕事の発注者（第九八条第四項の場合にあつては、注文者）が労働安全衛生法違反を惹起させる条件を付していることを理由に行うこととしているものであり、したがつて設計図面において同法違反となる事項が明示されている場合等に行うものであること。

⑵　第八八条第八項（現行＝第七項）の「労働災害の防止に関する事項」及び第九八条第四項の「労働災害を防止するため必要な事項」には、命令に基づく事業者の改善措置が迅速に講ぜられるよう配慮すること、今後、労働安全衛生法違反を惹起させる条件を付さないよう留意すること等があること。

（昭六三・九・一六　基発第六〇一号の一）

災害急迫時の作業停止命令等

第九十九条　都道府県労働局長又は労働基準監督署長は、前条第一項の場合以外の場合において、労働災害発生の急迫した危険があり、かつ、緊急の必要があるときは、必要な限度において、事業者に対し、作業の全部又は一部の一時停止、建設物等の全部又は一部の使用の一時停止その他当該労働災害を防止するため必要な応急の措置を講ずることを命ずることができる。

2　都道府県労働局長又は労働基準監督署長は、前項の規定により命じた事項について必要な事項を労働者に命ずることができる。

▽**罰則**　1項違反－六月以下の懲役又は五〇万円以下の罰金（法一一九（二））　2項違反－五〇万円以下の罰金（法一二〇（二））　両罰規定（法一二二）

〇通達

1　第九八条または第九九条の命令については、必要に応じ事前に関係行政機関と連絡調整を行なっておくとともに、第九九条の命令を発したときは、関係行政機関に通知するものとすること。

2　第九九条第一項の「労働災害」には、事業附属寄宿舎における労働災害も含まれること。

（昭四七・九・一八　基発第六〇二号）

労働災害再発防止講習の指示

（講習の指示）

第九十九条の二　都道府県労働局長は、労働災害が発生した場合において、その再発を防止するため必要があると認めるときは、当該労働災害に係る事業者に対し、期間を定めて、当該労働災害が発生した事業場の総括安全衛生管理者、安全管理者、衛生管理者、統括安全衛生責任者その他労働災害の防止のための業務に従事する者（次項において「労働災害防止業務従事者」という。）に都道府県労働局長の指定する者が行う講習を受けさせるよう指示することができる。

2　前項の規定による指示を受けた事業者は、労働災害防止業務従事者に同項の講習を受けさせなければならない。

3　前二項に定めるもののほか、講習の科目その他第一項の講習について必要な事項は、厚生労働省令で定める。

就業制限業務

第九十九条の三　都道府県労働局長は、第六十一条第一項の規定により同項に規定する業務に就く

従事者に対する講習の指示

ことができる者が、当該業務について、この法律又はこれに基づく命令の規定に違反して労働災害を発生させた場合において、その再発を防止するため必要があると認めるときは、その者に対し、期間を定めて、都道府県労働局長の指定する者が行う講習を受けるよう指示することができる。

2　前条第三項の規定は、前項の講習について準用する。

事業者等に対する報告・出頭命令

（報告等）

第百条　厚生労働大臣、都道府県労働局長又は労働基準監督署長は、この法律を施行するため必要があると認めるときは、厚生労働省令で定めるところにより、事業者、労働者、機械等貸与者、建築物貸与者又はコンサルタントに対し、必要な事項を報告させ、又は出頭を命ずることができる。

2　厚生労働大臣、都道府県労働局長又は労働基準監督署長は、この法律を施行するため必要があると認めるときは、厚生労働省令で定めるところにより、登録製造時等検査機関等に対し、必要な事項を報告させることができる。

3　労働基準監督官は、この法律を施行するため必要があると認めるときは、事業者又は労働者に対し、必要な事項を報告させ、又は出頭を命ずることができる。

▽**罰則**　1・3項の阻害行為等－五〇万円以下の罰金（法一二〇（五））両罰規定（法一二二）
2項阻害行為等－五〇万円以下の罰金（法一二一（四））

〇通達

（労働安全衛生法に基づく報告、届出等の取扱いについて）

労働安全衛生法に基づく報告、届出及び検査の申請で、通常の事業活動として支店、事業場等の単位で処理している事項を内容とするものの提出者名義については、当該事業場に係るこれらの報告等を行なう職務権限が当該支店、事業場等の長に委譲されている場合には、当該事業者名を記載したうえ、当該支店、事業場等の長の職および氏名で行なつても差し支えないものとして取り扱われたい。

（昭四八・一・八　基安発第二号）

第十一章　雑則

法令等の周知

（法令等の周知）

第百一条　事業者は、この法律及びこれに基づく命令の要旨を常時各作業場の見やすい場所に掲示し、又は備え付けることその他の厚生労働省令で定める方法により、労働者に周知させなければならない。

2　産業医を選任した事業者は、その事業場における産業医の業務の内容その他の産業医の業務に関する事項で厚生労働省令で定めるものを、常時各作業場の見やすい場所に掲示し、又は備え付けることその他の厚生労働省令で定める方法により、労働者に周知させなければならない。

3　前項の規定は、第十三条の二第一項に規定する者に労働者の健康管理等の全部又は一部を行わせる事業者について準用する。この場合において、前項中「周知させなければ」とあるのは、「周知させるように努めなければ」と読み替えるものとする。

4　事業者は、第五十七条の二第一項又は第二項の規定により通知された事項を、化学物質、化学物質を含有する製剤その他の物で当該通知された事項に係るものを取り扱う各作業場の見やすい場所に常時掲示し、又は備え付けることその他の厚生労働省令で定める方法により、当該物を取り扱う労働者に周知させなければならない。

▽**罰則**　1項違反－五〇万円以下の罰金（法一二〇（一））　両罰規定（法一二二）

ガス工作物等

（ガス工作物等設置者の義務）

設置者の義務
***施行令**
第二十五条
330頁

第百二条 ガス工作物その他政令で定める工作物を設けている者は、当該工作物の所在する場所又はその附近で工事その他の仕事を行なう事業者から、当該工作物による労働災害の発生を防止するためにとるべき措置についての教示を求められたときは、これを教示しなければならない。

書類の保存等

（書類の保存等）

第百三条 事業者は、厚生労働省令で定めるところにより、この法律又はこれに基づく命令の規定に基づいて作成した書類（次項及び第三項の帳簿を除く。）を、保存しなければならない。

2 登録製造時等検査機関、登録性能検査機関、登録個別検定機関、登録型式検定機関、検査業者、指定試験機関、登録教習機関、指定コンサルタント試験機関又は指定登録機関は、厚生労働省令で定めるところにより、製造時等検査、性能検査、個別検定、型式検定、特定自主検査、免許試験、技能講習、教習、労働安全コンサルタント試験、労働衛生コンサルタント試験又はコンサルタントの登録に関する事項で、厚生労働省令で定めるものを記載した帳簿を備え、これを保存しなければならない。

3 コンサルタントは、厚生労働省令で定めるところにより、その業務に関する事項で、厚生労働省令で定めるものを記載した帳簿を備え、これを保存しなければならない。

▽罰則 1・3項違反－六月以下の懲役又は五〇万円以下の罰金（法一二〇（一）（六）） 両罰規定（法一二二） 2項違反－五〇万円以下の罰金（法一二一（五））

心身の状態に関する情報の

（心身の状態に関する情報の取扱い）

第百四条 事業者は、この法律又はこれに基づく命令の規定による措置の実施に関し、労働者の心

取扱い

身の状態に関する情報を収集し、保管し、又は使用するに当たつては、労働者の健康の確保に必要な範囲内で労働者の心身の状態に関する情報を収集し、並びに当該収集の目的の範囲内でこれを保管し、及び使用しなければならない。ただし、本人の同意がある場合その他正当な事由がある場合は、この限りでない。

2　事業者は、労働者の心身の状態に関する情報を適正に管理するために必要な措置を講じなければならない。

3　厚生労働大臣は、前二項の規定により事業者が講ずべき措置の適切かつ有効な実施を図るため必要な指針を公表するものとする。

4　厚生労働大臣は、前項の指針を公表した場合において必要があると認めるときは、事業者又はその団体に対し、当該指針に関し必要な指導等を行うことができる。

健康診断等に関する秘密の保持

（健康診断等に関する秘密の保持）

第百五条　第六十五条の二第一項及び第六十六条第一項から第四項までの規定による健康診断、第六十六条の八第一項、第六十六条の八の二第一項及び第六十六条の八の四第一項の規定による面接指導、第六十六条の十第一項の規定による検査又は同条第三項の規定による面接指導の実施の事務に従事した者は、その実施に関して知り得た労働者の秘密を漏らしてはならない。

▽**罰則**　六月以下の懲役又は五〇万円以下の罰金（法一一九（一））　両罰規定（法一二二）

○通達

（心理的な負担の程度を把握するための検査等）

10　1の検査又は3の面接指導の実施の事務に従事した者は、その実施に関して知り得た労働者の秘密を漏らしてはならないものとしたこと。

（平二六・六・二五　基発〇六二五第四号）

国の援助

（国の援助）

第百六条　国は、第十九条の三、第二十八条の二第三項、第五十七条の三第四項、第五十八条、第六十三条、第六十六条の十第九項、第七十一条及び第七十一条の四に定めるもののほか、労働災害の防止に資するため、事業者が行う安全衛生施設の整備、特別安全衛生改善計画又は安全衛生改善計画の実施その他の活動について、金融上の措置、技術上の助言その他必要な援助を行うように努めるものとする。

2　国は、前項の援助を行うに当たつては、中小企業者に対し、特別の配慮をするものとする。

厚生労働大臣の援助

（厚生労働大臣の援助）

第百七条　厚生労働大臣は、安全管理者、衛生管理者、安全衛生推進者、衛生推進者、産業医、コンサルタントその他労働災害の防止のための業務に従事する者の資質の向上を図り、及び労働者の労働災害防止の思想を高めるため、資料の提供その他必要な援助を行うように努めるものとする。

研究開発の推進等

（研究開発の推進等）

第百八条　政府は、労働災害の防止に資する科学技術の振興を図るため、研究開発の推進及びその成果の普及その他必要な措置を講ずるように努めるものとする。

疫学的調査等

（疫学的調査等）

第百八条の二　厚生労働大臣は、労働者がさらされる化学物質等又は労働者の従事する作業と労働者の疾病との相関関係をは握するため必要があると認めるときは、疫学的調査その他の調査（以下この条において「疫学的調査等」という。）を行うことができる。

2　厚生労働大臣は、疫学的調査等の実施に関する事務の全部又は一部を、疫学的調査等について専門的知識を有する者に委託することができる。

3　厚生労働大臣又は前項の規定による委託を受けた者は、疫学的調査等の実施に関し必要があると認めるときは、事業者、労働者その他の関係者に対し、質問し、又は必要な報告若しくは書類の提出を求めることができる。

4　第二項の規定により厚生労働大臣が委託した疫学的調査等の実施の事務に従事した者は、その実施に関して知り得た秘密を漏らしてはならない。ただし、労働者の健康障害を防止するためやむを得ないときは、この限りでない。

▽**罰則**　4項違反－六月以下の懲役又は五〇万円以下の罰金（法一一九（一））両罰規定（法一二二）

○通達

（疫学的調査等）

疫学的調査等は、がん原性等の疑いがある化学物質等又は労働者の従事する作業と労働者の疾病との相関関係をは握するために行う調査である。

この調査は、従来は法的な根拠をもたず、事業者の自主的な協力に依存して実施してきたが、その重要性にかんがみ、特に規定を設け、国として調査を行う姿勢を明らかにしたものであること。

この調査の結果は、労働者の疾病の原因となることが明らかになつた化学物質等又は作業に関連する有害な要因を除去し、又は減少させる技術的な対策を講ずるための基礎資料となるとともに、適正かつ迅速な労災補償を行うための基礎資料としても利用されるものであること。

（昭五三・二・一〇　基発第九号）

(1)　第一項の「疫学的調査」とは、一定の集団における特定の疾病の分布を多角的（人間の因子（性、年齢、職業等）、場所（地理的）、時間（年、月）等）に観察し、その結果を基として、なぜそのような分布をするかという理由（主としてその疾病の成立の原因）を統計学的に解析して考究するための調査をいい、コーホートスタデイ、ケースコントロールスタデイ等がこれに該当するものであること。

(2)　第一項の「その他の調査」とは、特定の疾病（主として特異的なもの）にり患した者等について、その職業及び取扱い物質等並びにその者等の病歴その他の医学的所見等を調査し、その職業及び取扱い物質等がその特定の疾病の成立の原因となつているかどうかを、既に得られている科学的な知見に照らして考究するための調査をいい、ケーススタデイがこれに該当するものであること。

（参考）

1　コーホートスタデイとは、同種の職業又は業務等に従事した労働者等のできる限り幅広い集団を疫学的調査の対象集団（コーホート）として設定し、この集団に属する労働者等の死因等の遡及調査又は将来における死因等の追跡調査を行い、その集団に属する労働者等の特定の死因に係る死亡率等と一般人口におけるその死因に係る修正死亡率とを統計的に比較解析すること等により特定の疾病の原因となる因子を解明しようとする疫学的研究手法である。

2　ケースコントロールスタデイとは、特定の地域等における特定の疾病にり患した者（ケース）と性、年齢等が等しい者を対照として無作為的に選定し、当該疾病にり患した者（ケース）及び無作為に選定した者（コントロール）の従事した職業又は業務等の履歴を調査して、そのケースの群とそのコントロールの群との間における特定の職業又は業務等の出現ひん度の差を推計学的に検討し、その特定の疾病とその特定の職業又は業務等との関連を解明しようとする疫学的研究手法である。

（昭五三・二・一〇　基発第七七号）

地方公共団体との連携

（地方公共団体との連携）

第百九条　国は、労働災害の防止のための施策を進めるに当たつては、地方公共団体の立場を尊重し、これと密接に連絡し、その理解と協力を求めなければならない。

許可等の条件

（許可等の条件）

第百十条　この法律の規定による許可、免許、指定又は登録（第五十四条の三第一項又は第八十四条第一項の規定による登録に限る。次項において同じ。）には、条件を付し、及びこれを変更することができる。

2　前項の条件は、当該許可、免許、指定又は登録に係る事項の確実な実施を図るため必要な最少限度のものに限り、かつ、当該許可、免許、指定又は登録を受ける者に不当な義務を課することとなるものであつてはならない。

審査請求

（審査請求）

第百十一条　第三十八条の検査、性能検査、個別検定又は型式検定の結果についての処分については、審査請求をすることができない。

2　指定試験機関が行う試験事務に係る処分若しくはその不作為、指定コンサルタント試験機関が行うコンサルタント試験事務に係る処分若しくはその不作為又は指定登録機関が行う登録事務に係る処分若しくはその不作為については、厚生労働大臣に対し、審査請求をすることができる。この場合において、厚生労働大臣は、行政不服審査法（平成二十六年法律第六十八号）第二十五条第二項及び第三項、第四十六条第一項及び第二項、第四十七条並びに第四十九条第三項の規定の適用については、指定試験機関、指定コンサルタント試験機関又は指定登録機関の上級行政庁とみなす。

（手数料）

第百十二条 次の者は、政令で定めるところにより、手数料を国（指定試験機関が行う免許試験を受けようとする者にあつては指定試験機関、指定コンサルタント試験機関が行う労働安全コンサルタント試験又は労働衛生コンサルタント試験を受けようとする者にあつては指定コンサルタント試験機関、指定登録機関が行う登録を受けようとする者にあつては指定登録機関）に納付しなければならない。

一 免許を受けようとする者

一の二 第十四条、第六十一条第一項又は第七十五条第三項の登録の更新を受けようとする者

二 技能講習（登録教習機関が行うものを除く。）を受けようとする者

三 第三十七条第一項の許可を受けようとする者

四 第三十八条の検査（登録製造時等検査機関が行うものを除く。）を受けようとする者

四の二 第三十八条第一項、第四十一条第二項、第四十四条第一項若しくは第四十四条の二第一項の登録又はその更新を受けようとする者

五 検査証の再交付又は書替え（登録製造時等検査機関が行うものを除く。）を受けようとする者

六 性能検査（登録性能検査機関が行うものを除く。）を受けようとする者

七 個別検定（登録個別検定機関が行うものを除く。）を受けようとする者

七の二 型式検定（登録型式検定機関が行うものを除く。）を受けようとする者

八 第五十六条第一項の許可を受けようとする者

九　第七十二条第一項の免許証の再交付又は書替えを受けようとする者

十　免許の有効期間の更新を受けようとする者

十一　免許試験を受けようとする者

十二　労働安全コンサルタント試験又は労働衛生コンサルタント試験を受けようとする者

十三　第八十四条第一項の登録を受けようとする者

2　前項の規定により指定試験機関、指定コンサルタント試験機関又は指定登録機関に納められた手数料は、それぞれ、指定試験機関、指定コンサルタント試験機関又は指定登録機関の収入とする。

（公示）

第百十二条の二　厚生労働大臣は、次の場合には、厚生労働省令で定めるところにより、その旨を官報で告示しなければならない。

一　第三十八条第一項、第四十一条第二項、第四十四条第一項又は第四十四条の二第一項の規定による登録をしたとき。

二　第四十四条の四の規定により型式検定合格証の効力を失わせたとき。

三　第四十七条の二又は第四十九条（第五十三条の三から第五十四条の二までにおいてこれらの規定を準用する場合を含む。）の規定による届出があつたとき。

四　第五十三条第一項（第五十三条の三から第五十四条の二までにおいて準用する場合を含む。）の規定により登録を取り消し、又は製造時等検査、性能検査、個別検定若しくは型式検定の業務の全部若しくは一部の停止を命じたとき。

五　第五十三条第二項（第五十三条の三から第五十四条の二までにおいて準用する場合を含む。）

の規定により登録を取り消したとき。

六　第五十三条の二（第五十三条の三から第五十四条の二まで及び第七十七条第三項において準用する場合を含む。）の規定により都道府県労働局長、労働基準監督署長若しくは厚生労働大臣が製造時等検査、性能検査、個別検定、型式検定若しくは技能講習の業務の全部若しくは一部を自ら行うものとするとき、又は都道府県労働局長、労働基準監督署長若しくは厚生労働大臣が自ら行つていた製造時等検査、性能検査、個別検定、型式検定若しくは技能講習の業務の全部若しくは一部を行わないものとするとき。

七　第七十五条の二第一項、第八十三条の二又は第八十五条の二第一項の規定による指定をしたとき。

八　第七十五条の十（第八十三条の三及び第八十五条の三において準用する場合を含む。）の許可をしたとき。

九　第七十五条の十一第一項（第八十三条の三及び第八十五条の三において準用する場合を含む。）の規定による取消しをしたとき。

十　第七十五条の十一第二項（第八十三条の三及び第八十五条の三において準用する場合を含む。）の規定により指定を取り消し、又は試験事務若しくはコンサルタント試験事務の全部若しくは一部若しくは登録事務の停止を命じたとき。

十一　第七十五条の十二第一項（第八十三条の三及び第八十五条の三において準用する場合を含む。以下この号において同じ。）の規定により都道府県労働局長若しくは厚生労働大臣が試験事務若しくはコンサルタント試験事務の全部若しくは一部若しくは登録事務を自ら行うものとするとき、又は同項の規定により都道府県労働局長若しくは厚生労働大臣が自ら行つていた試験事務若しくはコンサルタント試験事務の全部若しくは一部若しくは登録事務を行わないものとするとき。

2　都道府県労働局長は、次の場合には、厚生労働省令で定めるところにより、その旨を公示しなければならない。

一　第十四条、第六十一条第一項又は第七十五条第三項の規定による登録をしたとき。

二　第七十七条第三項において準用する第四十七条の二又は第四十九条の規定による届出があつたとき。

三　第七十七条第三項において準用する第五十三条第一項の規定により登録を取り消し、又は技能講習若しくは教習の業務の全部若しくは一部の停止を命じたとき。

経過措置

（経過措置）

第百十三条　この法律の規定に基づき命令を制定し、又は改廃するときは、その命令で、その制定又は改廃に伴い合理的に必要と判断される範囲内において、所要の経過措置（罰則に関する経過措置を含む。）を定めることができる。

鉱山に関する特例

（鉱山に関する特例）

第百十四条　鉱山保安法（昭和二十四年法律第七十号）第二条第二項及び第四項の規定による鉱山における保安（衛生に関する通気及び災害時の救護を含む。次条第一項において同じ。）については、第二章中「厚生労働大臣」とあるのは「経済産業大臣」と、「労働政策審議会」とあるのは「中央鉱山保安協議会」とする。

2　鉱山保安法第二条第二項及び第四項の規定による鉱山に関しては、第三章中「総括安全衛生管理者」とあるのは「総括衛生管理者」と、「安全衛生推進者」とあるのは「衛生推進者」とする。

適用除外

（適用除外）

第百十五条　この法律（第二章の規定を除く。）は、鉱山保安法第二条第二項及び第四項の規定による鉱山における保安については、適用しない。

2　この法律は、船員法（昭和二十二年法律第百号）の適用を受ける船員については、適用しない。

厚生労働省令への委任

（厚生労働省令への委任）

第百十五条の二　この法律に定めるもののほか、この法律の規定の実施に関し必要な事項は、厚生労働省令で定める。

第十二章　罰則

五年以下あるいは七年以下の懲役

第百十五条の三　製造時等検査、性能検査、個別検定又は型式検定の業務（以下この条において「特定業務」という。）に従事する登録製造時等検査機関、登録性能検査機関、登録個別検定機関又は登録型式検定機関（以下この条において「特定機関」という。）の役員又は職員が、その職務に関して、賄賂を収受し、要求し、又は約束したときは、五年以下の懲役に処する。これによつて不正の行為をし、又は相当の行為をしなかつたときは、七年以下の懲役に処する。

2　特定業務に従事する特定機関の役員又は職員になろうとする者が、就任後担当すべき職務に関し、請託を受けて賄賂を収受し、要求し、又は約束したときは、役員又は職員になつた場合において、五年以下の懲役に処する。

3　特定業務に従事する特定機関の役員又は職員であつた者が、その在職中に請託を受けて、職務上不正の行為をしたこと又は相当の行為をしなかつたことに関して、賄賂を収受し、要求し、又は約束したときは、五年以下の懲役に処する。

4　前三項の場合において、犯人が収受した賄賂は、没収する。その全部又は一部を没収することができないときは、その価額を追徴する。

※**〔編注〕**本条は、令四法律第六八号により次のとおり改正され、令四法律第六七号施行日（公布の日から起算して三年を超えない範囲内において政令で定める日〈令五政令第三一八号により令和七年六月一日〉）から施行される。

第百十五条の三　製造時等検査、性能検査、個別検定又は型式検定の業務（以下この条において「特定業務」という。）に従事する登録製造時等検査機関、登録性能検査機関、登録個別検定機関又は登録型式検定機関（以下この条において「特定機関」という。）の役員又は職員が、その職務に関して、賄賂を収受し、要求し、又は約束したときは、五年以下の拘禁刑に処する。これによつて不正の行為をし、又は相当の行為をしなかつたときは、七年以下の拘禁刑に処する。

2　特定業務に従事する特定機関の役員又は職員になろうとする者が、就任後担当すべき職務に関し、請託を受けて賄賂を収受し、要求し、又は約束したときは、役員又は職員になつた場合において、五年以下の拘禁刑に処する。

3　特定業務に従事する特定機関の役員又は職員であつた者が、その在職中に請託を受けて、職務上不正の行為をしたこと又は相当の行為をしなかつたことに関して、賄賂を収受し、要求し、又は約束したときは、五年以下の拘禁刑に処する。

4　前三項の場合において、犯人が収受した賄賂は、没収する。その全部又は一部を没収することができないときは、その価額を追徴する。

三年以下の懲役又は二百五十万円以下の罰金

第百十五条の四　前条第一項から第三項までに規定する賄賂を供与し、又はその申込み若しくは約束をした者は、三年以下の懲役又は二百五十万円以下の罰金に処する。

※（編注）本条第一項は、令四法律第六八号により次のとおり改正され、令四法律第六七号施行日（公布の日から起算して三年を超えない範囲内において政令で定める日〈令五政令第三一八号により令和七年六月一日〉）から施行される。

第百十五条の四　前条第一項から第三項までに規定する賄賂を供与し、又はその申込み若しくは約束をした者は、三年以下の拘禁刑又は二百五十万円以下の罰金に処する。

2　前項の罪を犯した者が自首したときは、その刑を減軽し、又は免除することができる。

第百十五条の五　第百十五条の三第一項から第三項までの罪は、刑法第四条の例に従う。

三年以下の懲役又は三百万円以下の罰金

第百十六条　第五十五条の規定に違反した者は、三年以下の懲役又は三百万円以下の罰金に処する。

※（編注）本条は、令四法律第六八号により次のとおり改正され、令四法律第六七号施行日（公

布の日から起算して三年を超えない範囲内において政令で定める日）から施行される。

第百十六条 第五十五条の規定に違反した者は、三年以下の拘禁刑又は三百万円以下の罰金に処する。

一年以下の懲役又は百万円以下の罰金

第百十七条 第三十七条第一項、第四十四条第一項、第四十四条の二第一項、第五十六条第一項、第七十五条の八第一項（第八十三条の三及び第八十五条の三において準用する場合を含む。）又は第八十六条第二項の規定に違反した者は、一年以下の懲役又は百万円以下の罰金に処する。

※**（編注）** 本条は、令四法律第六八号により次のとおり改正され、令四法律第六七号施行日（公布の日から起算して三年を超えない範囲内において政令で定める日（令五政令第三一八号により令和七年六月一日））から施行される。

第百十七条 第三十七条第一項、第四十四条第一項、第四十四条の二第一項、第五十六条第一項、第七十五条の八第一項（第八十三条の三及び第八十五条の三において準用する場合を含む。）又は第八十六条第二項の規定に違反した者は、一年以下の拘禁刑又は百万円以下の罰金に処する。

第百十八条 第五十三条第一項（第五十三条の三から第五十四条の二まで及び第七十七条第三項において準用する場合を含む。）、第五十四条の六第二項又は第七十五条の十一第二項（第八十三条の三及び第八十五条の三において準用する場合を含む。）の規定による業務の停止の命令に違反したときは、その違反行為をした登録製造時等検査機関等の役員又は職員は、一年以下の懲役又は百万円以下の罰金に処する。

※**（編注）** 本条は、令四法律第六八号により次のとおり改正され、令四法律第六七号施行日（公布の日から起算して三年を超えない範囲内において政令で定める日（令五政令第三一八号により令和七年六月一日））から施行される。

第百十八条　第五十三条第一項（第五十三条の三から第五十四条の二まで及び第七十七条第三項において準用する場合を含む。）、第五十四条の六第二項又は第七十五条の十一第二項（第八十三条の三及び第八十五条の三において準用する場合を含む。）の規定による業務の停止の命令に違反したときは、その違反行為をした登録製造時等検査機関等の役員又は職員は、一年以下の拘禁刑又は百万円以下の罰金に処する。

六月以下の懲役又は五十万円以下の罰金

第百十九条　次の各号のいずれかに該当する者は、六月以下の懲役又は五十万円以下の罰金に処する。

※**（編注）**　本条各号列記以外の部分は、令四法律第六八号により次のとおり改正され、令四法律第六七号施行日（公布の日から起算して三年を超えない範囲内において政令で定める日〈令五政令第三一八号により令和七年六月一日〉）から施行される。

第百十九条　次の各号のいずれかに該当する者は、六月以下の拘禁刑又は五十万円以下の罰金に処する。

一　第十四条、第二十条から第二十五条まで、第二十五条の二第一項、第三十条の三第一項若しくは第四項、第三十一条第一項、第三十一条の二、第三十三条第一項若しくは第二項、第三十四条、第三十五条、第三十八条第一項、第四十条第一項、第四十二条、第四十三条、第四十四条第六項、第四十四条の二第七項、第五十六条第三項若しくは第四項、第五十七条の四第五項、第五十七条の五第五項、第五十九条第三項、第六十一条第一項、第六十五条第一項、第六十五条の四、第六十八条、第八十九条第五項（第八十九条の二第二項において準用する場合を含む。）、第九十七条第二項、第百五条又は第百八条の二第四項の規定に違反した者

二　第四十三条の二、第五十六条第五項、第八十八条第六項、第九十八条第一項又は第九十九条第一項の規定による命令に違反した者

三　第五十七条第一項の規定による表示をせず、若しくは虚偽の表示をし、又は同条第二項の規

定による文書を交付せず、若しくは虚偽の文書を交付した者

四　第六十一条第四項の規定に基づく厚生労働省令に違反した者

五十万円以下の罰金

第百二十条　次の各号のいずれかに該当する者は、五十万円以下の罰金に処する。

一　第十条第一項、第十一条第一項、第十二条第一項、第十三条第一項、第十五条第一項、第三項若しくは第四項、第十五条の二第一項、第十六条第一項、第十七条第一項、第十八条第一項、第二十五条の二第二項（第三十条の三第五項において準用する場合を含む。）、第二十六条、第三十条第一項若しくは第四項、第三十条の二第一項若しくは第四項、第三十二条第一項から第六項まで、第三十三条第三項、第四十条第二項、第四十四条第五項、第四十四条の二第六項、第四十五条第一項若しくは第二項、第五十七条の四第一項、第五十九条第一項（同条第二項において準用する場合を含む。）、第六十一条第二項、第六十六条第一項から第三項まで、第六十六条の三、第六十六条の六、第六十六条の八の二第一項、第六十六条の八の四第一項、第八十七条第六項、第八十八条第一項から第四項まで、第百一条第一項又は第百三条第一項の規定に違反した者

二　第十一条第二項（第十二条第二項及び第十五条の二第二項において準用する場合を含む。）、第五十七条の五第一項、第六十五条第五項、第六十六条第四項、第九十八条第二項又は第九十九条第二項の規定による命令又は指示に違反した者

三　第四十四条第四項又は第四十四条の二第五項の規定による表示をせず、又は虚偽の表示をした者

四　第九十一条第一項若しくは第二項、第九十四条第一項又は第九十六条第一項、第二項若しく

は第四項の規定による立入り、検査、作業環境測定、収去若しくは検診を拒み、妨げ、若しくは忌避し、又は質問に対して陳述をせず、若しくは虚偽の陳述をした者

五　第百条第一項又は第三項の規定による報告をせず、若しくは虚偽の報告をし、又は出頭しなかつた者

六　第百三条第三項の規定による帳簿の備付け若しくは保存をせず、又は同項の帳簿に虚偽の記載をした者

第百二十一条　次の各号のいずれかに該当するときは、その違反行為をした登録製造時等検査機関等の役員又は職員は、五十万円以下の罰金に処する。

一　第四十九条（第五十三条の三から第五十四条の二まで及び第七十七条第三項において準用する場合を含む。）の規定による届出をせず、又は虚偽の届出をしたとき。

二　第七十五条の十（第八十三条の三及び第八十五条の三において準用する場合を含む。）の許可を受けないで試験事務若しくはコンサルタント試験事務の全部又は登録事務を廃止したとき。

三　第九十六条第三項の規定による立入り若しくは検査を拒み、妨げ、若しくは忌避し、又は質問に対して陳述をせず、若しくは虚偽の陳述をしたとき。

四　第百条第二項の規定による報告をせず、若しくは虚偽の報告をしたとき。

五　第百三条第二項の規定による帳簿の備付け若しくは保存をせず、又は同項の帳簿に虚偽の記載をしたとき。

両罰規定

第百二十二条　法人の代表者又は法人若しくは人の代理人、使用人その他の従業者が、その法人又は人の業務に関して、第百十六条、第百十七条、第百十九条又は第百二十条の違反行為をしたと

きは、行為者を罰するほか、その法人又は人に対しても、各本条の罰金刑を科する。

五十万円以下の過料

第百二十二条の二　次の各号のいずれかに該当するときは、その違反行為をしたコンサルタント会の理事、監事又は清算人は、五十万円以下の過料に処する。

一　第八十七条第三項の規定による届出をせず、又は虚偽の届出をしたとき。

二　第八十七条第五項の規定による検査を拒み、妨げ、若しくは忌避し、又は同項の規定による命令に違反したとき。

二十万円以下の過料

第百二十三条　次の各号のいずれかに該当する者は、二十万円以下の過料に処する。

一　第五十条第一項（第五十三条の三から第五十四条の二まで及び第七十七条第三項において準用する場合を含む。）の規定に違反して財務諸表等を備えて置かず、財務諸表等に記載すべき事項を記載せず、若しくは虚偽の記載をし、又は正当な理由がないのに第五十条第二項（第五十三条の三から第五十四条の二まで及び第七十七条第三項において準用する場合を含む。）の規定による請求を拒んだ者（外国登録製造時等検査機関等を除く。）

二　機構が第九十六条の三の規定による命令に違反した場合におけるその違反行為をした機構の役員

別表第一（第三十七条関係）

一　ボイラー
二　第一種圧力容器（圧力容器であつて政令で定めるものをいう。以下同じ。）
三　クレーン
四　移動式クレーン
五　デリック
六　エレベーター
七　建設用リフト
八　ゴンドラ

別表第二（第四十二条関係）

一　ゴム、ゴム化合物又は合成樹脂を練るロール機及びその急停止装置
二　第二種圧力容器（第一種圧力容器以外の圧力容器であつて政令で定めるものをいう。次表において同じ。）
三　小型ボイラー
四　小型圧力容器（第一種圧力容器のうち政令で定めるものをいう。次表において同じ。）
五　プレス機械又はシャーの安全装置
六　防爆構造電気機械器具
七　クレーン又は移動式クレーンの過負荷防止装置
八　防じんマスク
九　防毒マスク
十　木材加工用丸のこ盤及びその反発予防装置又は歯の接触予防装置
十一　動力により駆動されるプレス機械
十二　交流アーク溶接機用自動電撃防止装置
十三　絶縁用保護具

十四　絶縁用防具

十五　保護帽

十六　電動ファン付き呼吸用保護具

○通達

（電動ファン付き呼吸用保護具）

1　電動ファン付き呼吸用保護具を、その譲渡、貸与又は設置に際して厚生労働大臣が定める規格又は安全装置を具備しなければならないものに追加するものとしたこと。

（平二六・六・二五　基発〇六二五第四号）

別表第三（第四十四条関係）

一　ゴム、ゴム化合物又は合成樹脂を練るロール機の急停止装置のうち電気的制動方式のもの

二　第二種圧力容器

三　小型ボイラー

四　小型圧力容器

別表第四（第四十四条の二関係）

一　ゴム、ゴム化合物又は合成樹脂を練るロール機の急停止装置のうち電気的制動方式以外の制動方式のもの

二　プレス機械又はシャーの安全装置

三　防爆構造電気機械器具

四　クレーン又は移動式クレーンの過負荷防止装置

五　防じんマスク

六　防毒マスク
七　木材加工用丸のこ盤の歯の接触予防装置のうち可動式のもの
八　動力により駆動されるプレス機械のうちスライドによる危険を防止するための機構を有するもの
九　交流アーク溶接機用自動電撃防止装置
十　絶縁用保護具
十一　絶縁用防具
十二　保護帽
十三　電動ファン付き呼吸用保護具

○通達

（電動ファン付き呼吸用保護具）

2　電動ファン付き呼吸用保護具を、その製造又は輸入に際して厚生労働大臣の登録を受けた者が行う型式についての検定（以下「型式検定」という。）を受けなければならないものに追加するものとしたこと。

（平二六・六・二五　基発〇六二五第四号）

別表第五（第四十六条関係）

一　超音波厚さ計
二　超音波探傷器
三　ファイバースコープ
四　ひずみ測定器
五　フィルム観察器
六　写真濃度計

別表第六（第四十六条関係）

一　条件

(一)　学校教育法による大学又は高等専門学校において工学に関する学科を修めて卒業した者（当該学科を修めて専門職大学前期課程を修了した者を含む。以下「工学関係大学等卒業者」という。）で、次のいずれにも該当する研修であつて学科研修の時間が百六十時間以上であり、かつ、検査実習が十件以上であるものを修了したものであること。

(1)　学科研修が、次に掲げる科目について行われるものであること。

イ　特別特定機械等の構造

ロ　材料及び試験方法

ハ　工作及び試験方法

ニ　附属装置及び附属品

ホ　関係法令、強度計算方法及び検査基準

(2)　登録製造時等検査機関が行うものであること。

(二)　学校教育法による高等学校又は中等教育学校において工学に関する学科を修めて卒業した者（以下「工学関係高等学校等卒業者」という。）で、(一)の(1)及び(2)のいずれにも該当する研修であつて学科研修の時間が二百十時間以上であり、かつ、検査実習が十五件以上であるものを修了したものであること。

(三)　(一)又は(二)に掲げる者と同等以上の知識経験を有する者であること。

二　数

年間の製造時等検査の件数を八百で除して得た数（端数があるときは、これを切り上げる。）

別表第七

別表第七（第四十六条関係）

一　工学関係大学等卒業者で、十年以上特別特定機械等の研究、設計、製作若しくは検査又は特別特定機械等に係る製造時等検査の業務に従事した経験を有するものであること。

二　工学関係高等学校等卒業者で、十五年以上特別特定機械等の研究、設計、製作若しくは検査又は特別特定機械等に係る製造時等検査の業務に従事した経験を有するものであること。

三　前二号に掲げる者と同等以上の知識経験を有する者であること。

別表第八（第五十三条の三関係）

機械等	機械器具その他の設備
別表第一第一号及び第二号に掲げる機械等	超音波厚さ計、超音波探傷器及びファイバースコープ
別表第一第三号に掲げる機械等	超音波厚さ計、超音波探傷器、絶縁抵抗計、電気計測器、水準器、距離測定装置及び鋼索用磁気探傷器
別表第一第四号に掲げる機械等	超音波厚さ計、超音波探傷器、水準器、距離測定装置及び鋼索用磁気探傷器
別表第一第五号に掲げる機械等	超音波厚さ計、超音波探傷器、電気計測器、距離測定装置及び鋼索用磁気探傷器
別表第一第六号に掲げる機械等	超音波厚さ計、超音波探傷器、絶縁抵抗計、電気計測器、水準器、回転速度計及び鋼索用磁気探傷器
別表第一第八号に掲げる機械等	超音波厚さ計、超音波探傷器、絶縁抵抗計、電気計測器及び鋼索用磁気探傷器

別表第九（第五十三条の三関係）

機械等	条件	数
別表第一第一号に掲げる機械等	一　工学関係大学等卒業者のうち、七年以上性能検査を行おうとする機械等の設計、製作若しくは据付けの業務に従事した経験又は二年以上当該機械等の検査の業務に従事した経験を有する者（以下この表において「短期経験者」という。）で、次のいずれにも該当する研修（当該機械等に係るものに限る。	年間の性能検査の件数を八百で除して得た数

	以下この表において「特定研修」という。）であって学科研修の時間が四十時間以上であり、かつ、検査実習が十件以上であるものを修了したものであること。 ㈠ 学科研修が、次に掲げる科目について行われるものであること。 (1) 当該機械等の構造、工作、据付け及び材料 (2) 附属装置及び附属品 (3) 取扱い、清掃作業及び損傷 (4) 関係法令、強度計算方法及び検査基準 ㈡ 登録性能検査機関が行うものであること。 二 工学関係大学等卒業者のうち、短期経験者以外のもので、特定研修であって学科研修の時間が八十時間以上であり、かつ、検査実習が二百件以上であるものを修了したものであること。 三 工学関係高等学校等卒業者のうち、十年以上性能検査を行おうとする機械等の設計、製作若しくは据付けの業務に従事した経験又は五年以上当該機械等の検査の業務に従事した経験を有する者（以下この表において「長期経験者」という。）で、第一号に規定する研修を修了したものであること。 四 工学関係高等学校等卒業者のうち、長期経験者以外のもので、特定研修であって学科研修の時間が八十時間以上であり、かつ、検査実習が四百件以上であるものを修了したものであること。 五 前各号に掲げる者と同等以上の知識経験を有する者であること。	（端数があるときは、これを切り上げる。）
別表第一第二号及び第三号に掲げる	一 工学関係大学等卒業者のうち、短期経験者で、特定研修であって学科研修の時間が四十時間以上であり、かつ、検査実習が十件以上であるものを修了したものであること。 二 工学関係大学等卒業者のうち、短期経験者以外のもので、特定研修であっ	年間の性能検査の件数を八百で除して得た数

機械等	て学科研修の時間が八十時間以上であり、かつ、検査実習が百件以上であるものを修了したものであること。 三　工学関係高等学校等卒業者のうち、長期経験者で、第一号に規定する研修を修了したものであること。 四　工学関係高等学校等卒業者のうち、長期経験者以外のもので、特定研修であつて学科研修の時間が八十時間以上であり、かつ、検査実習が二百件以上であるものを修了したものであること。 五　前各号に掲げる者と同等以上の知識経験を有する者であること。	（端数があるときは、これを切り上げる。）
別表第一第四号に掲げる機械等	一　工学関係大学等卒業者のうち、短期経験者で、特定研修であつて学科研修の時間が四十時間以上であり、かつ、検査実習が十件以上であるものを修了したものであること。 二　工学関係大学等卒業者のうち、短期経験者以外のもので、特定研修であつて学科研修の時間が八十時間以上であり、かつ、検査実習が四十件以上であるものを修了したものであること。 三　工学関係高等学校等卒業者のうち、長期経験者で、第一号に規定する研修を修了したものであること。 四　工学関係高等学校等卒業者のうち、長期経験者以外のもので、特定研修であつて学科研修の時間が八十時間以上であり、かつ、検査実習が八十件以上であるものを修了したものであること。 五　前各号に掲げる者と同等以上の知識経験を有する者であること。	年間の性能検査の件数を八百で除して得た数（端数があるときは、これを切り上げる。）
別表第一第五号に掲げる機械等	一　工学関係大学等卒業者のうち、短期経験者で、特定研修であつて学科研修の時間が四十時間以上であり、かつ、検査実習が十件以上であるものを修了したものであること。 二　工学関係大学等卒業者のうち、短期経験者以外のもので、特定研修であつ	年間の性能検査の件数を八百で除して得た数

	て学科研修の時間が八十時間以上であり、かつ、検査実習が三十件以上であるものを修了したものであること。 三　工学関係高等学校等卒業者のうち、長期経験者で、第一号に規定する研修を修了したものであること。 四　工学関係高等学校等卒業者のうち、長期経験者以外のもので、特定研修であって学科研修の時間が八十時間以上であり、かつ、検査実習が六十件以上であるものを修了したものであること。 五　前各号に掲げる者と同等以上の知識経験を有する者であること。	（端数があるときは、これを切り上げる。）
別表第一第六号に掲げる機械等	一　工学関係大学等卒業者のうち、短期経験者で、特定研修であって学科研修の時間が四十時間以上であり、かつ、検査実習が十件以上であるものを修了したものであること。 二　工学関係大学等卒業者のうち、短期経験者以外のもので、特定研修であって学科研修の時間が八十時間以上であり、かつ、検査実習が二十件以上であるものを修了したものであること。 三　工学関係高等学校等卒業者のうち、長期経験者で、第一号に規定する研修を修了したものであること。 四　工学関係高等学校等卒業者のうち、長期経験者以外のもので、特定研修であって学科研修の時間が八十時間以上であり、かつ、検査実習が四十件以上であるものを修了したものであること。 五　前各号に掲げる者と同等以上の知識経験を有する者であること。	年間の性能検査の件数を八百で除して得た数（端数があるときは、これを切り上げる。）
別表第一第八号に掲げる機械等	一　工学関係大学等卒業者のうち、短期経験者で、特定研修であって学科研修の時間が四十時間以上であり、かつ、検査実習が十件以上であるものを修了したものであること。 二　工学関係大学等卒業者のうち、短期経験者以外のもので、特定研修であっ	年間の性能検査の件数を八百で除して得た数

	て学科研修の時間が八十時間以上であり、かつ、検査実習が十件以上であるものを修了したものであること。 三　工学関係高等学校等卒業者のうち、長期経験者で、第一号に規定する研修を修了したものであること。 四　工学関係高等学校等卒業者のうち、長期経験者以外のもので、特定研修であつて学科研修の時間が八十時間以上であり、かつ、検査実習が二十件以上であるものを修了したものであること。 五　前各号に掲げる者と同等以上の知識経験を有する者であること。	（端数があるときは、これを切り上げる。）

別表第十（第五十三条の三関係）

一　工学関係大学等卒業者で、十年以上性能検査を行おうとする機械等の研究、設計、製作若しくは検査又は当該機械等に係る性能検査の業務に従事した経験を有するものであること。

二　工学関係高等学校等卒業者で、十五年以上性能検査を行おうとする機械等の研究、設計、製作若しくは検査又は当該機械等に係る性能検査の業務に従事した経験を有するものであること。

三　前二号に掲げる者と同等以上の知識経験を有する者であること。

別表第十一（第五十四条関係）

機械等	機械器具その他の設備
別表第三第一号に掲げる機械等	絶縁抵抗計、耐電圧試験装置、回転速度計及び材料試験機
別表第三第二号から第四号までに掲げる機械等	超音波厚さ計、超音波探傷器、ファイバースコープ、ひずみ測定器、フィルム観察器及び写真濃度計

別表第十二（第五十四条関係）

機械等	条件	数
別表第三第一号に掲げる機械等	一　工学関係大学等卒業者で、二年以上個別検定を行おうとする機械等の研究、設計、製作又は検査の業務に従事した経験を有するものであること。 二　工学関係高等学校等卒業者で、五年以上個別検定を行おうとする機械等の研究、設計、製作又は検査の業務に従事した経験を有するものであること。 三　前二号に掲げる者と同等以上の知識経験を有する者であること。	年間の個別検定の件数を百二十で除して得た数（端数があるときは、これを切り上げる。）
別表第三第二号から第四号までに掲げる機械等	一　工学関係大学等卒業者のうち、三年以上個別検定を行おうとする機械等の設計、製作若しくは据付けの業務に従事した経験又は一年以上当該機械等の検査の業務に従事した経験を有する者（以下この表において「短期経験者」という。）で、次のいずれにも該当する研修（当該機械等に係るものに限る。以下この表において「特定研修」という。）であつて学科研修の時間が四十時間以上であり、かつ、検定実習が二十件以上であるものを修了したものであること。 ㈠　学科研修が、次に掲げる科目について行われるものであること。 ⑴　当該機械等の構造、工作、据付け及び材料 ⑵　附属装置及び附属品 ⑶　取扱い、清掃作業及び損傷 ⑷　関係法令、強度計算方法及び検査基準 ㈡　登録個別検定機関が行うものであること。 二　工学関係大学等卒業者のうち、短期経験者以外のもので、特定研修であつて学科研修の時間が八十時間以上であり、かつ、検定実習が二百件	年間の個別検定の件数を二千四百で除して得た数（端数があるときは、これを切り上げる。）

	以上であるものを修了したものであること。 三　工学関係高等学校等卒業者のうち、五年以上個別検定を行おうとする機械等の設計、製作若しくは据付けの業務に従事した経験又は三年以上当該機械等の検査の業務に従事した経験を有する者（以下この表において「長期経験者」という。）で、第一号に規定する研修を修了したものであること。 四　工学関係高等学校等卒業者のうち、長期経験者以外のもので、特定研修であつて学科研修の時間が八十時間以上であり、かつ、検定実習が四百件以上であるものを修了したものであること。 五　前各号に掲げる者と同等以上の知識経験を有する者であること。	

別表第十三（第五十四条関係）

一　工学関係大学等卒業者で、十年以上個別検定を行おうとする機械等の研究、設計、製作若しくは検査又は当該機械等に係る個別検定の業務に従事した経験を有するものであること。

二　工学関係高等学校等卒業者で、十五年以上個別検定を行おうとする機械等の研究、設計、製作若しくは検査又は当該機械等に係る個別検定の業務に従事した経験を有するものであること。

三　前二号に掲げる者と同等以上の知識経験を有する者であること。

別表第十四（第五十四条の二関係）

機械等	機械器具その他の設備
別表第四第一号に掲げる機械等	絶縁抵抗計、耐電圧試験装置、回転速度計及び材料試験機
別表第四第二号に掲げる機械等	作動試験用機械、硬さ試験機、オシロスコープ、赤外線暗視装置、絶縁抵抗計及び耐電圧試験装置

別表第四第三号に掲げる機械等	耐電圧試験装置、電気計測器、恒温槽、温度試験装置、鋼球落下試験装置、耐水試験装置、衝撃試験機、保護等級試験装置、爆発試験装置、ガス濃度計測器、水圧試験装置、拘束試験装置、気密試験装置、内圧試験装置、火花点火試験装置、発火試験装置及び防じん試験装置
別表第四第四号に掲げる機械等	材料試験機、耐水試験装置、衝撃試験機及び振動試験装置
別表第四第五号に掲げる機械等	材料試験機、ガス濃度計測器、通気抵抗試験装置、粉じん捕集効率測定装置、死積試験装置及び排気弁気密試験装置
別表第四第六号に掲げる機械等	材料試験機、ガス濃度計測器、通気抵抗試験装置、粉じん捕集効率測定装置、死積試験装置、排気弁気密試験装置、除毒能力試験装置、面体気密試験装置及び吸収缶気密試験装置
別表第四第七号に掲げる機械等	作動試験用機械及び硬さ試験機
別表第四第八号に掲げる機械等	オシロスコープ、赤外線暗視装置、絶縁抵抗計、耐電圧試験装置、回転速度計、材料試験機、急停止時間測定装置及び振動試験装置
別表第四第九号に掲げる機械等	作動試験用機械、絶縁抵抗計、耐電圧試験装置、温度試験装置及び遅動時間測定装置
別表第四第十号及び第十一号に掲げる機械等	耐電圧試験装置、材料試験機及び電気計測器
別表第四第十二号に掲げる機械等	恒温槽及び衝撃試験機
別表第四第十三号に掲げる機械等	材料試験機、ガス濃度計測器、内圧試験装置、通気抵抗試験装置、粉じん捕集効率測定装置、排気弁気密試験装置、漏れ率試験装置、最低必要風量試験装置、公称稼働時間試験装置及び騒音計

○通達

（電動ファン付き呼吸用保護具）

3 電動ファン付き呼吸用保護具に係る型式検定を行おうとして2の登録の申請をした者（以下「登録申請者」という。）について、厚生労働大臣が必ず登録をしなければならないものとされるための要件の一つとして、登録申請者が別表第十四に掲げる設備（材料試験機、ガス濃度計測器、内圧試験装置、通気抵抗試験装置、粉じん捕集効率測定装置、排気弁気密試験装置、漏れ率試験装置、最低必要風量試験装置、公称稼働時間試験装置及び騒音計）を用いて型式検定を行うものであることを規定するものとしたこと。

（平二六・六・二五　基発〇六二五第四号）

別表第十五

別表第十五（第五十四条の二関係）

一　条件

(一) 工学関係大学等卒業者で、二年以上型式検定を行おうとする機械等の研究、設計、製作又は検査の業務に従事した経験を有するものであること。

(二) 工学関係高等学校等卒業者で、五年以上型式検定を行おうとする機械等の研究、設計、製作又は検査の業務に従事した経験を有するものであること。

(三) (一)又は(二)に掲げる者と同等以上の知識経験を有する者であること。

二　数

事業所ごとに二

別表第十六

別表第十六（第五十四条の二関係）

一　工学関係大学等卒業者で、十年以上型式検定を行おうとする機械等の研究、設計、製作若しくは検査又は当該機械等に係る型式検定の業務に従事した経験を有するものであること。

二　工学関係高等学校等卒業者で、十五年以上型式検定を行おうとする機械等の研究、設計、製作若しくは検査又は当該機械等に係る型式検定の業務に従事した経験を有するものであること。
三　前二号に掲げる者と同等以上の知識経験を有する者であること。

別表第十七（第七十五条関係）

一　揚貨装置運転実技教習
二　クレーン運転実技教習
三　移動式クレーン運転実技教習

別表第十八（第七十六条関係）

一　木材加工用機械作業主任者技能講習
二　プレス機械作業主任者技能講習
三　乾燥設備作業主任者技能講習
四　コンクリート破砕器作業主任者技能講習
五　地山の掘削及び土止め支保工作業主任者技能講習
六　ずい道等の掘削等作業主任者技能講習
七　ずい道等の覆工作業主任者技能講習
八　型枠支保工の組立て等作業主任者技能講習
九　足場の組立て等作業主任者技能講習
十　建築物等の鉄骨の組立て等作業主任者技能講習
十一　鋼橋架設等作業主任者技能講習
十二　コンクリート造の工作物の解体等作業主任者技能講習
十三　コンクリート橋架設等作業主任者技能講習
十四　採石のための掘削作業主任者技能講習

十五　はい作業主任者技能講習
十六　船内荷役作業主任者技能講習
十七　木造建築物の組立て等作業主任者技能講習
十八　化学設備関係第一種圧力容器取扱作業主任者技能講習
十九　普通第一種圧力容器取扱作業主任者技能講習
二十　特定化学物質及び四アルキル鉛等作業主任者技能講習
二十一　鉛作業主任者技能講習
二十二　有機溶剤作業主任者技能講習
二十三　石綿作業主任者技能講習
二十四　酸素欠乏危険作業主任者技能講習
二十五　酸素欠乏・硫化水素危険作業主任者技能講習
二十六　床上操作式クレーン運転技能講習
二十七　小型移動式クレーン運転技能講習
二十八　ガス溶接技能講習
二十九　フォークリフト運転技能講習
三十　ショベルローダー等運転技能講習
三十一　車両系建設機械（整地・運搬・積込み用及び掘削用）運転技能講習
三十二　車両系建設機械（解体用）運転技能講習
三十三　車両系建設機械（基礎工事用）運転技能講習
三十四　不整地運搬車運転技能講習
三十五　高所作業車運転技能講習
三十六　玉掛け技能講習
三十七　ボイラー取扱技能講習

別表第十九（第七十七条関係）

技能講習又は教習	機械器具その他の設備及び施設
酸素欠乏危険作業主任者技能講習	その用機器及び酸素濃度計測器
酸素欠乏・硫化水素危険作業主任者技能講習	その用機器、酸素濃度計測器及び硫化水素濃度計測器
床上操作式クレーン運転技能講習	床上操作式クレーン
小型移動式クレーン運転技能講習	小型移動式クレーン
ガス溶接技能講習	ガス溶接装置
フォークリフト運転技能講習	フォークリフト、パレット及びフォークリフトを運転することができる施設
ショベルローダー等運転技能講習	ショベルローダー等（ショベルローダー又はフォークローダーをいう。以下同じ。）及びショベルローダー等を運転することができる施設
車両系建設機械（整地・運搬・積込み用及び掘削用）運転技能講習	車両系建設機械（整地・運搬・積込み用及び掘削用）及び車両系建設機械（整地・運搬・積込み用及び掘削用）を運転することができる施設
車両系建設機械（解体用）運転技能講習	車両系建設機械（解体用）及び車両系建設機械（解体用）を運転することができる施設
車両系建設機械（基礎工事用）運転技能講習	車両系建設機械（基礎工事用）及び車両系建設機械（基礎工事用）を運転することができる施設
不整地運搬車運転技能講習	不整地運搬車及び不整地運搬車を運転することができる施設

高所作業車運転技能講習	高所作業車
玉掛け技能講習	クレーン、移動式クレーン、デリック又は揚貨装置、荷及び玉掛け用具
揚貨装置運転実技教習	揚貨装置
クレーン運転実技教習	天井クレーン、シミュレーター及び天井クレーンを運転することができる施設
移動式クレーン運転実技教習	移動式クレーン及び移動式クレーンを運転することができる施設

別表第二十（第七十七条関係）

一　木材加工用機械作業主任者技能講習及びプレス機械作業主任者技能講習

講習科目		条件
学科講習	作業に係る機械、その安全装置等の種類、構造及び機能に関する知識 作業に係る機械、その安全装置等の保守点検に関する知識	一　学校教育法による大学又は高等専門学校（以下「大学等」という。）において機械工学に関する学科を修めて卒業した者（当該学科を修めて専門職大学前期課程を修了した者を含む。以下同じ。）で、その後二年以上当該作業に係る機械の設計、製作、検査又は取扱いの業務に従事した経験を有するものであること。 二　学校教育法による高等学校又は中等教育学校（以下「高等学校等」という。）において機械工学に関する学科を修めて卒業した者で、その後五年以上当該作業に係る機械の設計、製作、検査又は取扱いの業務に従事した経験を有するものであること。 三　前二号に掲げる者と同等以上の知識経験を有する者であること。

作業の方法に関する知識	一　大学等を卒業した者（専門職大学前期課程を修了した者を含む。以下同じ。）で、その後一年以上当該作業に係る機械の取扱いの業務に従事した経験を有するものであること。 二　高等学校等を卒業した者で、その後三年以上当該作業に係る機械の取扱いの業務に従事した経験を有するものであること。 三　前二号に掲げる者と同等以上の知識経験を有する者であること。
関係法令	一　大学等を卒業した者で、その後一年以上安全の実務に従事した経験を有するものであること。 二　前号に掲げる者と同等以上の知識経験を有する者であること。

二　乾燥設備作業主任者技能講習

講習科目		条件
学科講習	乾燥設備及びその附属設備の構造及び取扱いに関する知識	一　大学等において工学に関する学科を修めて卒業した者（当該学科を修めて専門職大学前期課程を修了した者を含む。以下同じ。）で、その後三年以上乾燥設備の設計、製作、検査又は取扱いの業務に従事した経験を有するものであること。 二　高等学校等において工学に関する学科を修めて卒業した者（当該学科を修めて専門職大学前期課程を修了した者を含む。）で、その後五年以上乾燥設備の設計、製作、検査又は取扱いの業務に従事した経験を有するものであること。 三　前二号に掲げる者と同等以上の知識経験を有する者であること。
	乾燥設備、その附属設備等の点検整備及び異常時の処置に関する知識	
	乾燥作業の管理に関する知識	一　大学等において工学又は化学に関する学科を修めて卒業した者で、その後三年以上乾燥設備の取扱いの業務に従事した経験を有するものであること。

講習科目	条件
	二　高等学校等において工学又は化学に関する学科を修めて卒業した者で、その後五年以上乾燥設備の取扱いの業務に従事した経験を有するものであること。 三　前二号に掲げる者と同等以上の知識経験を有する者であること。
関係法令	一　大学等を卒業した者で、その後一年以上安全の実務に従事した経験を有するものであること。 二　前号に掲げる者と同等以上の知識経験を有する者であること。

三　コンクリート破砕器作業主任者技能講習

講習科目		条件
学科講習	火薬類に関する知識	一　大学等において工業化学、採鉱又は土木に関する学科を修めて卒業した者（当該学科を修めて専門職大学前期課程を修了した者を含む。以下この表において同じ。）で、その後一年以上火薬類の取扱いの業務に従事した経験を有するものであること。 二　前号に掲げる者と同等以上の知識経験を有する者であること。
	コンクリート破砕器の取扱いに関する知識	
	コンクリート破砕器を用いて行う破砕の方法に関する知識	一　大学等において工業化学、採鉱又は土木に関する学科を修めて卒業した者で、その後二年以上コンクリート破砕器を用いて行う破砕の作業に従事した経験を有するものであること。 二　前号に掲げる者と同等以上の知識経験を有する者であること。
	作業者に対する教育等に関する知識	

関係法令	一　大学等を卒業した者で、その後一年以上安全の実務に従事した経験を有するものであること。 二　前号に掲げる者と同等以上の知識経験を有する者であること。

四　地山の掘削及び土止め支保工作業主任者技能講習、ずい道等の掘削等作業主任者技能講習、ずい道等の覆工作業主任者技能講習、型枠支保工の組立て等作業主任者技能講習、足場の組立て等作業主任者技能講習、建築物等の鉄骨の組立て等作業主任者技能講習、鋼橋架設等作業主任者技能講習、コンクリート造の工作物の解体等作業主任者技能講習及びコンクリート橋架設等作業主任者技能講習

講習科目		条件
学科講習	作業の方法に関する知識	一　大学等において土木、建築又は採鉱に関する学科（ずい道等の掘削等作業主任者技能講習及びずい道等の覆工作業主任者技能講習にあつては建築に関する学科を除き、足場の組立て等作業主任者技能講習にあつては造船に関する学科を含む。以下この表において「特定学科」という。）を修めて卒業した者（特定学科を修めて専門職大学前期課程を修了した者を含む。）で、その後三年以上建設の作業（ずい道等の掘削等作業主任者技能講習及びずい道等の覆工作業主任者技能講習にあつてはずい道等の建設の作業に限り、足場の組立て等作業主任者技能講習にあつては造船の作業を含み、コンクリート造の工作物の解体等作業主任者技能講習にあつてはコンクリート造の工作物の解体等の作業に限る。以下この表において「特定作業」という。）に従事した経験を有するものであること。 二　高等学校等において特定学科を修めて卒業した者で、その後五年以上特定作業に従事した経験を有するものであること。 三　前二号に掲げる者と同等以上の知識経験を有する者であること。
	工事用設備、機械、	一　大学等を卒業した者で、その後三年以上特定作業又は特定作業に関す

	講習科目	条件
	器具、作業環境等に関する知識 作業者に対する教育等に関する知識	る安全指導の業務に従事した経験を有するものであること。 二　高等学校等を卒業した者で、その後五年以上特定作業又は特定作業に関する安全指導の業務に従事した経験を有するものであること。 三　前二号に掲げる者と同等以上の知識経験を有する者であること。
	関係法令	一　大学等を卒業した者で、その後三年以上安全の実務に従事した経験を有するものであること。 二　前号に掲げる者と同等以上の知識経験を有する者であること。

五　採石のための掘削作業主任者技能講習

講習科目		条件
学科講習	岩石の種類、岩石の採取のための掘削の方法等に関する知識	一　大学等において採鉱又は土木に関する学科を修めて卒業した者（当該学科を修めて専門職大学前期課程を修了した者を含む。）で、その後三年以上採石作業に従事した経験を有するものであること。 二　高等学校等において採鉱又は土木に関する学科を修めて卒業した者で、その後五年以上採石作業に従事した経験を有するものであること。 三　前二号に掲げる者と同等以上の知識経験を有する者であること。
	設備、機械、器具、作業環境等に関する知識 作業者に対する教育等に関する知識	一　大学等を卒業した者で、その後三年以上採石作業又は採石業に関する安全の実務に従事した経験を有するものであること。 二　高等学校等を卒業した者で、その後五年以上採石作業又は採石業に関する安全の実務に従事した経験を有するものであること。

関係法令	一　大学等を卒業した者で、その後三年以上安全の実務に従事した経験を有するものであること。 二　前号に掲げる者と同等以上の知識経験を有する者であること。

六　はい作業主任者技能講習

講習科目		条件
学科講習	はい（倉庫、上屋又は土場に積み重ねられた荷の集団をいう。以下同じ。）に関する知識	一　大学等を卒業した者で、その後三年以上はい付け又ははい崩しの作業に従事した経験を有するものであること。 二　高等学校等を卒業した者で、その後五年以上はい付け又ははい崩しの作業に従事した経験を有するものであること。 三　はい作業主任者技能講習を修了した者で、その後三年以上はい付け又ははい崩しの作業に従事した経験を有するものであること。 四　前三号に掲げる者と同等以上の知識経験を有する者であること。
	人力によるはい付け又ははい崩しの作業に関する知識	
	機械等によるはい付け又ははい崩しに必要な機械荷役に関する知識	一　大学等において機械工学に関する学科を修めて卒業した者で、その後三年以上はい付け又ははい崩しの作業に従事した経験を有するものであること。 二　高等学校等において機械工学に関する学科を修めて卒業した者で、その後五年以上はい付け又ははい崩しの作業に従事した経験を有するものであること。 三　前二号に掲げる者と同等以上の知識経験を有する者であること。
	関係法令	一　大学等を卒業した者で、その後一年以上安全の実務に従事した経験を有するものであること。

	二　前号に掲げる者と同等以上の知識経験を有する者であること。

七　船内荷役作業主任者技能講習

講習科目		条件
学科講習	作業の指揮に必要な知識	一　大学等を卒業した者で、その後三年以上船内荷役作業に係る安全管理の業務に従事した経験を有するものであること。 二　高等学校等を卒業した者で、その後五年以上船内荷役作業に係る安全管理の業務に従事した経験を有するものであること。 三　船内荷役作業に係る安全管理の業務に十年以上従事した経験を有する者であること。 四　前三号に掲げる者と同等以上の知識経験を有する者であること。
	船舶設備、荷役機械等の構造及び取扱いの方法に関する知識	一　大学等において機械工学に関する学科を修めて卒業した者で、その後三年以上船内荷役作業に従事した経験を有するものであること。 二　高等学校等において機械工学に関する学科を修めて卒業した者で、その後五年以上船内荷役作業に従事した経験を有するものであること。 三　前二号に掲げる者と同等以上の知識経験を有する者であること。
	玉掛け作業及び合図の方法に関する知識	一　大学等において力学に関する学科を修めて卒業した者（当該学科を修めて専門職大学前期課程を修了した者を含む。以下同じ。）で、その後二年以上玉掛け作業に従事した経験を有するものであること。 二　高等学校等において力学に関する学科を修めて卒業した者で、その後四年以上玉掛け作業に従事した経験を有するものであること。 三　前二号に掲げる者と同等以上の知識経験を有する者であること。
	荷役の方法に関す	一　大学等を卒業した者で、その後三年以上船内荷役作業に従事した経験

る知識	を有するものであること。 二　高等学校等を卒業した者で、その後五年以上船内荷役作業に従事した経験を有するものであること。 三　船内荷役作業の監督又は指揮の業務に五年以上従事した経験を有する者であること。 四　前三号に掲げる者と同等以上の知識経験を有する者であること。
関係法令	一　大学等を卒業した者で、その後一年以上安全の実務に従事した経験を有するものであること。 二　前号に掲げる者と同等以上の知識経験を有する者であること。

八　木造建築物の組立て等作業主任者技能講習

講習科目		条件
学科講習	木造建築物の構造部材の組立て、屋根下地の取付け等に関する知識	一　大学等において建築に関する学科を修めて卒業した者（当該学科を修めて専門職大学前期課程を修了した者を含む。）で、その後三年以上木造建築物の組立て等の作業に従事した経験を有するものであること。 二　高等学校等において建築に関する学科を修めて卒業した者で、その後五年以上高等学校等において建築に関する学科を修めて卒業した者で、その後五年以上木造建築物の組立て等の作業に従事した経験を有するものであること。 三　十年以上木造建築物の組立て等の作業に従事した経験を有する者で、当該期間のうち三年以上当該作業に係る職長その他の当該作業に従事する労働者を直接指導し、又は監督する者としての地位にあつたものであること。 四　前三号に掲げる者と同等以上の知識経験を有する者であること。

工事用設備、機械、器具、作業環境等に関する知識 作業者に対する教育等に関する知識 関係法令	一　大学等を卒業した者で、その後三年以上木造建築物の組立て等の作業又は当該作業に関する安全指導の業務に従事した経験を有するものであること。 二　高等学校等を卒業した者で、その後五年以上木造建築物の組立て等の作業又は当該作業に関する安全指導の業務に従事した経験を有するものであること。 三　前二号に掲げる者と同等以上の知識経験を有する者であること。 一　大学等を卒業した者で、その後三年以上安全の実務に従事した経験を有するものであること。 二　高等学校等を卒業した者で、その後五年以上安全の実務に従事した経験を有するものであること。 三　前二号に掲げる者と同等以上の知識経験を有する者であること。

九　化学設備関係第一種圧力容器取扱作業主任者技能講習

講習科目		条件
学科講習	第一種圧力容器の構造に関する知識	一　大学等において機械工学又は化学工学に関する学科を修めて卒業した者（当該学科を修めて専門職大学前期課程を修了した者を含む。以下この表において同じ。）で、その後五年以上ボイラー又は第一種圧力容器の設計、製作、検査又は取扱いの業務に従事した経験を有するものであること。 二　八年以上ボイラー又は第一種圧力容器の設計、製作又は検査の業務に従事した経験を有する者であること。 三　前二号に掲げる者と同等以上の知識経験を有する者であること。

第一種圧力容器の取扱いに関する知識	一 大学等において機械工学又は化学工学に関する学科を修めて卒業した者で、その後五年以上化学設備に係る第一種圧力容器の取扱いの業務に従事した経験を有するものであること。 二 前号に掲げる者と同等以上の知識経験を有する者であること。
危険物及び化学反応に関する知識	一 大学等において工業化学に関する学科を修めて卒業した者（当該学科を修めて専門職大学前期課程を修了した者を含む。）で、その後六年以上危険物に関する業務に従事した経験を有するものであること。 二 高等学校等において工業化学に関する学科を修めて卒業した者で、その後八年以上危険物に関する業務に従事した経験を有するものであること。 三 前二号に掲げる者と同等以上の知識経験を有する者であること。
関係法令	一 大学等を卒業した者で、その後一年以上化学設備に係る第一種圧力容器の管理の業務に従事した経験を有するものであること。 二 前号に掲げる者と同等以上の知識経験を有する者であること。

十 普通第一種圧力容器取扱作業主任者技能講習

講習科目		条件
学科講習	第一種圧力容器（化学設備に係るものを除く。）の構造に関する知識	一 大学等において機械工学に関する学科を修めて卒業した者で、その後二年以上ボイラー又は第一種圧力容器の設計、製作、検査又は取扱いの業務に従事した経験を有するものであること。 二 五年以上ボイラー又は第一種圧力容器の設計、製作又は検査の業務に従事した経験を有する者であること。 三 前二号に掲げる者と同等以上の知識経験を有する者であること。

第一種圧力容器（化学設備に係るものを除く。）の取扱いに関する知識	一　大学等において機械工学に関する学科を修めて卒業した者で、その後二年以上第一種圧力容器の取扱いの業務に従事した経験を有するものであること。 二　前号に掲げる者と同等以上の知識経験を有する者であること。
関係法令	一　大学等を卒業した者で、その後一年以上ボイラー又は第一種圧力容器の管理の業務に従事した経験を有するものであること。 二　前号に掲げる者と同等以上の知識経験を有する者であること。

十一　特定化学物質及び四アルキル鉛等作業主任者技能講習、鉛作業主任者技能講習、有機溶剤作業主任者技能講習及び石綿作業主任者技能講習

講習科目		条件
学科講習	健康障害及びその予防措置に関する知識	一　学校教育法による大学において医学に関する学科を修めて卒業した者で、その後二年以上労働衛生に関する研究又は実務に従事した経験を有するものであること。 二　前号に掲げる者と同等以上の知識経験を有する者であること。
	作業環境の改善方法に関する知識	一　大学等において工学に関する学科を修めて卒業した者で、その後二年以上労働衛生に係る工学に関する研究又は実務に従事した経験を有するものであること。 二　前号に掲げる者と同等以上の知識経験を有する者であること。
	保護具に関する知識	一　大学等において工学に関する学科を修めて卒業した者で、その後二年以上保護具に関する研究又は実務に従事した経験を有するものであること。 二　前号に掲げる者と同等以上の知識経験を有する者であること。

関係法令	一　大学等を卒業した者で、その後一年以上労働衛生の実務に従事した経験を有するものであること。 二　前号に掲げる者と同等以上の知識経験を有する者であること。

十二　酸素欠乏危険作業主任者技能講習石

講習科目		条件
学科講習	酸素欠乏症及び救急そ生に関する知識	一　学校教育法による大学において医学に関する学科を修めて卒業した者で、その後二年以上労働衛生に関する研究又は実務に従事した経験を有するものであること。 二　前号に掲げる者と同等以上の知識経験を有する者であること。
	酸素欠乏の発生の原因及び防止措置に関する知識	一　大学等において理学又は工学に関する学科を修めて卒業した者（当該学科を修めて専門職大学前期課程を修了した者を含む。以下同じ。）で、その後二年以上労働衛生に係る工学に関する研究又は実務に従事した経験を有するものであること。 二　前号に掲げる者と同等以上の知識経験を有する者であること。
	保護具に関する知識	一　学校教育法による大学において医学又は大学等において工学に関する学科を修めて卒業した者で、その後二年以上保護具に関する研究又は実務に従事した経験を有するものであること。 二　前号に掲げる者と同等以上の知識経験を有する者であること。
	関係法令	一　大学等を卒業した者で、その後一年以上労働衛生の実務に従事した経験を有するものであること。 二　前号に掲げる者と同等以上の知識経験を有する者であること。
実技	救急そ生の方法	一　学校教育法による大学において医学に関する学科を修めて卒業した者

講習	
	で、その後二年以上労働衛生に関する研究又は実務に従事した経験を有するものであること。 二　前号に掲げる者と同等以上の知識経験を有する者であること。
酸素の濃度の測定方法	一　大学等において理学又は工学に関する学科を修めて卒業した者で、その後一年以上環境測定に関する実務に従事した経験を有するものであること。 二　前号に掲げる者と同等以上の知識経験を有する者であること。

十三　酸素欠乏・硫化水素危険作業主任者技能講習

講習	講習科目	条件
学科講習	酸素欠乏症、硫化水素中毒及び救急そ生に関する知識	一　学校教育法による大学において医学に関する学科を修めて卒業した者で、その後二年以上労働衛生に関する研究又は実務に従事した経験を有するものであること。 二　前号に掲げる者と同等以上の知識経験を有する者であること。
	酸素欠乏及び硫化水素の発生の原因及び防止措置に関する知識	一　大学等において理学又は工学に関する学科を修めて卒業した者で、その後二年以上労働衛生に係る工学に関する研究又は実務に従事した経験を有するものであること。 二　前号に掲げる者と同等以上の知識経験を有する者であること。
	保護具に関する知識	一　学校教育法による大学において医学又は大学等において工学に関する学科を修めて卒業した者で、その後二年以上保護具に関する研究又は実務に従事した経験を有するものであること。 二　前号に掲げる者と同等以上の知識経験を有する者であること。
	関係法令	一　大学等を卒業した者で、その後一年以上労働衛生の実務に従事した経

		験を有するものであること。 二　前号に掲げる者と同等以上の知識経験を有する者であること。
実技講習	救急そ生の方法	一　学校教育法による大学において医学に関する学科を修めて卒業した者で、その後二年以上労働衛生に関する研究又は実務に従事した経験を有するものであること。 二　前号に掲げる者と同等以上の知識経験を有する者であること。
	酸素及び硫化水素の濃度の測定方法	一　大学等において理学又は工学に関する学科を修めて卒業した者で、その後一年以上環境測定に関する実務に従事した経験を有するものであること。 二　前号に掲げる者と同等以上の知識経験を有する者であること。

十四　床上操作式クレーン運転技能講習

講習科目		条件
学科講習	床上操作式クレーンに関する知識	一　大学等において機械工学に関する学科を修めて卒業した者であること。 二　高等学校等において機械工学に関する学科を修めて卒業した者で、その後三年以上クレーンの設計、製作、検査又は整備の業務に従事した経験を有するものであること。 三　前二号に掲げる者と同等以上の知識経験を有する者であること。
	原動機及び電気に関する知識	一　大学等において電気工学又は機械工学に関する学科を修めて卒業した者（当該学科を修めて専門職大学前期課程を修了した者を含む。）であること。 二　高等学校等において電気工学又は機械工学に関する学科を修めて卒業した者で、その後三年以上クレーンの設計、製作、検査又は整備の業務

		に従事した経験を有するものであること。 三　前二号に掲げる者と同等以上の知識経験を有する者であること。
	床上操作式クレーンの運転のために必要な力学に関する知識	一　大学等において力学に関する学科を修めて卒業した者であること。 二　高等学校等において力学に関する学科を修めて卒業した者で、その後三年以上クレーンの運転の業務に従事した経験を有するものであること。 三　前二号に掲げる者と同等以上の知識経験を有する者であること。
	関係法令	一　大学等を卒業した者で、その後一年以上安全の実務に従事した経験を有するものであること。 二　前号に掲げる者と同等以上の知識経験を有する者であること。
実技講習	床上操作式クレーンの運転 床上操作式クレーンの運転のための合図	一　大学等において機械工学に関する学科を修めて卒業した者で、その後一年以上床上操作式クレーンの運転の業務に従事した経験を有するものであること。 二　高等学校等において機械工学に関する学科を修めて卒業した者で、その後三年以上床上操作式クレーンの運転の業務に従事した経験を有するものであること。 三　床上操作式クレーン運転技能講習を修了した者で、その後五年以上床上操作式クレーンの運転の業務に従事した経験を有するものであること。 四　前三号に掲げる者と同等以上の知識経験を有する者であること。

十五　小型移動式クレーン運転技能講習

講習科目		条件
学科講習	小型移動式クレーンに関する知識	一　大学等において機械工学に関する学科を修めて卒業した者であること。 二　高等学校等において機械工学に関する学科を修めて卒業した者で、そ

		の後三年以上移動式クレーンの設計、製作、検査又は整備の業務に従事した経験を有するものであること。 三　前二号に掲げる者と同等以上の知識経験を有する者であること。
	原動機及び電気に関する知識	一　大学等において機械工学に関する学科を修めて卒業した者であること。 二　高等学校等において機械工学に関する学科を修めて卒業した者で、その後三年以上移動式クレーンの設計、製作、検査又は整備の業務に従事した経験を有するものであること。 三　前二号に掲げる者と同等以上の知識経験を有する者であること。
	小型移動式クレーンの運転のために必要な力学に関する知識	一　大学等において力学に関する学科を修めて卒業した者であること。 二　高等学校等において力学に関する学科を修めて卒業した者で、その後三年以上移動式クレーンの運転の業務に従事した経験を有するものであること。 三　前二号に掲げる者と同等以上の知識経験を有する者であること。
	関係法令	一　大学等を卒業した者で、その後一年以上安全の実務に従事した経験を有するものであること。 二　前号に掲げる者と同等以上の知識経験を有する者であること。
実技講習	小型移動式クレーンの運転 小型移動式クレーンの運転のための合図	一　大学等において機械工学に関する学科を修めて卒業した者で、その後一年以上移動式クレーンの運転の業務に従事した経験を有するものであること。 二　高等学校等において機械工学に関する学科を修めて卒業した者で、その後三年以上移動式クレーンの運転の業務に従事した経験を有するものであること。 三　小型移動式クレーン運転技能講習を修了した者で、その後五年以上小

	型移動式クレーンの運転の業務に従事した経験を有するものであること。 四　前三号に掲げる者と同等以上の知識経験を有する者であること。

十六　ガス溶接技能講習

講習科目		条件
学科講習	ガス溶接等の業務のために使用する設備の構造及び取扱いの方法に関する知識	一　大学等において工学に関する学科を修めて卒業した者であること。 二　高等学校等において工学に関する学科を修めて卒業した者で、その後三年以上ガス溶接等の業務に従事した経験を有するものであること。 三　前二号に掲げる者と同等以上の知識経験を有する者であること。
	ガス溶接等の業務のために使用する可燃性ガス及び酸素に関する知識	一　大学等において化学に関する学科を修めて卒業した者（当該学科を修めて専門職大学前期課程を修了した者を含む。）であること。 二　高等学校等において化学に関する学科を修めて卒業した者で、その後三年以上ガス溶接等の業務に従事した経験を有するものであること。 三　前二号に掲げる者と同等以上の知識経験を有する者であること。
	関係法令	一　大学等を卒業した者で、その後一年以上安全の実務に従事した経験を有するものであること。 二　前号に掲げる者と同等以上の知識経験を有する者であること。
実技講習	ガス溶接等の業務のために使用する設備の取扱い	一　大学等において工学に関する学科を修めて卒業した者で、その後一年以上ガス溶接等の業務に従事した経験を有するものであること。 二　高等学校等において工学に関する学科を修めて卒業した者で、その後三年以上ガス溶接等の業務に従事した経験を有するものであること。 三　ガス溶接技能講習を修了した者で、五年以上ガス溶接等の業務に従事

	した経験を有するものであること。 四　前三号に掲げる者と同等以上の知識経験を有する者であること。

十七　フォークリフト運転技能講習及びショベルローダー等運転技能講習

講習科目		条件
学科講習	走行に関する装置の構造及び取扱いの方法に関する知識	一　大学等において機械工学に関する学科を修めて卒業した者であること。 二　高等学校等において機械工学に関する学科を修めて卒業した者で、その後三年以上自動車の設計、製作、検査又は整備の業務に従事した経験を有するものであること。 三　前二号に掲げる者と同等以上の知識経験を有する者であること。
	荷役に関する装置の構造及び取扱いの方法に関する知識	一　大学等において機械工学に関する学科を修めて卒業した者であること。 二　高等学校等において機械工学に関する学科を修めて卒業した者で、その後三年以上フォークリフト又はショベルローダー等の設計、製作、検査又は整備の業務に従事した経験を有するものであること。 三　前二号に掲げる者と同等以上の知識経験を有する者であること。
	運転に必要な力学に関する知識	一　大学等において力学に関する学科を修めて卒業した者であること。 二　高等学校等において力学に関する学科を修めて卒業した者で、その後三年以上フォークリフト又はショベルローダー等の運転の業務に従事した経験を有するものであること。 三　前二号に掲げる者と同等以上の知識経験を有する者であること。
	関係法令	一　大学等を卒業した者で、その後一年以上安全の実務に従事した経験を有するものであること。 二　前号に掲げる者と同等以上の知識経験を有する者であること。

実技講習	走行の操作 荷役の操作	一　大学等において機械工学に関する学科を修めて卒業した者で、その後一年以上フォークリフト又はショベルローダー等の運転の業務に従事した経験を有するものであること。 二　高等学校等において機械工学に関する学科を修めて卒業した者で、その後三年以上フォークリフト又はショベルローダー等の運転の業務に従事した経験を有するものであること。 三　フォークリフト運転技能講習又はショベルローダー等運転技能講習を修了した者で、その後五年以上フォークリフト又はショベルローダー等の運転の業務に従事した経験を有するものであること。 四　前三号に掲げる者と同等以上の知識経験を有する者であること。

十八　車両系建設機械（整地・運搬・積込み用及び掘削用）運転技能講習及び車両系建設機械（解体用）運転技能講習

講習科目		条件
学科講習	走行に関する装置の構造及び取扱いの方法に関する知識	一　大学等において機械工学に関する学科を修めて卒業した者であること。 二　高等学校等において機械工学に関する学科を修めて卒業した者で、その後三年以上自動車の設計、製作、検査又は整備の業務に従事した経験を有するものであること。 三　前二号に掲げる者と同等以上の知識経験を有する者であること。
	作業に関する装置の構造、取扱い及び作業方法に関する知識	一　大学等において機械工学に関する学科を修めて卒業した者であること。 二　高等学校等において機械工学に関する学科を修めて卒業した者で、その後三年以上車両系建設機械（整地・運搬・積込み用及び掘削用）又は車両系建設機械（解体用）の設計、製作、検査又は整備の業務に従事した経験を有するものであること。

講習	科目	資格
		三　前二号に掲げる者と同等以上の知識経験を有する者であること。
	運転に必要な一般的事項に関する知識	一　大学等において土木に関する学科を修めて卒業した者（当該学科を修めて専門職大学前期課程を修了した者を含む。以下同じ。）であること。 二　高等学校等において土木に関する学科を修めて卒業した者で、その後三年以上車両系建設機械（整地・運搬・積込み用及び掘削用）又は車両系建設機械（解体用）の運転の業務に従事した経験を有するものであること。 三　前二号に掲げる者と同等以上の知識経験を有する者であること。
	関係法令	一　大学等を卒業した者で、その後一年以上安全の実務に従事した経験を有するものであること。 二　前号に掲げる者と同等以上の知識経験を有する者であること。
実技講習	走行の操作 作業のための装置の操作	一　大学等において機械工学に関する学科を修めて卒業した者で、その後一年以上車両系建設機械（整地・運搬・積込み用及び掘削用）又は車両系建設機械（解体用）の運転の業務に従事した経験を有するものであること。 二　高等学校等において機械工学に関する学科を修めて卒業した者で、その後三年以上車両系建設機械（整地・運搬・積込み用及び掘削用）又は車両系建設機械（解体用）の運転の業務に従事した経験を有するものであること。 三　車両系建設機械（整地・運搬・積込み用及び掘削用）運転技能講習又は車両系建設機械（解体用）運転技能講習を修了した者で、その後五年以上車両系建設機械（整地・運搬・積込み用及び掘削用）又は車両系建設機械（解体用）の運転の業務に従事した経験を有するものであること。

		四　前三号に掲げる者と同等以上の知識経験を有する者であること。

十九　車両系建設機械（基礎工事用）運転技能講習

講習科目		条件
学科講習	走行に関する装置の構造及び取扱いの方法に関する知識	一　大学等において機械工学に関する学科を修めて卒業した者であること。 二　高等学校等において機械工学に関する学科を修めて卒業した者で、その後三年以上自動車の設計、製作、検査又は整備の業務に従事した経験を有するものであること。 三　前二号に掲げる者と同等以上の知識経験を有する者であること。
	作業に関する装置の構造、取扱い及び作業方法に関する知識	一　大学等において機械工学に関する学科を修めて卒業した者であること。 二　高等学校等において機械工学に関する学科を修めて卒業した者で、その後三年以上車両系建設機械（基礎工事用）の設計、製作、検査又は整備の業務に従事した経験を有するものであること。 三　前二号に掲げる者と同等以上の知識経験を有する者であること。
	運転に必要な一般的事項に関する知識	一　大学等において土木に関する学科を修めて卒業した者であること。 二　高等学校等において土木に関する学科を修めて卒業した者で、その後三年以上車両系建設機械（基礎工事用）の運転の業務に従事した経験を有するものであること。 三　前二号に掲げる者と同等以上の知識経験を有する者であること。
	関係法令	一　大学等を卒業した者で、その後一年以上安全の実務に従事した経験を有するものであること。 二　前号に掲げる者と同等以上の知識経験を有する者であること。
実技	走行の操作	一　大学等において機械工学に関する学科を修めて卒業した者で、その後

講習	作業のための装置の操作及び合図	一　一年以上車両系建設機械（基礎工事用）の運転の業務に従事した経験を有するものであること。 二　高等学校等において機械工学に関する学科を修めて卒業した者で、その後三年以上車両系建設機械（基礎工事用）の運転の業務に従事した経験を有するものであること。 三　車両系建設機械（基礎工事用）運転技能講習を修了した者で、その後五年以上車両系建設機械（基礎工事用）の運転の業務に従事した経験を有するものであること。 四　前三号に掲げる者と同等以上の知識経験を有する者であること。

二十　不整地運搬車運転技能講習

講習科目		条件
学科講習	走行に関する装置の構造及び取扱いの方法に関する知識	一　大学等において機械工学に関する学科を修めて卒業した者であること。 二　高等学校等において機械工学に関する学科を修めて卒業した者で、その後三年以上自動車の設計、製作、検査又は整備の業務に従事した経験を有するものであること。 三　前二号に掲げる者と同等以上の知識経験を有する者であること。
	荷の運搬に関する知識	一　大学等において機械工学に関する学科を修めて卒業した者であること。 二　高等学校等において機械工学に関する学科を修めて卒業した者で、その後三年以上不整地運搬車の運転の業務に従事した経験を有するものであること。 三　前二号に掲げる者と同等以上の知識経験を有する者であること。
	運転に必要な力学に関する知識	一　大学等において力学に関する学科を修めて卒業した者であること。 二　高等学校等において力学に関する学科を修めて卒業した者で、その後

講習科目		条件
		三年以上不整地運搬車の運転の業務に従事した経験を有するものであること。 三　前二号に掲げる者と同等以上の知識経験を有する者であること。
	関係法令	一　大学等を卒業した者で、その後一年以上安全の実務に従事した経験を有するものであること。 二　前号に掲げる者と同等以上の知識経験を有する者であること。
実技講習	走行の操作 荷の運搬	一　大学等において機械工学に関する学科を修めて卒業した者で、その後一年以上不整地運搬車の運転の業務に従事した経験を有するものであること。 二　高等学校等において機械工学に関する学科を修めて卒業した者で、その後三年以上不整地運搬車の運転の業務に従事した経験を有するものであること。 三　不整地運搬車運転技能講習を修了した者で、その後五年以上不整地運搬車の運転の業務に従事した経験を有するものであること。 四　前三号に掲げる者と同等以上の知識経験を有する者であること。

二十一　高所作業車運転技能講習

講習科目		条件
学科講習	作業に関する装置の構造及び取扱いの方法に関する知識	一　大学等において機械工学に関する学科を修めて卒業した者であること。 二　高等学校等において機械工学に関する学科を修めて卒業した者で、その後三年以上高所作業車の設計、製作、検査又は整備の業務に従事した経験を有するものであること。 三　前二号に掲げる者と同等以上の知識経験を有する者であること。
	原動機に関する知識	一　大学等において機械工学に関する学科を修めて卒業した者であること。

	講習科目	条件
	識	二　高等学校等において機械工学に関する学科を修めて卒業した者で、その後三年以上自動車の設計、製作、検査又は整備の業務に従事した経験を有するものであること。 三　前二号に掲げる者と同等以上の知識経験を有する者であること。
	運転に必要な一般的事項に関する知識	一　大学等において力学及び電気に関する学科を修めて卒業した者（当該学科を修めて専門職大学前期課程を修了した者を含む。）であること。 二　高等学校等において力学に関する学科を修めて卒業した者で、その後三年以上高所作業車の運転の業務に従事した経験を有するものであること。 三　前二号に掲げる者と同等以上の知識経験を有する者であること。
	関係法令	一　大学等を卒業した者で、その後一年以上安全の実務に従事した経験を有するものであること。 二　前号に掲げる者と同等以上の知識経験を有する者であること。
実技講習	作業のための装置の操作	一　大学等において機械工学に関する学科を修めて卒業した者で、その後一年以上高所作業車の運転の業務に従事した経験を有するものであること。 二　高等学校等において機械工学に関する学科を修めて卒業した者で、その後三年以上高所作業車の運転の業務に従事した経験を有するものであること。 三　高所作業車運転技能講習を修了した者で、その後五年以上高所作業車の運転の業務に従事した経験を有するものであること。 四　前三号に掲げる者と同等以上の知識経験を有する者であること。

二十二　玉掛け技能講習

講習科目	条件

学科講習	クレーン、移動式クレーン、デリック及び揚貨装置（以下「クレーン等」という。）に関する知識	一　大学等において機械工学に関する学科を修めて卒業した者であること。 二　高等学校等において機械工学に関する学科を修めて卒業した者で、その後五年以上クレーン等の設計、製作又は検査の業務に従事した経験を有するものであること。 三　前二号に掲げる者と同等以上の知識経験を有する者であること。
	クレーン等の玉掛けに必要な力学に関する知識	一　大学等において力学に関する学科を修めて卒業した者であること。 二　高等学校等において力学に関する学科を修めて卒業した者で、その後三年以上クレーン等の玉掛け作業に従事した経験を有するものであること。 三　前二号に掲げる者と同等以上の知識経験を有する者であること。
	クレーン等の玉掛けの方法	一　大学等において力学に関する学科を修めて卒業した者で、その後二年以上クレーン等の玉掛け作業に従事した経験を有するものであること。 二　高等学校等において力学に関する学科を修めて卒業した者で、その後五年以上クレーン等の玉掛け作業に従事した経験を有するものであること。 三　玉掛け技能講習を修了した者で、十年以上クレーン等の玉掛け作業に従事した経験を有するものであること。 四　前三号に掲げる者と同等以上の知識経験を有する者であること。
	関係法令	一　大学等を卒業した者で、その後一年以上安全の実務に従事した経験を有するものであること。 二　前号に掲げる者と同等以上の知識経験を有する者であること。
実技講習	クレーン等の玉掛け	一　大学等において力学に関する学科を修めて卒業した者で、その後二年以上クレーン等の玉掛け作業に従事した経験を有するものであること。 二　高等学校等において力学に関する学科を修めて卒業した者で、その後

クレーン等の運転のための合図	五年以上クレーン等の玉掛け作業に従事した経験を有するものであること。 三　玉掛け技能講習を修了した者で、十年以上クレーン等の玉掛け作業に従事した経験を有するものであること。 四　前三号に掲げる者と同等以上の知識経験を有する者であること。

二十三　ボイラー取扱技能講習

講習科目		条件
学科講習	ボイラーの構造に関する知識 ボイラーの取扱いに関する知識 点火及び燃焼に関する知識	一　大学等において機械工学に関する学科を修めて卒業した者で、その後三年以上ボイラーの設計、製作、検査又は取扱いの業務に従事した経験を有するものであること。 二　前号に掲げる者と同等以上の知識経験を有する者であること。
	点検及び異常時の処置に関する知識 関係法令	一　大学等を卒業した者で、その後一年以上安全の実務に従事した経験を有するものであること。 二　前号に掲げる者と同等以上の知識経験を有する者であること。

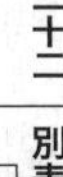
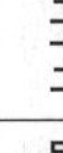
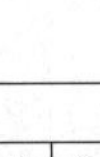

別表第二十一（第七十七条関係）

教習	条件
揚貨装置運転実技教習	一　揚貨装置運転実技教習に係る免許を有する者で、五年以上揚貨装置の運転の業務に従事した経験を有するものであること。 二　前号に掲げる者と同等以上の知識経験を有する者であること。
クレーン運転実技教習 移動式クレーン運転実技教習	一　クレーン運転実技教習又は移動式クレーン運転実技教習に係る免許を有する者で、八年以上クレーン又は移動式クレーンの運転の業務に従事した経験を有するものであること。 二　前号に掲げる者と同等以上の知識経験を有する者であること。

別表第二十二（第七十七条関係）

教習	条件
揚貨装置運転実技教習 クレーン運転実技教習 移動式クレーン運転実技教習	一　五年以上揚貨装置、クレーン又は移動式クレーンの運転の業務を管理し、又は監督する者としての地位にあつたものであること。 二　前号に掲げる者と同等以上の知識経験を有する者であること。

労働安全衛生法施行令

制定　昭和四七・八・一九　政令第三一八号
最終改正　令和五・九・六　政令第二七六号

施行令

定義

（定義）

第一条　この政令において、次の各号に掲げる用語の意義は、当該各号に定めるところによる。

一　アセチレン溶接装置　アセチレン発生器、安全器、導管、吹管等により構成され、溶解アセチレン以外のアセチレン及び酸素を使用して、金属を溶接し、溶断し、又は加熱する設備をいう。

二　ガス集合溶接装置　ガス集合装置（十以上の可燃性ガス（別表第一第五号に掲げる可燃性のガスをいう。以下同じ。）の容器を導管により連結した装置又は九以下の可燃性ガスの容器を導管により連結した装置で、当該容器の内容積の合計が水素若しくは溶解アセチレンの容器にあつては四百リットル以上、その他の可燃性ガスの容器にあつては千リットル以上のものをいう。）、安全器、圧力調整器、導管、吹管等により構成され、可燃性ガス及び酸素を使用して、金属を溶接し、溶断し、又は加熱する設備をいう。

三　ボイラー　蒸気ボイラー及び温水ボイラーのうち、次に掲げるボイラー以外のものをいう。
イ　ゲージ圧力〇・一メガパスカル以下で使用する蒸気ボイラーで、厚生労働省令で定めるところにより算定した伝熱面積（以下「伝熱面積」という。）が〇・五平方メートル以下のもの又は胴の内径が二百ミリメートル以下で、かつ、その長さが四百ミリメートル以下のもの
ロ　ゲージ圧力〇・三メガパスカル以下で使用する蒸気ボイラーで、内容積が〇・〇〇〇三立方メートル以下のもの
ハ　伝熱面積が二平方メートル以下の蒸気ボイラーで、大気に開放した内径が二十五ミリメートル以上の蒸気管を取り付けたもの又はゲージ圧力〇・〇五メガパスカル以下で、かつ、内径が二十五ミリメートル以上のU形立管を蒸気部に取り付けたもの
ニ　ゲージ圧力〇・一メガパスカル以下の温水ボイラーで、伝熱面積が四平方メートル以下（木質バイオマス温水ボイラー（動植物に由来する有機物でエネルギー源として利用することができるもの（原油、石油ガス、可燃性天然ガス及び石炭並びにこれらから製造される製品を除く。）のうち木竹に由来するものを燃料とする温水ボイラーをいう。ホにおいて同じ。）にあつては、十六平方メートル以下）のもの
ホ　ゲージ圧力〇・六メガパスカル以下で、かつ、摂氏百度以下で使用する木質バイオマス温水ボイラーで、伝熱面積が三十二平方メートル以下のもの
ヘ　ゲージ圧力一メガパスカル以下で使用する貫流ボイラー（管寄せの内径が百五十ミリメートルを超える多管式のものを除く。）で、伝熱面積が五平方メートル以下のもの（気水分離器を有するものにあつては、当該気水分離器の内径が二百ミリメートル以下で、かつ、その

内容積が〇・〇二立方メートル以下のものに限る。）

ト　内容積が〇・〇〇四立方メートル以下の貫流ボイラー（管寄せ及び気水分離器のいずれをも有しないものに限る。）で、その使用する最高のゲージ圧力をメガパスカルで表した数値と内容積を立方メートルで表した数値との積が〇・〇二以下のもの

四　小型ボイラー　ボイラーのうち、次に掲げるボイラーをいう。

イ　ゲージ圧力〇・一メガパスカル以下で使用する蒸気ボイラーで、伝熱面積が一平方メートル以下のもの又は胴の内径が三百ミリメートル以下で、かつ、その長さが六百ミリメートル以下のもの

ロ　伝熱面積が三・五平方メートル以下の蒸気ボイラーで、大気に開放した内径が二十五ミリメートル以上の蒸気管を取り付けたもの又はゲージ圧力〇・〇五メガパスカル以下で、かつ、内径が二十五ミリメートル以上のU形立管を蒸気部に取り付けたもの

ハ　ゲージ圧力〇・一メガパスカル以下の温水ボイラーで、伝熱面積が八平方メートル以下のもの

ニ　ゲージ圧力〇・二メガパスカル以下の温水ボイラーで、伝熱面積が二平方メートル以下のもの

ホ　ゲージ圧力一メガパスカル以下で使用する貫流ボイラー（管寄せの内径が百五十ミリメートルを超える多管式のものを除く。）で、伝熱面積が十平方メートル以下のもの（気水分離器を有するものにあつては、当該気水分離器の内径が三百ミリメートル以下で、かつ、その内容積が〇・〇七立方メートル以下のものに限る。）

五　第一種圧力容器　次に掲げる容器（ゲージ圧力〇・一メガパスカル以下で使用する容器で、内容積が〇・〇四立方メートル以下のもの又は胴の内径が二百ミリメートル以下で、かつ、その長さが千ミリメートル以下のもの及びその使用する最高のゲージ圧力をメガパスカルで表した数値と内容積を立方メートルで表した数値との積が〇・〇〇四以下の容器を除く。）をいう。

イ　蒸気その他の熱媒を受け入れ、又は蒸気を発生させて固体又は液体を加熱する容器で、容器内の圧力が大気圧を超えるもの（ロ又はハに掲げる容器を除く。）

ロ　容器内における化学反応、原子核反応その他の反応によつて蒸気が発生する容器で、容器内の圧力が大気圧を超えるもの

ハ　容器内の液体の成分を分離するため、当該液体を加熱し、その蒸気を発生させる容器で、容器内の圧力が大気圧を超えるもの

ニ　イからハまでに掲げる容器のほか、大気圧における沸点を超える温度の液体をその内部に保有する容器

六　小型圧力容器　第一種圧力容器のうち、次に掲げる容器をいう。

イ　ゲージ圧力〇・一メガパスカル以下で使用する容器で、内容積が〇・二立方メートル以下のもの又は胴の内径が五百ミリメートル以下で、かつ、その長さが千ミリメートル以下のもの

ロ　その使用する最高のゲージ圧力をメガパスカルで表した数値と内容積を立方メートルで表した数値との積が〇・〇二以下の容器

七　第二種圧力容器　ゲージ圧力〇・二メガパスカル以上の気体をその内部に保有する容器（第一種圧力容器を除く。）のうち、次に掲げる容器をいう。

イ　内容積が〇・〇四立方メートル以上の容器

ロ　胴の内径が二百ミリメートル以上で、かつ、その長さが千ミリメートル以上の容器

八　移動式クレーン　原動機を内蔵し、かつ、不特定の場所に移動させることができるクレーンをいう。

九　簡易リフト　エレベーター（労働基準法（昭和二十二年法律第四十九号）別表第一第一号から第五号までに掲げる事業の事業場に設置されるものに限るものとし、せり上げ装置、船舶安全法（昭和八年法律第十一号）の適用を受ける船舶に用いられるもの及び主として一般公衆の用に供されるものを除く。以下同じ。）のうち、荷のみを運搬することを目的とするエレベーターで、搬器の床面積が一平方メートル以下又はその天井の高さが一・二メートル以下のもの（次号の建設用リフトを除く。）をいう。

十　建設用リフト　荷のみを運搬することを目的とするエレベーターで、土木、建築等の工事の作業に使用されるもの（ガイドレールと水平面との角度が八十度未満のスキップホイストを除く。）をいう。

十一　ゴンドラ　つり足場及び昇降装置その他の装置並びにこれらに附属する物により構成され、当該つり足場の作業床が専用の昇降装置により上昇し、又は下降する設備をいう。

○通達

1　本条〔現行＝令第一条第一号〕の酸素には、空気をも含む趣旨であること。

2　溶解アセチレンとは、アセトンを含んだ多孔性物質（石綿、珪藻土等）の填充された鋼製円墻容器内にアセチレンを注入したものをいうこと。

（昭二三・五・一一　基発第七三七号）

第二項、第三項、第五項第一号及び第八項第一号（現行＝令第一条第五号イ）の「熱媒」とは水銀、ダウサム油等熱の媒体となるものをいうものであること。

（昭三四・二・一九　基発第一〇二号）

1　第一号（現行＝令第一条第一一号）の「つり足場」とは、建設物、船舶等の高所部に対する清掃、塗装、溶接等の作業を行なう場合に労働者を作業箇所に接近させて作業をさせるために設ける作業床及びこれをつり下げるワイヤーロープ、チェーン、鋼棒等の支持物により構成されるものをいうこと。

2　第二号（現行＝令第一条第一一号）の「その他の装置」とは、走行装置、走行レール等をいうこと。

3　第一号（現行＝令第一条第一一号）の「これらに附属する物」とは、アーム、ライフライン、緊結金具等をいうこと。

4　第一号（現行＝令第一条第一一号）の「専用の昇降装置」とは、当該昇降装置が作業床の昇降のみに使用されるものであることをいうこと。

（昭四四・一〇・二三　基発第七〇六号）

1　「原動機を内蔵し」（第八号）とは、原動機が機体に組み込まれ、または台車、台船等に取りつけられていることをいうこと。

2　「不特定の場所に移動させることができる」（第八号）とは、当該機械装置自体を陸上または水上の任意の場所に移動させることができることをいうこと。なお、鉄道クレーンは、この方式によるクレーンとして取り扱うこと。

（昭四六・九・七　基発第六二一号）

1　第二号の「容器」には、常時、支柱等によって固定され、地盤面に対して移動することができない貯槽、タンク等は、含まれないこと。

2　第三号の「蒸気ボイラー」とは、火気、燃焼ガス、その他の高温ガス（以下「燃焼ガス等」という）または電気により、水または熱媒を加熱して、大気圧をこえる圧力の蒸気を発生させてこれを他に供給する装置ならびにこれに附設された加熱器および節炭器をいうものであること。

3　第三号の「温水ボイラー」とは、燃焼ガス等または電気により、圧力を有する水または熱媒を加熱してこれを他に供給する装置をいうものであること。

4　第八号の移動式クレーンには、フォークリフト、揚貨装置およびストラドルキャリヤーは含まれないこと。

5　第八号中の「クレーン」とは、荷を動力を用いてつり上げ、およびこれを水平に運搬することを目的とする機械装置をいうこと。クレーンには、揚貨装置および機械集材装置は含まないこと。

6　第九号中の「エレベーター」とは、人および荷（人または荷のみの場合を含む。）をガイドレールに沿って昇降する搬器にのせて、動力を用いて運搬することを目的とする機械装置をいうこと。

7　第九号中の「主として一般公衆の用に供されるもの」とは、例えば、駅ビルに設けられるエレベーターで、もっぱら荷または作業員以外の者に供されているものをいうこと。

（昭四七・九・一八　基発第六〇二号）

総括安全衛生管理者を選任すべき事業場

（総括安全衛生管理者を選任すべき事業場）

第二条　労働安全衛生法（以下「法」という。）第十条第一項の政令で定める規模の事業場は、次の各号に掲げる業種の区分に応じ、常時当該各号に掲げる数以上の労働者を使用する事業場とする。

一　林業、鉱業、建設業、運送業及び清掃業　百人

二　製造業（物の加工業を含む。）、電気業、ガス業、熱供給業、水道業、通信業、各種商品卸売業、家具・建具・じゆう器等卸売業、各種商品小売業、家具・建具・じゆう器小売業、燃料小売業、旅館業、ゴルフ場業、自動車整備業及び機械修理業　三百人

三　その他の業種　千人

○通達

(1) 本条で「常時当該各号に掲げる数以上の労働者を使用する」とは、日雇労働者、パートタイマー等の臨時的労働者の数を含めて、常態として使用する労働者の数が本条各号に掲げる数以上であることをいうものであること。

(2) 第二号の「物の加工業」に属する事業は、給食の事業が含まれるものであること。

(3) 給食の事業のうち、学校附設の給食場についての事業場の単位としては、一の教育委員会の管轄下の給食場をまとめて一の事業場として取り扱うこと。

（昭四七・九・一八　基発第六〇二号）

安全管理者を選任すべき事業場

（安全管理者を選任すべき事業場）

第三条　法第十一条第一項の政令で定める業種及び規模の事業場は、前条第一号又は第二号に掲げる業種の事業場で、常時五十人以上の労働者を使用するものとする。

衛生管理者を選任すべき事業場

（衛生管理者を選任すべき事業場）

第四条　法第十二条第一項の政令で定める規模の事業場は、常時五十人以上の労働者を使用する事業場とする。

産業医を選任すべき事業場

（産業医を選任すべき事業場）

第五条　法第十三条第一項の政令で定める規模の事業場は、常時五十人以上の労働者を使用する事業場とする。

作業主任者を

（作業主任者を選任すべき作業）

業

選任すべき作

第六条　法第十四条の政令で定める作業は、次のとおりとする。

一　高圧室内作業（潜函工法その他の圧気工法により、大気圧を超える気圧下の作業室又はシャフトの内部において行う作業に限る。）

二　アセチレン溶接装置又はガス集合溶接装置を用いて行う金属の溶接、溶断又は加熱の作業

三　次のいずれかに該当する機械集材装置（集材機、架線、搬器、支柱及びこれらに附属する物により構成され、動力を用いて、原木又は薪炭材を巻き上げ、かつ、空中において運搬する設備をいう。）若しくは運材索道（架線、搬器、支柱及びこれらに附属する物により構成され、原木又は薪炭材を一定の区間空中において運搬する設備をいう。）の組立て、解体、変更若しくは修理の作業又はこれらの設備による集材若しくは運材の作業

イ　原動機の定格出力が七・五キロワットを超えるもの

ロ　支間の斜距離の合計が三百五十メートル以上のもの

ハ　最大使用荷重が二百キログラム以上のもの

四　ボイラー（小型ボイラーを除く。）の取扱いの作業

五　別表第二第一号又は第三号に掲げる放射線業務に係る作業（医療用又は波高値による定格管電圧が千キロボルト以上のエックス線を発生させる装置（同表第二号の装置を除く。以下「エックス線装置」という。）を使用するものを除く。）

五の二　ガンマ線照射装置を用いて行う透過写真の撮影の作業

六　木材加工用機械（丸のこ盤、帯のこ盤、かんな盤、面取り盤及びルーターに限るものとし、携帯用のものを除く。）を五台以上（当該機械のうちに自動送材車式帯のこ盤が含まれている

場合には、三台以上）有する事業場において行う当該機械による作業
七　動力により駆動されるプレス機械を五台以上有する事業場において行う当該機械による作業
八　次に掲げる設備による物の加熱乾燥の作業
イ　乾燥設備（熱源を用いて火薬類取締法（昭和二十五年法律第百四十九号）第二条第一項に規定する火薬類以外の物を加熱乾燥する乾燥室及び乾燥器をいう。以下同じ。）のうち、危険物等（別表第一に掲げる危険物及びこれらの危険物が発生する乾燥物をいう。）に係る設備で、内容積が一立方メートル以上のもの
ロ　乾燥設備のうち、イの危険物等以外の物に係る設備で、熱源として燃料を使用するもの（その最大消費量が、固体燃料にあつては毎時十キログラム以上、液体燃料にあつては毎時十リットル以上、気体燃料にあつては毎時一立方メートル以上であるものに限る。）又は熱源として電力を使用するもの（定格消費電力が十キロワット以上のものに限る。）
八の二　コンクリート破砕器を用いて行う破砕の作業
九　掘削面の高さが二メートル以上となる地山の掘削（ずい道及びたて坑以外の坑の掘削を除く。）の作業（第十一号に掲げる作業を除く。）
十　土止め支保工の切りばり又は腹起こしの取付け又は取り外しの作業
十の二　ずい道等（ずい道及びたて坑以外の坑（採石法（昭和二十五年法律第二百九十一号）第二条に規定する岩石の採取のためのものを除く。）をいう。以下同じ。）の掘削の作業（掘削用機械を用いて行う掘削の作業のうち労働者が切羽に近接することなく行うものを除く。）又はこれに伴うずり積み、ずい道支保工（ずい道等における落盤、肌落ち等を防止するための支保

施行令

工をいう。）の組立て、ロックボルトの取付け若しくはコンクリート等の吹付けの作業

十の三　ずい道等の覆工（ずい道型枠支保工（ずい道等におけるアーチコンクリート及び側壁コンクリートの打設に用いる型枠並びにこれを支持するための支柱、はり、つなぎ、筋かい等の部材により構成される仮設の設備をいう。）の組立て、移動若しくは解体又は当該組立て若しくは移動に伴うコンクリートの打設をいう。）の作業

十一　掘削面の高さが二メートル以上となる採石法第二条に規定する岩石の採取のための掘削の作業

十二　高さが二メートル以上のはい（倉庫、上屋又は土場に積み重ねられた荷（小麦、大豆、鉱石等のばら物の荷を除く。）の集団をいう。）のはい付け又ははい崩しの作業（荷役機械の運転者のみによつて行われるものを除く。）

十三　船舶に荷を積み、船舶から荷を卸し、又は船舶において荷を移動させる作業（総トン数五百トン未満の船舶（船員室の新設、増設又は拡大により総トン数が五百トン未満から五百トン以上となつたもの（五百十トン未満のものに限る。）のうち厚生労働省令で定めるものを含む。）において揚貨装置を用いないで行うものを除く。）

十四　型枠支保工（支柱、はり、つなぎ、筋かい等の部材により構成され、建設物におけるスラブ、桁等のコンクリートの打設に用いる型枠を支持する仮設の設備をいう。以下同じ。）の組立て又は解体の作業

十五　つり足場（ゴンドラのつり足場を除く。以下同じ。）、張出し足場又は高さが五メートル以上の構造の足場の組立て、解体又は変更の作業

十五の二　建築物の骨組み又は塔であつて、金属製の部材により構成されるもの（その高さが五メートル以上であるものに限る。）の組立て、解体又は変更の作業

十五の三　橋梁の上部構造であつて、金属製の部材により構成されるもの（その高さが五メートル以上であるもの又は当該上部構造のうち橋梁の支間が三十メートル以上である部分に限る。）の架設、解体又は変更の作業

十五の四　建築基準法施行令（昭和二十五年政令第三百三十八号）第二条第一項第七号に規定する軒の高さが五メートル以上の木造建築物の構造部材の組立て又はこれに伴う屋根下地若しくは外壁下地の取付けの作業

十五の五　コンクリート造の工作物（その高さが五メートル以上であるものに限る。）の解体又は破壊の作業

十六　橋梁の上部構造であつて、コンクリート造のもの（その高さが五メートル以上であるもの又は当該上部構造のうち橋梁の支間が三十メートル以上である部分に限る。）の架設又は変更の作業

十七　第一種圧力容器（小型圧力容器及び次に掲げる容器を除く。）の取扱いの作業

イ　第一条第五号イに掲げる容器で、内容積が五立方メートル以下のもの

ロ　第一条第五号ロからニまでに掲げる容器で、内容積が一立方メートル以下のもの

十八　別表第三に掲げる特定化学物質を製造し、又は取り扱う作業（試験研究のため取り扱う作業及び同表第二号3の3、11の2、13の2、15、15の2、18の2から18の4まで、19の2から19の4まで、22の2から22の5まで、23の2、33の2若しくは34の3に掲げる物又は同号37に

掲げる物で同号3の3、11の2、13の2、15、15の2、18の2から18の4まで、19の2から19の4まで、22の2から22の5まで、23の2、33の2若しくは34の3に係るものを製造し、又は取り扱う作業で厚生労働省令で定めるものを除く。）

十九　別表第四第一号から第十号までに掲げる鉛業務（遠隔操作によつて行う隔離室におけるものを除く。）に係る作業

二十　別表第五第一号から第六号まで又は第八号に掲げる四アルキル鉛等業務（遠隔操作によつて行う隔離室におけるものを除くものとし、同表第六号に掲げる業務にあつては、ドラム缶その他の容器の積卸しの業務に限る。）に係る作業

二十一　別表第六に掲げる酸素欠乏危険場所における作業

二十二　屋内作業場又はタンク、船倉若しくは坑の内部その他の厚生労働省令で定める場所において別表第六の二に掲げる有機溶剤（当該有機溶剤と当該有機溶剤以外の物との混合物で、当該有機溶剤を当該混合物の重量の五パーセントを超えて含有するものを含む。第二十一条第十号及び第二十二条第一項第六号において同じ。）を製造し、又は取り扱う業務で、厚生労働省令で定めるものに係る作業

二十三　石綿若しくは石綿をその重量の〇・一パーセントを超えて含有する製剤その他の物（以下「石綿等」という。）を取り扱う作業（試験研究のため取り扱う作業を除く。）又は石綿等を試験研究のため製造する作業若しくは第十六条第一項第四号イからハまでに掲げる石綿で同号の厚生労働省令で定めるもの若しくはこれらの石綿をその重量の〇・一パーセントを超えて含有する製剤その他の物（以下「石綿分析用試料等」という。）を製造する作業

○通達

1 「潜函工法」とは、水底又は地下水面下の湧水地層中に建設物を構築する等の場合に利用される工法で、コンクリート等で作業室を構築し、作業室内に圧縮空気を送気して作業室内部の水を排除し、作業室内の土砂を掘削しつつこれを沈めるものである。その主な構造は作業室、気閘室及びシャフト（竪管）から成る。

2 「圧気シールド工法」とは、ずい道掘削等に利用される工法で、湧水の多い場合にその掘進先端に所謂シールドを装入し、これに圧縮空気を送気して内部の湧水を押えて掘進する工法である。

3 「その他の圧気工法」とは、例えば、ずい道掘削に利用される工法等をいい、圧気シールド工法と類似するが、シールドを使用しないで、圧縮空気を送気して行う種類のものをいう。

4 「シャフトにおいて行う業務」とは、通常の作業状態では、この業務はないが、修理等のため、シャフトで業務を行う場合も含まれる趣旨を明らかにしたものである。

（昭三六・四・二二　基発第三六八号）

1 第一号は、旧高気圧障害防止規則第一条第一号に定められていた「高圧室内業務」と同様のものをいうものであること。

2 第四号の「ボイラーの取扱いの作業」とは、ボイラーへの燃料の送給、給水、吹出し等ボイラーの機能に直接関連する作業をいい、燃料の運搬、灰出し等の作業は含まない趣旨であること。

3 第五号は、旧電離放射線障害防止規則第五六条に定められていた「エックス線作業主任者」を選任すべき作業と同様のものをいうものであること。

4 第六号の「木材加工用機械」とは、製材用、合板用および木工用の機械をいい、自動送り装置を有するものを含むものであること。

5 第六号の「携帯用のもの」とは、人力で携帯できるもので、かつ、使用の際手で当該機械を保持するものをいうこと。

6 第六号および第七号の「五台以上有する事業場」の台数の計算については、使用を休止中のものは含まれるが、倉庫に保管されているもの等のように直ちには使用できない状態にあるものは含まれないこと。

施行令

7　第七号の「プレス機械」とは、曲げ、打抜き、絞り等の金型を介して原材料を曲げ、せん断、その他の成型をする機械のうち、労働安全衛生規則第一四七条の適用を受ける次のような機械を除いたものをいうこと。

イ　印刷用平圧印刷機、筋つけ機、折目つけ機、紙型取り機およびこれに類する機械
ロ　ゴム、皮革又は紙製品用の型付け機および型打ち機
ハ　鍛造プレス、ハンマー、ブルドーザー（重圧曲げ機械）およびアプセッター（横型ボルト・ナット鍛造機械）
ニ　鋳型造形機および鋳型用の中子を作るために砂を加圧する機械
ホ　圧縮空気、水圧又は蒸気を利用し、特殊なダイスを通して軟質金属、陶磁器、黒鉛、プラスチック、ゴム、マカロニ等の物質を押し出す押し出し機
ヘ　れんが、建築用ブロック、排水管、下水管、タイルその他の陶磁器製品の製造に使用する金型を有しない加圧成型機械
ト　梱包プレス
チ　衣服プレス
リ　搾り出し機
ヌ　射出成型機、圧縮成型機及びダイ鋳造機

8　第八号について
①　第八号の「加熱乾燥」とは、加熱することにより、乾燥物から水分、溶剤等を除去することをいうこと。
②　イの「火薬類取締法第二条第一項に規定する火薬類」とは、火薬、爆薬または火工品をいうが、これらのうち、爆薬の用途に使用されないトリニトロベンゼン、トリニトロトルエンその他のニトロ基を三以上含むその他のニトロ化合物は、含まないこと。
③　ロの「熱源として燃料を使用するもの」とは、乾燥設備で、その熱源として、燃料の燃焼熱を直接利用するものをいい、ボイラーにより発生させた蒸気、金属溶解炉の廃ガス等を熱源として使用するものは、これに含まれないこと。
④　ロの「熱源として電力を使用するもの」とは、乾燥設備で、その熱源として電熱線装置、赤外線装置

等を用いるものをいうこと。

⑤ ロの「熱源として燃料を使用するもの」の燃料の「最大消費量」は、定格消費熱量が表示されている乾燥設備については、次の表に掲げる燃料の発熱量（高発熱量）から当該乾燥設備の燃料の最大消費量を算定すること。

	名称	高発熱量
固体燃料	無煙炭	4,500 ～ 7,500(Kcal/kg)
	れき青炭	4,500 ～ 7,500
	亜炭	3,000 ～ 4,500
	コークス	6,000 ～ 7,000
	薪炭	3,000 ～ 4,000
	練炭	3,500 ～ 5,000
液体燃料	灯油	10,500 ～ 11,000(Kcal/kg)
	軽油	10,000 ～ 11,000
	重油	10,000 ～ 10,500
気体燃料	石炭ガス	5,000 ～ 7,000(Kcal/Nm³)
	発生炉ガス	950 ～ 1,300
	高炉ガス	900 ～ 1,000
	天然ガス	7,500 ～ 10,000
	プロパン	24,300
	ブタン	30,700 ～ 31,500

(注) この表において、液体燃料の温度15℃における比重は、次のとおりである。

灯油　0.78 ～ 0.83

軽油　0.83 ～ 0.88

重油　0.87 ～ 0.95

9 第九号の「ずい道及びたて坑以外の坑」には、作業坑、地下発電所のための坑、物品貯蔵のための坑、大発破のための坑等であつてたて坑以外のものが含まれること。

10 第一一号の「採石法第二条に規定する岩石」とは、花こう岩、せん緑岩、はんれい岩、かんらん岩、ひん岩、輝緑岩、粗面岩、安山岩、玄武岩、れき岩、砂岩、けつ岩、粘板岩、凝灰岩、片麻岩、じゃ紋岩、結晶片岩、ベントナイト、酸性白土、けいそう土、陶石、雲母およびひる石をいうが、墓石、記念碑等雑用岩石、観賞用岩石といわれるものも一般に採石法第二条に規定する岩石に含まれること。

なお、自然状態にあるもので、直径が三〇センチメートル以下である場合は、玉石または砂利であり、岩石とはみなされないこと。

11　第一三号の「船舶」には、はしけを含む趣旨であること。

12　第一四号の「型わく支保工」には、建築物の柱および壁、橋脚、ずい道のアーチおよび側壁等のコンクリートの打設に用いるものは含まれない趣旨であること。

13　第一五号の「足場」とは、いわゆる本足場、一側足場、つり足場、張出し足場、脚立足場等のごとく建設物、船舶等の高所部に対する塗装、鋲打、部材の取りつけまたは取りはずし等の作業において、労働者を作業箇所に接近させて作業させるために設ける仮設の作業床およびこれを支持する仮設物をいい、資材等の運搬または集積を主目的として設けるさん橋またはステージング、コンクリート打設のためのサポート等は該当しない趣旨であること。

14　第一七号の「第一種圧力容器の取り扱いの作業」とは、ふた板の開閉、給排気、内容物の排出等第一種圧力容器の機能に直接関連する作業をいうものであること。

15　第一九号は、旧鉛中毒予防規則第三一条に定められていた「鉛作業主任者」を選任すべき作業とほぼ同様なもので、新たにこれに－①鉛快削鋼を製造する工程における鉛の鋳込みの業務（第五号関係）、②鉛ライニングの仕上げの業務（第七号関係）－を追加したものをいうものであること。

16　第二〇号は、旧四アルキル鉛中毒予防規則第一三条に定められていた「四アルキル鉛等作業主任者」を選任すべき作業と同様なものをいうものであること。

17　第二一号は、旧酸素欠乏症防止規則第一一条に定められていた「酸素欠乏危険作業主任者」を選任すべき作業と同様なものをいうものであること。

なお、別表第六のうち、第三号（暗きょ、マンホールの内部）および第八号（醸造槽等の内部）については実態に即し明確にされたものであること。

（昭四七・九・一八　基発第六〇二号）

1　第五号の二の「透過写真の撮影の作業」は、透過写真の撮影に当たり当然必要とされる作業をいうが、出張して透過写真の撮影を行う場合におけるガンマ線照射装置の運搬の作業は含まれないものであること。

2　第五号の二に掲げる作業の作業主任者と放射性同位元素等による放射線障害の防止に関する法律（昭和

三二年法律第一六七号）により選任される放射線取扱主任者との関係については、後者は事業所に最低一人おかれれば足りることから、前者は後者の包括的な監督下にあることが一般に予想されるものであること。なお、このような性格を有する放射線取扱主任者については、たとえば事業者が機械等の定期自主検査等の場合にその意見を尊重することは、法の趣旨にも合致するものであること。

3　第八号の二の「コンクリート破砕器」とは、クロム酸鉛等を主成分とする火薬を充てんした薬筒と点火具からなる火工品であって、コンクリート建設物、岩盤等の破砕に使用されるものをいうこと。

4　第八号の二に掲げる作業は、第二〇条第一号の業務に該当しないものであること。

5　今回の第一八号の改正は、新たに、第三類物質を製造する作業並びに第一類、第二類及び第三類物質を取り扱う作業を加えたものであること。

6　第一八号の特定化学物質等を「取り扱う作業」には、次のような、特定化学物質等のガス、蒸気、粉じん等に労働者の身体がばくろされるおそれがない作業は含まれないものであること。

イ　隔離された室内において、リモートコントロール等により監視又はコントロールを行う作業

ロ　亜硫酸ガス、一酸化炭素等を排煙脱硫装置等により処理する作業のうち、当該装置からのろう洩物によりばくろされるおそれがないもの

ハ　石綿を建築物内外装工事に使用する場合等であって、石綿成形品の張付け等発じんのおそれのない作業

7　第一八号の「試験研究のため取り扱う作業」は、一般に、取り扱う特定化学物質等の量が少ないこと、特定化学物質等についての知識を有する者によって取り扱われていること等にかんがみ、作業主任者を選任すべき作業から除外したものであること。

なお、「試験研究」には、分析作業（作業環境測定又は計量のため日常的に行うものを含む。）が含まれること。

（昭五〇・二・二四　基発第一一〇号）

〔第一五号の二及び第一五号の三について〕

1　「建築物」とは建築基準法（昭和二五年法律第二〇一号）第二条第一号に掲げる建築物のうち、同条第

三号に掲げる建築設備を除くものをいうものであること。

2 「橋梁」とは、河川、道路等を横切りその下方に空間を存して建設された通路及びこれを支持する構造物をいい、高速道路等の高架橋が含まれるものであること。

3 「橋梁の上部構造」とは、橋台、橋脚等に支持され、交通物を直接支えている構造部分をいい、橋梁の主な種類ごとには、下図に示すとおりであること。〈次頁に掲載〉

4 「塔」とは、建築物以外の建造物であって、幅に比して高さが著しく高いものをいい、典型的には送・受信用の鉄塔、無線送・受信用の鉄塔等があること。

また、建設用リフト、クレーン、化学プラント等の各種機械設備又は装置は含まない趣旨であること。

5 「高さ」とは、鉄骨等の金属製の部材により構成されるものそのものの高さをいい、地上等からの高さをいうものではないこと。

また、その高さが5m以上となる予定のものについては、5m未満であるときにも作業主任者の選任が必要であることはいうまでもないこと。ただし、建築物等が建設される場所において行われる作業に限るものとすること。

（昭五三・二・一〇　基発第七七号）

1 鋼橋架設等作業主任者（第六条第一五号の三関係）

「橋梁の上部構造であって、金属製の部材により構成されるものの架設の作業」とは、建設現場において個々の部材又は部材によって構成されるものをボルト、溶接等により所定の位置に、所定の形状に組み立てていく作業のほか、すでに地上等において組み立てられた橋げた等をクレーン等を用いて所定の箇所に据付ける作業、橋げたの横取り作業、扛上・降下作業（ジャッキ等を用いて橋げたを持ち上げ、また、降下させる作業）を含むものであること。

2 コンクリート橋架設等作業主任者（第六条第一五号の六（現行＝第一六号）関係）

(1) 「橋梁の上部構造であって、コンクリート造のもの」には、鉄筋コンクリート橋、プレストレストコンクリート橋等があること。

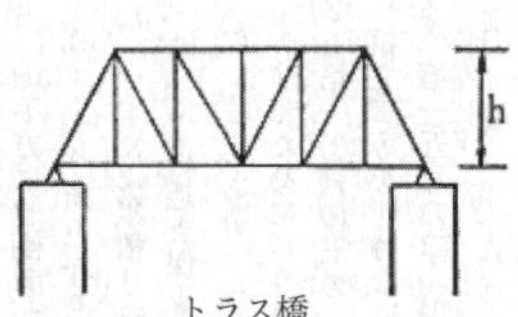

トラス橋

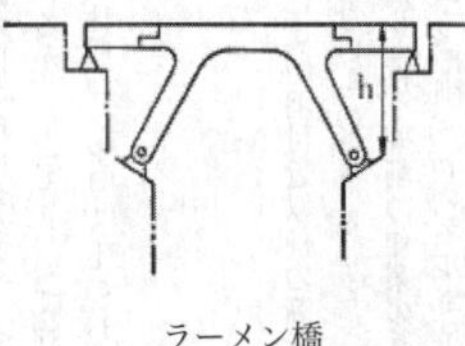

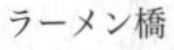

ラーメン橋

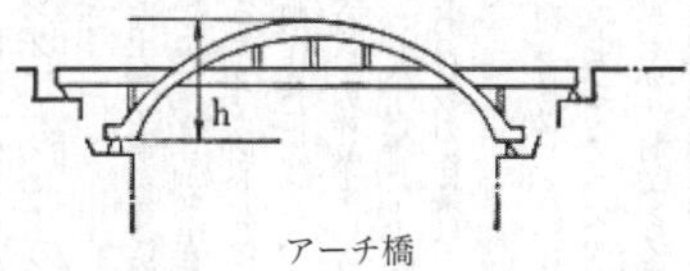

アーチ橋

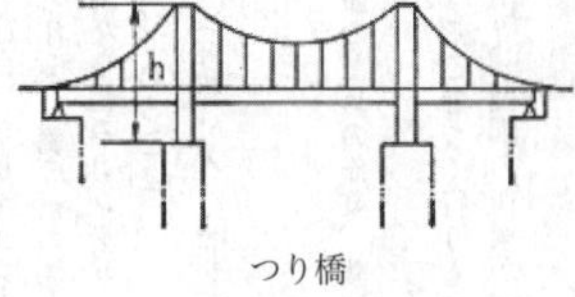

つり橋

実線部分…… 上部構造
h …… 上部構造の高さ

(2)「橋梁の上部構造であって、コンクリート造のものの架設の作業」には、プレキャストけたをクレーン等を用いて所定の箇所に据付ける作業、張出し場所打ち工作による作業、橋げたの横取り作業、扛上・降下作業等は含まれるが、現場において固定式の型枠支保工を地上から組みコンクリートを打設する作業や橋げた架設後の床版コンクリートの打設の作業は含まれないものであること。

（平四・八・二四　基発第四八〇号）

---

1 第一〇号の二について

(1)「掘削の作業」には、切羽付近以外の箇所で行われる排水溝の設置のための作業、薬液注入、ボーリングの作業等は含まれないものであること。

(2)「掘削用機械を用いて行う掘削の作業のうち労働者が切羽に近接することなく行うもの」とは、泥水加圧シールド工法による掘削、トンネルボーリングマシンによる掘削等、掘削の作業が機械化され、切羽の下方に労働者が立ち入らないものであること。

(3)「ずり積み」とは、掘削箇所において掘削した土砂を鋼車等に積み込むことをいい、斜坑底等において、いったん集積された土砂をベルトコンベヤー等に積み換える作業は含まれないものであること。

(4)「ずい道支保工」には、シールド工法におけるセグメントが含まれるものであること。

(5)「コンクリート等の吹付けの作業」とは、掘削作業に伴って、掘削箇所における落盤・肌落ち等を防止するために行うコンクリート、モルタル等の吹付けの作業をいうものであること。

2 第一〇号の三の「覆工の作業」には、れんが、石積み等による巻立ての作業及びずい道型わく支保工の組立て等を伴わない路盤又は路床のコンクリートの打設の作業は、含まれないものであること。

3 第一五号の二〔現行＝第一五号の四〕について

(1)「軒の高さ」とは、地盤面から建築物の小屋組み又は、これにかわる横架材を支持する壁、敷げた又は柱の上端までの高さをいい、次図に示すとおりであること。〈次頁に掲載〉

(2)「木造建築物」とは、柱、はり等の主要構造部材が木材である建築物をいうものであること。

(3)「構造部材」とは、柱、はり、けた等のように建築基準法第二条第五号の「主要構造部」に用いられる部材をいい、わく組壁工法による壁が含まれるものであること。

(4)「屋根下地の取付けの作業」とは、たる木、野地板等の取付けの作業をいうものであること。

(5)「外壁下地の取付けの作業」とは、木ずり、その他の部材の取付け等、主として大工が行う作業をいい、ラス張り等の作業は含まれないものであること。

4 第一五号の四〔現行＝第一五号の五〕について

(1)「コンクリート造」には、鉄筋コンクリート造、鉄骨鉄筋コンクリート造、鉄骨コンクリート造が含まれるほか、鉄骨造の工作物であっても、解体又は破壊する部分にコンクリートが用いられているものが含まれるものであること。

(2)「工作物」とは、ビル等の建築物及びダム、擁壁等の土木構造物のような土地に固定した人工的なものをいうものであること。

(3)「高さ」とは、解体又は破壊の対象となるコンクリート造の工作物そのものの高さをいうものであり、地上等からの高さをいうものではないこと。

(4)「工作物の解体又は破壊の作業」には、改修等のための外壁のはつり等の作業及び場所打ちぐいの杭頭を切断する作業は含まれないものであること。

（昭五五・一一・二五　基発第六四七号）

1 鋼橋架設等作業主任者（第一五号の三関係）

「橋梁(りょう)の上部構造であって、金属製の部材により構成されるものの架設の作業」とは、建設現場において個々の部材又は部材によって構成されるものをボルト、溶接等により所定の位置に、所定の形状に組み立てていく作業のほか、すでに地上等において組み立てられた橋げた等をクレーン等を用いて所定の箇所に据付ける作業、橋げたの横取り作業、扛上(こうじょう)・降下作業（ジャッキ等を用いて橋げたを持ち上げ、また、降下させる作業）を含むものであること。

2 コンクリート橋架設等作業主任者（第一五号の六〔現行＝第一六号〕関係）

(1)「橋梁(りょう)の上部構造であって、コンクリート造のもの」には、鉄筋コンクリート橋、プレストレストコン

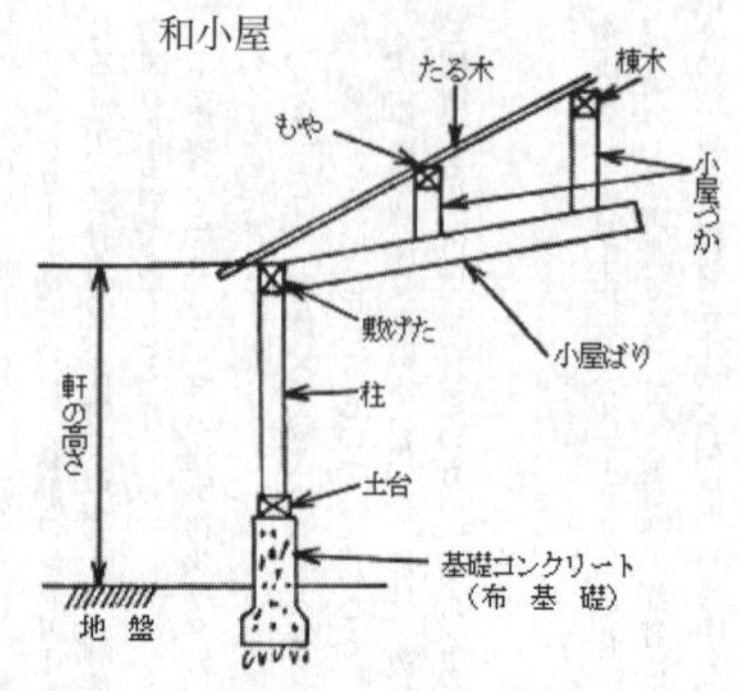
和小屋
たる木
棟木
もや
小屋つか
敷げた
小屋ばり
軒の高さ
柱
土台
基礎コンクリート
（布 基 礎）
地 盤

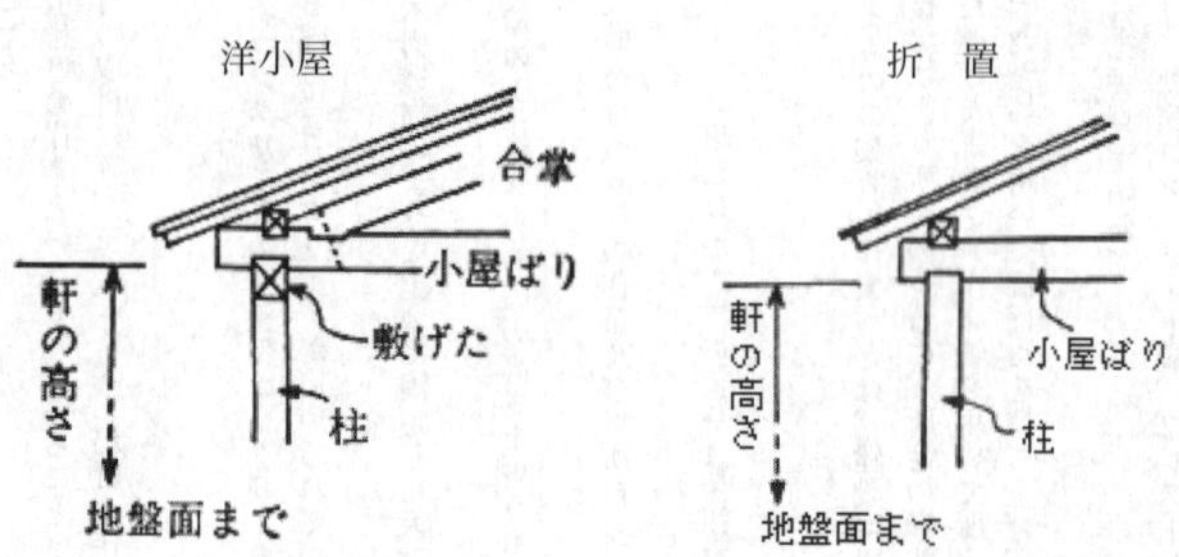
洋小屋
合掌
小屋ばり
敷げた
軒の高さ
柱
地盤面まで
折 置
小屋ばり
軒の高さ
柱
地盤面まで

施行令

クリート橋等があること。

(2)「橋梁(りょう)の上部構造であって、コンクリート造のものの架設の作業」には、プレキャストけたをクレーン等を用いて所定の箇所に据付ける作業、張出し場所打ち工法による作業、橋げたの横取り作業、扛上(こうじょう)・降下作業等は含まれるが、現場において固定式の型枠支保工を地上から組みコンクリートを打設する作業や橋げた架設後の床版コンクリートの打設の作業は含まれないものであること。

(平四・八・二四　基発第四八〇号)

1　「加熱乾燥の作業」について

令第六条第八号に規定する加熱乾燥の作業の範囲については、昭和四七年九月一八日付け基発第六〇二号において、「加熱することにより、乾燥物から水分、溶剤等を除去すること。」とされており、①加熱炉、溶融炉、電磁加熱器、パン焼き用オーブンなど保湿を伴うオーブンなど、加熱するが乾燥を目的としない構造のもの、②低温で使用する真空乾燥設備など加熱以外の方法により乾燥を行う構造のものは、令第六条第八号に規定する加熱乾燥の作業に該当しないものであること。

2　「定格消費電力」について

令第六条第八号のロに規定する定格消費電力については、乾燥設備の熱源として使用される定格消費電力をいうものであり、例えば、乾燥設備に附属する温度調整装置、搬送装置、送風装置等の熱源以外に消費される電力は含まれないこと。

(平一五・三・一七　基安安発第〇三一七〇〇一号)

ア　金属ニッケル(ニッケル合金を含む。)を溶接し、又は溶断する作業、研磨材を用いて研磨し、又は切断する作業等において、ヒューム等(主成分がニッケル化合物の一種である酸化ニッケルであるものをいう。以下同じ。)が発生する場合であっても、これらの作業は特定化学物質を製造し、又は取り扱う作業に該当しないが、発生したヒューム等を清掃する作業等については、特定化学物質を取り扱う作業に該当すること。

イ　労働者がニッケル化合物等又は砒素等のガス、蒸気、粉じん等にばく露するおそれがない作業は、特定化学物質を製造し、又は取り扱う作業に該当しないこと。

（平二〇・一一・二六　基発第一一二六〇〇一号）

酸化プロピレンを製造し、又は取り扱う業務のうち厚生労働省令で定める一部の業務については、作業主任者の選任の規定の適用を除外することとしたこと。

（平二三・二・四　基発〇二〇四第四号）

エ　エチルベンゼン等又はコバルト等を製造し、又は取り扱う作業等のうち、厚生労働省令で定める一部の作業等については、作業主任者の選任等の規定の適用を除外することとしたこと。

（平二四・一〇・二六　基発一〇二六第六号・雇児発一〇二六第二号）

エ　一・二－ジクロロプロパン等を製造し、又は取り扱う作業等のうち、厚生労働省令で定める一部の作業等については、作業主任者の選任等の規定の適用を除外することとしたこと。

（平二五・八・二七　基発〇八二七第六号）

エ　作業主任者を選任すべき作業、作業環境測定を行うべき作業場及び健康診断を行うべき有害業務への追加

DDVP又はクロロホルム他9物質及びこれらを含有する製剤その他の物を製造し、又は取り扱う作業等を、作業主任者を選任すべき作業等に追加したこと。なお、これらのうち、厚生労働省令で定める一部の作業等については、作業主任者の選任等の規定の適用を除外することとしたこと。

（平成二六・九・二四　基発〇九二四第六号・雇児発〇九二四第七号）

統括安全衛生責任者を選任

（統括安全衛生責任者を選任すべき業種等）

第七条　法第十五条第一項の政令で定める業種は、造船業とする。

すべき業種等

2　法第十五条第一項ただし書及び第三項の政令で定める労働者の数は、次の各号に掲げる仕事の区分に応じ、当該各号に定める数とする。

一　ずい道等の建設の仕事、橋梁の建設の仕事（作業場所が狭いこと等により安全な作業の遂行が損なわれるおそれのある場所として厚生労働省令で定める場所において行われるものに限る。）又は圧気工法による作業を行う仕事　常時三十人

二　前号に掲げる仕事以外の仕事　常時五十人

○通達

本条の「常時五十人」とは、建築工事においては、初期の準備工事、終期の手直し工事等の工事を除く期間、平均一日当たり五〇人であることをいうこと。

（昭四七・九・一八　基発第六〇二号）

労働者の数は、工事の開始前の計画段階で算定することとし、その算定に当たっては、昭和四七年九月一八日付け基発第六〇二号記のⅡの四〈前掲通達〉に留意すること。ただし、大規模な設計変更等により、労働者数に大きな変更が生じた場合には、その時点で改めて算定を行うこと。

（平四・八・二四　基発第四八〇号）

安全委員会を設けるべき事業場

（安全委員会を設けるべき事業場）

第八条　法第十七条第一項の政令で定める業種及び規模の事業場は、次の各号に掲げる業種の区分に応じ、常時当該各号に掲げる数以上の労働者を使用する事業場とする。

一　林業、鉱業、建設業、製造業のうち木材・木製品製造業、化学工業、鉄鋼業、金属製品製造業及び輸送用機械器具製造業、運送業のうち道路貨物運送業及び港湾運送業、自動車整備業、機械修理業並びに清掃業　五十人

二　第二条第一号及び第二号に掲げる業種（前号に掲げる業種を除く。）　百人

衛生委員会を設けるべき事業場

（衛生委員会を設けるべき事業場）

第九条　法第十八条第一項の政令で定める規模の事業場は、常時五十人以上の労働者を使用する事業場とする。

法第二十五条の二第一項の政令で定める仕事

（法第二十五条の二第一項の政令で定める仕事）

第九条の二　法第二十五条の二第一項の政令で定める仕事は、次のとおりとする。

一　ずい道等の建設の仕事で、出入口からの距離が千メートル以上の場所において作業を行うこととなるもの及び深さが五十メートル以上となるたて坑（通路として用いられるものに限る。）の掘削を伴うもの

二　圧気工法による作業を行う仕事で、ゲージ圧力〇・一メガパスカル以上で行うこととなるもの

○通達

1　「出入口」とは、労働者が出入りすることのできるずい道等又はたて坑の坑口をいうものであること。

2　「出入口からの距離」とは、出入口として利用する坑口から掘削作業等が行われている切羽のうち当該坑口から最も離れた箇所にあるものまでの通路に沿った距離をいうものであり、次図に示すとおりであること。

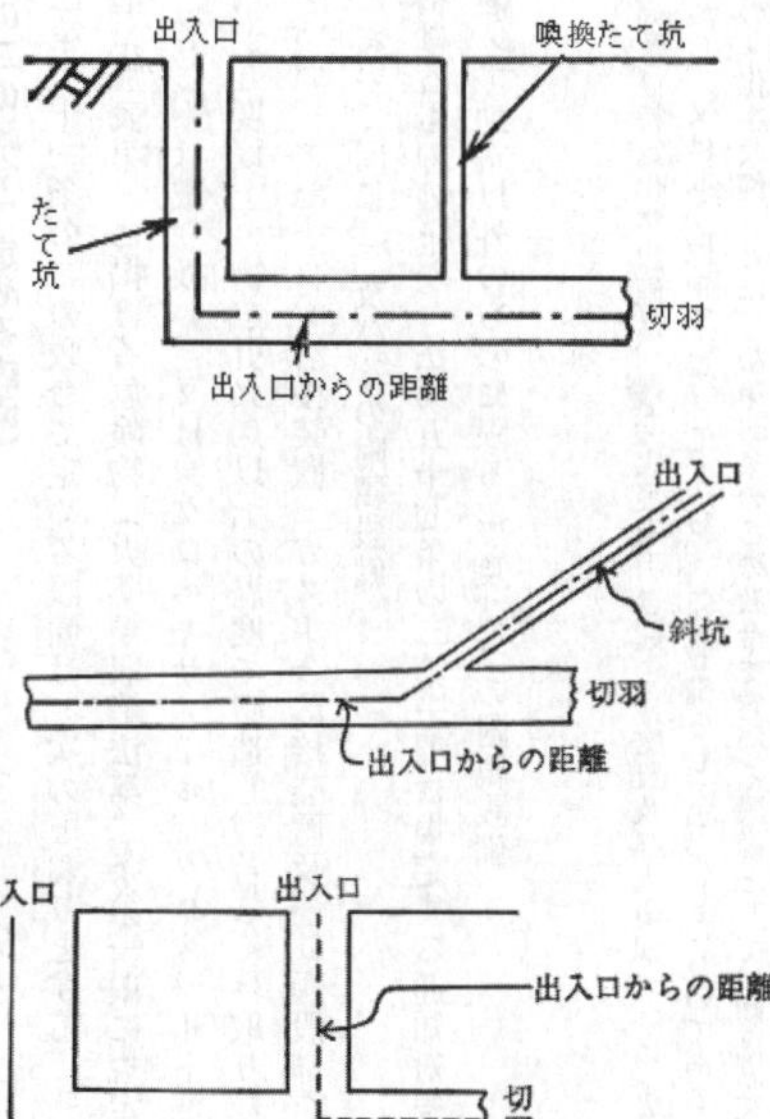
出入口
喚換たて坑
たて坑
切羽
出入口からの距離
出入口
斜坑
切羽
切羽
出入口からの距離
出入口
出入口
出入口からの距離
切羽

なお、出入口が二箇所以上ある場合にあっては、それぞれの出入口からの距離のうち最短のものをいうものであること。

（昭五五・一一・二五　基発第六四七号）

法第三十一条の二の政令で定める設備

（法第三十一条の二の政令で定める設備）

第九条の三　法第三十一条の二の政令で定める設備は、次のとおりとする。

一　化学設備（別表第一に掲げる危険物（火薬類取締法第二条第一項に規定する火薬類を除く。）を製造し、若しくは取り扱い、又はシクロヘキサノール、クレオソート油、アニリンその他の引火点が六十五度以上の物を引火点以上の温度で製造し、若しくは取り扱う設備で、移動式以外のものをいい、アセチレン溶接装置、ガス集合溶接装置及び乾燥設備を除く。第十五条第一項第五号において同じ。）及びその附属設備

二　前号に掲げるもののほか、法第五十七条の二第一項に規定する通知対象物を製造し、又は取り扱う設備（移動式以外のものに限る。）及びその附属設備

○通達

ア　化学設備及び特定化学設備は、爆発火災を引き起こす物質及び大量漏えいにより急性障害を引き起こす物質を製造し、又は取り扱っていることから、対象設備として規定したものであること。

イ　第一号の「化学設備」とは、法第31条の2の政令で定める設備として、整備政令による改正前の労働安全衛生法施行令（以下「旧令」という。）第15条第1項第5号の「化学設備」に配管を含めたものであること。

ウ　第一号の「引火点が六十五度以上の物を引火点以上の温度で製造し、若しくは取り扱う設備」とは、引火点が65度以上の物に係る加熱炉、反応器、蒸留器、貯蔵タンク等のうち、加熱、反応、蒸留、固化防止等のため、その内部の温度が引火点以上となるものをいうこと。

エ　本条の「附属設備」とは、化学設備以外の設備で、化学設備に附設されたものをいい、その主なものとしては、動力装置、圧縮装置、給水装置、計測装置、安全装置等があること。

（平一八・二・二四　基発第〇二二四〇〇三号）

労働災害を防止するため注文者が必要な措置を講じなければならない設備の範囲の拡大について

ア　化学物質の製造・取扱設備の改造、修理、清掃等の作業に係る仕事における労働災害を防止するため、化学物質の譲渡・提供時に通知される危険性・有害性情報等が当該仕事の請負人にも伝達されるよう、法第五七条の二第一項に規定する通知対象物を製造し、又は取り扱う設備を、対象設備として新たに規定し、対象設備の範囲を拡大したものであること。

イ「附属設備」とは、従前、平成一八年二月二四日付け基発第〇二二四〇〇三号「労働安全衛生法等の一部を改正する法律（労働安全衛生法関係）等の施行について」の記のⅡ第2の2⑴エにより示したとおりであること。

ウ　なお、法第三一条の二の対象となる設備は、設備ごとに、その適否が判断されるものである。例えば、解体等を予定している区画において、危険有害性のある化学物質を製造等する設備が複数存在した場合に、法第三一条の二の対象となる設備は、請負人が解体等工事を請け負う設備及び当該設備の附属設備に限られ、同じ区画にあるというだけで、予定している解体等工事に一切関わりの無い設備や附属設備まで法第三一条の二に基づく措置を講ずる必要は無いことに留意すること。なお、対象設備について、同一生産ライン上にある設備であっても、別区画の遮蔽された設備であれば同様に考えること。

（令四・二・二四　基発〇二二四第一号）

法第三十三条第一項の政令で定める機械等

（法第三十三条第一項の政令で定める機械等）

第十条　法第三十三条第一項の政令で定める機械等は、次に掲げる機械等とする。

一　つり上げ荷重（クレーン（移動式クレーンを除く。以下同じ。）、移動式クレーン又はデリッ

クの構造及び材料に応じて負荷させることができる最大の荷重をいう。以下同じ。）が〇・五トン以上の移動式クレーン

二　別表第七に掲げる建設機械で、動力を用い、かつ、不特定の場所に自走することができるもの

三　不整地運搬車

四　作業床の高さ（作業床を最も高く上昇させた場合におけるその床面の高さをいう。以下同じ。）が二メートル以上の高所作業車

〇通達

1　「つり上げ荷重」は、ジブクレーンにあってはジブを最大の傾斜角にしたとき、ジブを最も短くしたときおよびジブの支点にトロリの位置を最も近づけたとき、ブームを有するデリックにあっては、ブームを最大の傾斜角にしたときのそれぞれについて算定すること。

2　「負荷させることができる」とは、許容応力、安定度等構造規格に定める条件の範囲内において負荷させることができることをいうこと。

（昭四六・九・七　基発第六二一号）

1　「デリック」とは、荷を動力を用いてつり上げることを目的とする機械装置であって、マストまたはブームを有し、原動機を別置し、ワイヤロープにより操作されるものをいうこと。

デリックには、揚貨装置は含まれないこと。

2　「自走」とは、機械自らの動力により走行することをいい、したがって、他の車両によりけん引されて走行するもの、船舶にとう載されて移動するもの等は含まない趣旨であること。

（昭四七・九・一八　基発第六〇二号）

1　「不整地運搬車」とは、不整地走行用に設計した専ら荷を運搬する構造の自動車で、クローラ式又はホイール式のもの（ホイール式のものにあっては、全輪駆動で、かつ、左右の車輪を独立に駆動させることができるものに限る。）をいい、ハンドガイド式のものは含まないものであること。

なお、林内作業車（林業の現場における集材を目的として製造された自走用機械をいう。）は、不整地運搬車に該当しないものであること。

2　「高所作業車」とは、高所における工事、点検、補修等の作業に使用される機械であって作業床（各種の作業を行うために設けられた人が乗ることを予定した「床」をいう。）及び昇降装置その他の装置により構成され、当該作業床が昇降装置その他の装置により上昇、下降等をする設備を有する機械のうち、動力を用い、かつ、不特定の場所に自走することができるものをいうものであること。

なお、消防機関が消防活動に使用するはしご自動車、屈折はしご自動車等の消防車は高所作業車に含まないものであること。

（平二・九・二六　基発第五八三号）

第四号の「床面の高さ」とは、車体の接地面から作業床の床面までを垂直に測った高さをいうものであること。

（平二・九・二六　基発第五八三号）

法第三十四条の政令で定める建築物

（法第三十四条の政令で定める建築物）

第十一条　法第三十四条の政令で定める建築物は、事務所又は工場の用に供される建築物とする。

特定機械等

（特定機械等）

第十二条　法第三十七条第一項の政令で定める機械等は、次に掲げる機械等（本邦の地域内で使用されないことが明らかな場合を除く。）とする。

一　ボイラー（小型ボイラー並びに船舶安全法の適用を受ける船舶に用いられるもの及び電気事業法（昭和三十九年法律第百七十号）の適用を受けるものを除く。）

二　第一種圧力容器（小型圧力容器並びに船舶安全法の適用を受ける船舶に用いられるもの、自動車用燃料装置（圧縮水素、圧縮天然ガス又は液化天然ガスを燃料とする自動車（道路運送車両法（昭和二十六年法律第百八十五号）に規定する普通自動車、小型自動車又は軽自動車（同法第五十八条第一項に規定する検査対象外軽自動車を除く。）であつて、同法第二条第五項に規定する運行の用に供するものに限る。）の燃料装置のうち同法第四十一条第一項の技術基準に適合するものをいう。以下同じ。）に用いられるもの及び電気事業法、高圧ガス保安法（昭和二十六年法律第二百四号）、ガス事業法（昭和二十九年法律第五十一号）又は液化石油ガスの保安の確保及び取引の適正化に関する法律（昭和四十二年法律第百四十九号）の適用を受けるものを除く。）

三　つり上げ荷重が三トン以上（スタツカー式クレーンにあつては、一トン以上）のクレーン

四　つり上げ荷重が三トン以上の移動式クレーン

五　つり上げ荷重が二トン以上のデリック

六　積載荷重（エレベーター（簡易リフト及び建設用リフトを除く。以下同じ。）、簡易リフト又は建設用リフトの構造及び材料に応じて、これらの搬器に人又は荷をのせて上昇させることができる最大の荷重をいう。以下同じ。）が一トン以上のエレベーター

七　ガイドレール（昇降路を有するものにあつては、昇降路。次条第三項第十八号において同じ。）

の高さが十八メートル以上の建設用リフト（積載荷重が〇・二五トン未満のものを除く。同号において同じ。）

八　ゴンドラ

2　法別表第一第二号の政令で定める圧力容器は、第一種圧力容器とする。

○通達

1　「スタッカー式クレーン」とは、運転室または運転台が、巻上用ワイヤーロープによりつられ、かつ、荷の昇降とともに昇降する方式のクレーンをいうこと。

2　「ガイドレール」とは、搬器を昇降させる際のガイドとしての機能を有するもので、レールのほか、形鋼、鋼管、ワイヤーロープ等によるものが含まれる。

（昭四六・九・七　基発第六二一号）

厚生労働大臣が定める規格又は安全装置を具備すべき機械等

（厚生労働大臣が定める規格又は安全装置を具備すべき機械等）

第十三条　法別表第二第二号の政令で定める圧力容器は、第二種圧力容器（船舶安全法の適用を受ける船舶に用いられるもの、自動車用燃料装置に用いられるもの及び電気事業法、高圧ガス保安法又はガス事業法の適用を受けるものを除く。）とする。

2　法別表第二第四号の政令で定める第一種圧力容器は、小型圧力容器（船舶安全法の適用を受ける船舶に用いられるもの、自動車用燃料装置に用いられるもの及び電気事業法、高圧ガス保安法又はガス事業法の適用を受けるものを除く。）とする。

3　法第四十二条の政令で定める機械等は、次に掲げる機械等（本邦の地域内で使用されないことが明らかな場合を除く。）とする。

一　アセチレン溶接装置のアセチレン発生器
二　研削盤、研削といし及び研削といしの覆い
三　手押しかんな盤及びその刃の接触予防装置
四　アセチレン溶接装置又はガス集合溶接装置の安全器
五　活線作業用装置（その電圧が、直流にあつては七百五十ボルトを、交流にあつては六百ボルトを超える充電電路について用いられるものに限る。）
六　活線作業用器具（その電圧が、直流にあつては七百五十ボルトを、交流にあつては三百ボルトを超える充電電路について用いられるものに限る。）
七　絶縁用防護具（対地電圧が五十ボルトを超える充電電路に用いられるものに限る。）
八　フォークリフト
九　別表第七に掲げる建設機械で、動力を用い、かつ、不特定の場所に自走することができるもの
十　型枠支保工用のパイプサポート、補助サポート及びウイングサポート
十一　別表第八に掲げる鋼管足場用の部材及び附属金具
十二　つり足場用のつりチェーン及びつり枠
十三　合板足場板（アピトン又はカポールをフェノール樹脂等により接着したものに限る。）
十四　つり上げ荷重が〇・五トン以上三トン未満（スタッカー式クレーンにあつては、〇・五トン以上一トン未満）のクレーン
十五　つり上げ荷重が〇・五トン以上三トン未満の移動式クレーン
十六　つり上げ荷重が〇・五トン以上二トン未満のデリック

十七　積載荷重が〇・二五トン以上一トン未満のエレベーター
十八　ガイドレールの高さが十メートル以上十八メートル未満の建設用リフト
十九　積載荷重が〇・二五トン以上の簡易リフト
二十　再圧室
二十一　潜水器
二十二　波高値による定格管電圧が十キロボルト以上のエックス線装置（エックス線又はエックス線装置の研究又は教育のため、使用の都度組み立てるもの及び医薬品、医療機器等の品質、有効性及び安全性の確保等に関する法律（昭和三十五年法律第百四十五号）第二条第四項に規定する医療機器で、厚生労働大臣が定めるものを除く。）
二十三　ガンマ線照射装置（医薬品、医療機器等の品質、有効性及び安全性の確保等に関する法律第二条第四項に規定する医療機器で、厚生労働大臣が定めるものを除く。）
二十四　紡績機械及び製綿機械で、ビーター、シリンダー等の回転体を有するもの
二十五　蒸気ボイラー及び温水ボイラーのうち、第一条第三号イからトまでに掲げるもの（船舶安全法の適用を受ける船舶に用いられるもの及び電気事業法の適用を受けるものを除く。）
二十六　第一条第五号イからニまでに掲げる容器のうち、第一種圧力容器以外のもの（ゲージ圧力〇・一メガパスカル以下で使用する容器で内容積が〇・〇一立方メートル以下のもの及びその使用する最高のゲージ圧力をメガパスカルで表した数値と内容積を立方メートルで表した数値との積が〇・〇〇一以下の容器並びに船舶安全法の適用を受ける船舶に用いられるもの、自動車用燃料装置に用いられるもの及び電気事業法、高圧ガス保安法、ガス事業法又は液化石油

ガスの保安の確保及び取引の適正化に関する法律の適用を受けるものを除く。）

二十七　大気圧を超える圧力を有する気体をその内部に保有する容器（第一条第五号イからニまでに掲げる容器、第二種圧力容器及び第一号に掲げるアセチレン発生器を除く。）で、内容積が〇・一立方メートルを超えるもの（船舶安全法の適用を受ける船舶に用いられるもの、自動車用燃料装置に用いられるもの及び電気事業法、高圧ガス保安法又はガス事業法の適用を受けるものを除く。）

二十八　墜落制止用器具

二十九　チェーンソー（内燃機関を内蔵するものであつて、排気量が四十立方センチメートル以上のものに限る。）

三十　ショベルローダー

三十一　フォークローダー

三十二　ストラドルキャリヤー

三十三　不整地運搬車

三十四　作業床の高さが二メートル以上の高所作業車

4　法別表第二に掲げる機械等には、本邦の地域内で使用されないことが明らかな機械等を含まないものとする。

5　次の表の上欄に掲げる機械等には、それぞれ同表の下欄に掲げる機械等を含まないものとする。

法別表第二第三号に掲げる小型ボイラー	船舶安全法の適用を受ける船舶に用いられる小型ボイラー及び電気事業法の適用を受ける小型ボイラー

法別表第二第六号に掲げる防爆構造電気機械器具	船舶安全法の適用を受ける船舶に用いられる防爆構造電気機械器具
法別表第二第八号に掲げる防じんマスク	ろ過材又は面体を有していない防じんマスク
法別表第二第九号に掲げる防毒マスク	ハロゲンガス用又は有機ガス用防毒マスクその他厚生労働省令で定めるもの以外の防毒マスク
法別表第二第十三号に掲げる絶縁用保護具	その電圧が、直流にあつては七百五十ボルト、交流にあつては三百ボルト以下の充電電路について用いられる絶縁用保護具
法別表第二第十四号に掲げる絶縁用防具	その電圧が、直流にあつては七百五十ボルト、交流にあつては三百ボルト以下の充電電路に用いられる絶縁用防具
法別表第二第十五号に掲げる保護帽	物体の飛来若しくは落下又は墜落による危険を防止するためのもの以外の保護帽
法別表第二第十六号に掲げる電動ファン付き呼吸用保護具	ハロゲンガス用又は有機ガス用の防毒機能を有する電動ファン付き呼吸用保護具その他厚生労働省令で定めるもの以外の防毒機能を有する電動ファン付き呼吸用保護具

○通達

ログローダ、ストラドルキャリア等のようにマストを備えていないものは、ホークリフトに該当しないこと。

（昭四三・一・一三　安発第二号）

第九号〔現行＝第三項第二号〕の「研削といし」とは、人造研削材及び結合剤より成り、高速度で回転しながら微細な研削刃を絶えず自生して研削又は切断を行なう工具をいい、天然石で作られたといしは含まれないこと。

第一七号（現行＝第三項第五号）の「活線作業用装置」とは、活線作業用車、活線作業用絶縁台等のように、対地絶縁を施した絶縁かご、絶縁台等を有するものをいうこと。

第一八号（現行＝第三項第六号）の「活線作業用器具」とは、ホットステックのように、その使用の際に手で持つ部分が絶縁材料で作られた棒状の絶縁工具をいうこと。

第一九号（現行＝第三項第七号）の「絶縁用防護具」とは、建設用防護管、建設用防護シート等のように、建設工事（電気工事を除く。）等を充電電路に近接して行なうときに、電路に取り付ける感電防止のための装具で、七、〇〇〇ボルト以下の充電電路に用いるものをいうこと。

第三一号（現行＝第三項第二〇号）の「再圧室」とは、高気圧業務（高圧室内業務又は潜水業務をいう。）に従事する労働者について救急処置を行なうために必要なタンクをいうものであること。

第三二号（現行＝第三項第二一号）の「潜水器」とは、ヘルメット式潜水器、マスク式潜水器その他の潜水器をいうものであること。

第三三号（現行＝第三項第二二号）の「エックス線装置」は、旧電離放射線障害防止規則第一〇条に定められていた「エックス線装置」と同様なものであること。

第三四号（現行＝第三項第二三号）の「ガンマ線照射装置」は、旧電離放射線障害防止規則第一五条に定められていた「ガンマ線照射装置」と同様なものであること。

（昭四七・九・一八　基発第六〇二号、
昭五〇・二・二四　基発第一一〇号、
平三・一一・二五　基発第六六六号）

1　第四二号（現行＝第三項第三〇号）の「ショベルローダー」とは、原則として車体前方に備えたショベルをリフトアームにより上下させてバラ物荷役を行う二輪駆動の車両をいうものであること。

2　第四三号（現行＝第三項第三一号）の「フオークローダー」とは、原則として車体前方に備えたフオークをリフトアームにより上下させて材木等の荷役を行う二輪駆動の車両をいうものであること。

3　1の「ショベルローダー」又は2の「フオークローダー」には、アタッチメントであるショベル又はフオークを交換させて、「フォークローダー」又は「ショベルローダー」になるものがあること。

4　四輪駆動のトラクター・ショベルは従来から車両系建設機械とされてきたところであるが、今後もこの適用は変わらないこと。ただし、四輪駆動であっても互換性のないフォークを備えたものは、第四三号（現行＝第三項第三一号）の「フォークローダー」としての適用を受けるものであること。

なお、「車両系建設機械構造規格等に係る疑義について」（昭和四八年三月一二日付け基収第八一六号）の第一の間に対する回答中、なお書の部分は削除すること。

5　第四四号（現行＝第三項第三二号）の「ストラドルキャリヤー」とは、車体内面上部に懸架装置を備え、荷をつり上げ又は抱きかかえて運搬する荷役車両をいうこと。

（昭五三・二・一〇　基発第七七号）

1　第二二号（現行＝第三項第一〇号）の「補助サポート」及び「ウイングサポート」とは、パイプサポートの長さを補うために用いられるものであり、次図に示すようなものであること。〈次頁に掲載〉

2　第二二号の三（現行＝第三項第一二号）の「つりわく」とは、ビル建築工事等で、鉄骨梁等に取り付け、鉄骨の鉸鋲（こうびょう）鉄筋組立て等に用いられるものであり、次図に示すようなものがあること。〈次頁に掲載〉

（昭五五・一一・二五　基発第六四七号）

1　「不整地運搬車」とは、不整地走行用に設計した専ら荷を運搬する構造の自動車で、クローラ式又はホイール式のもの（ホイール式のものにあっては、全輪駆動で、かつ、左右の車輪を独立に駆動させることができるものに限る。）をいい、ハンドガイド式のものは含まないものであること。

なお、林内作業車（林業の現場における集材を目的として製造された自走用機械をいう。）は、不整地運搬車に該当しないものである。

2　「高所作業車」とは、高所における工事、点検、補修等の作業に使用される機械であって作業床（各種の作業を行うために設けられた人が乗ることを予定した「床」をいう。）及び昇降装置その他の装置により構成され、当該作業床が昇降装置その他の装置により上昇、下降等をする設備を有する機械のうち、動力を

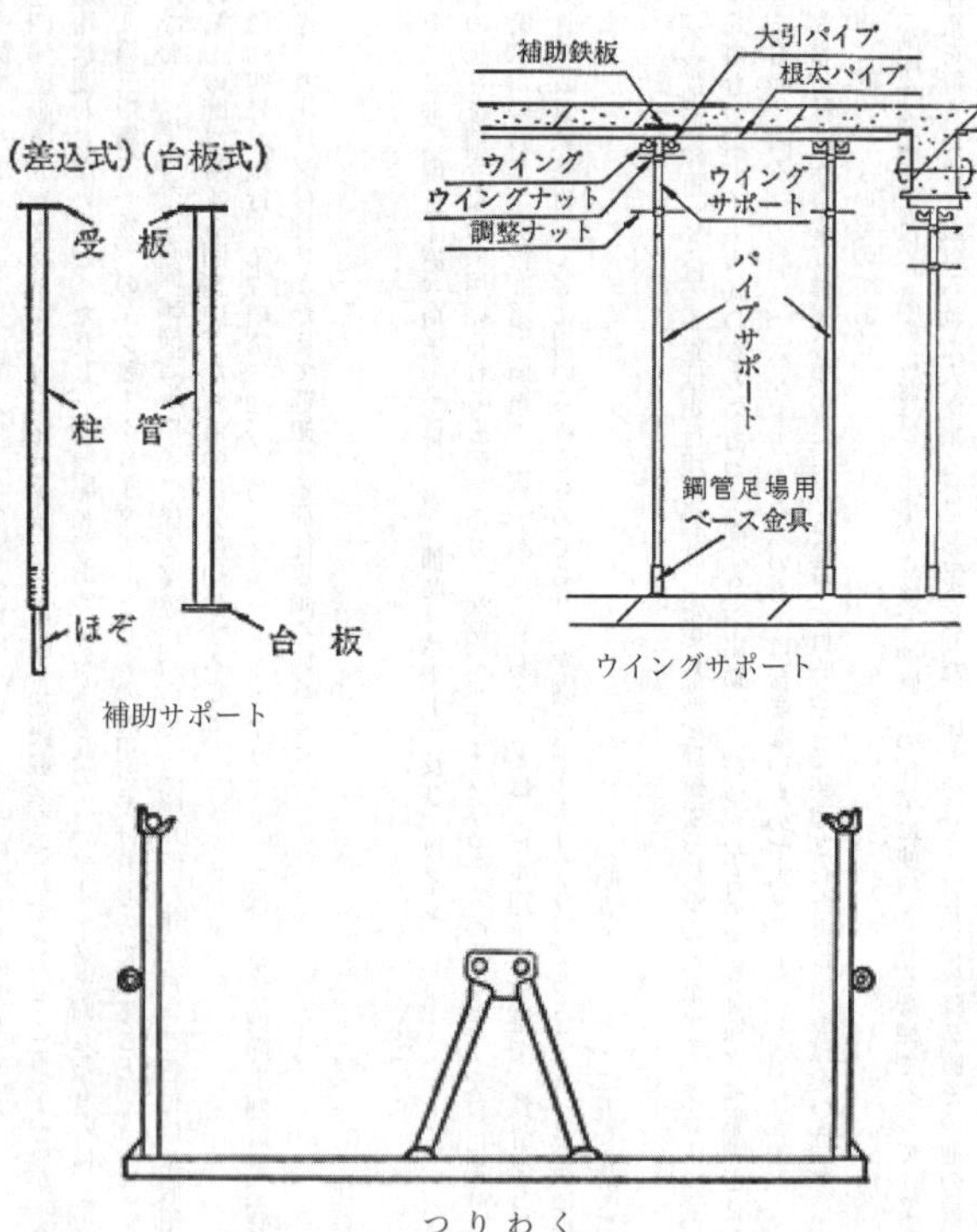

補助サポート

ウイングサポート

つりわく

用い、かつ、不特定の場所に自走することができるものをいうものであること。
なお、消防機関が消防活動に使用するはしご自動車、屈折はしご自動車等の消防車は高所作業車に含まないものであること。

（平二・九・二六　基発第五八三号）

1　「墜落制止用器具」の名称
(1)　本条は、安全帯に関するＩＳＯ規格において「一本つり」の安全帯を指す用語として「フォールアレスト・システム（fall-arrest systems）」という用語が用いられているところ、和訳すると高所から墜落してしまった場合に、地面等に激突する前に墜落をおさえとどめるという意味であることから、「墜落制止」とし、また、「墜落を制止するために用いる器具」であるため、その名称は「墜落制止用器具」としたものであること。
(2)　また、かつて、欧州諸国の規格等においては、「インダストリアル・セーフティベルト（industrial safety belt）」という用語が使用されていたが、ＩＳＯ規格では、フルハーネス型を前提としているため、「セーフティベルト」という用語は使用されておらず、また、現行の諸外国の法令等においても、ほとんど使用されていない。我が国においても、今回の改正により、今後、フルハーネス型を原則としていく趣旨であることから、国際的な動向を踏まえ、「安全帯」という用語は用いなかったものであること。

（平三〇・六・二二　基発〇六二二第一号）

個別検定を受けるべき機械等

（個別検定を受けるべき機械等）

第十四条　法第四十四条第一項の政令で定める機械等は、次に掲げる機械等（本邦の地域内で使用されないことが明らかな場合を除く。）とする。
一　ゴム、ゴム化合物又は合成樹脂を練るロール機の急停止装置のうち電気的制動方式のもの
二　第二種圧力容器（船舶安全法の適用を受ける船舶に用いられるもの、自動車用燃料装置に用

施行令

いられるもの及び電気事業法、高圧ガス保安法又はガス事業法の適用を受けるものを除く。）

三　小型ボイラー（船舶安全法の適用を受ける船舶に用いられるもの及び電気事業法の適用を受けるものを除く。）

四　小型圧力容器（船舶安全法の適用を受ける船舶に用いられるもの、自動車用燃料装置に用いられるもの及び電気事業法、高圧ガス保安法又はガス事業法の適用を受けるものを除く。）

型式検定を受けるべき機械等

（型式検定を受けるべき機械等）

第十四条の二　法第四十四条の二第一項の政令で定める機械等は、次に掲げる機械等（本邦の地域内で使用されないことが明らかな場合を除く。）とする。

一　ゴム、ゴム化合物又は合成樹脂を練るロール機の急停止装置のうち電気的制動方式以外の制動方式のもの

二　プレス機械又はシャーの安全装置

三　防爆構造電気機械器具（船舶安全法の適用を受ける船舶に用いられるものを除く。）

四　クレーン又は移動式クレーンの過負荷防止装置

五　防じんマスク（ろ過材及び面体を有するものに限る。）

六　防毒マスク（ハロゲンガス用又は有機ガス用のものその他厚生労働省令で定めるものに限る。）

七　木材加工用丸のこ盤の歯の接触予防装置のうち可動式のもの

八　動力により駆動されるプレス機械のうちスライドによる危険を防止するための機構を有するもの

九　交流アーク溶接機用自動電撃防止装置
十　絶縁用保護具（その電圧が、直流にあつては七百五十ボルトを、交流にあつては三百ボルトを超える充電電路について用いられるものに限る。）
十一　絶縁用防具（その電圧が、直流にあつては七百五十ボルトを、交流にあつては三百ボルトを超える充電電路に用いられるものに限る。）
十二　保護帽（物体の飛来若しくは落下又は墜落による危険を防止するためのものに限る。）
十三　防じん機能を有する電動ファン付き呼吸用保護具
十四　防毒機能を有する電動ファン付き呼吸用保護具（ハロゲンガス用又は有機ガス用のものその他厚生労働省令で定めるものに限る。）

○通達

1　第一号〔現行＝第一四条の二第二号〕の「シャー」とは、受け刃等に対して垂直に動く真直な又は角度をもった刃物を備え、原材料をせん断又は断さいするために使用する機械をいうこと。
なお、スライサー、スリッター及び回転切断機は、本号の「シャー」には該当しないこと。
2　第二号〔現行＝第一四条の二第一号〕の「ゴム化合物」とは、エボナイト等をいうこと。
3　第四号〔現行＝第一四条の二第四号〕の「過負荷防止装置」とは、クレーン又は移動式クレーンに、その定格荷重をこえて負荷されることを防止するための警報装置等をいい、荷重計のみのものは含まないこと。
4　〈略〉
5　第一四号〔現行＝第一四条の二第九号〕の「交流アーク溶接機用自動電撃防止装置」とは、交流アーク溶接機のアークの発生を中断させたとき、短時間内に、当該交流アーク溶接機の出力側の無負荷電圧を自動的に三〇ボルト以下に切り替えることができる電気的な安全装置をいうこと。

6　第一五号（現行＝第一四条の二第一〇号）の「絶縁用保護具」とは、電気用ゴム手袋、電気用安全帽等のように、充電電路の取扱いその他電気工事の作業を行なうときに、作業者の身体に着用する感電防止のための保護具で、七、〇〇〇ボルト以下の充電電路について用いるものをいうこと。

7　第一六号（現行＝第一四条の二第一一号）の「絶縁用防具」とは、電気用絶縁管、電気用絶縁シート等のように、充電電路の取扱いその他電気工事の作業を行なうときに、電路に取り付ける感電防止のための装具で、七、〇〇〇ボルト以下の充電電路に用いるものをいうこと。

（昭四七・九・一八　基発第六〇二号、
昭五〇・二・二四　基発第一一〇号、
平三・一一・二五　基発第六六六号）

1　第一三条第一〇号（現行＝第一四条の二第七号）に係る「歯の接触予防装置のうち可動式のもの」とは、その覆いの下端が送給する加工材に常に接触する方式のものをいい、ほぞ取り盤、走行丸のこ盤、パネルソー等に用いられるものは含まれないものであること。

2　第三九号（現行＝第一四条の二第一二号）の「物体の飛来若しくは落下による危険を防止するための」保護帽とは、帽体、着装体、あごひも及びこれらの附属品により構成され、主として頭頂部を飛来物又は落下物から保護する目的で用いられるものをいい、同号の「墜落による危険を防止するための」保護帽とは、帽体、衝撃吸収ライナー、あごひも及びこれらの附属品により構成され、墜落の際に頭部に加わる衝撃を緩和する目的で用いられるものをいうこと。従って、乗車用安全帽、バンプキャップ等は、本号には該当しないものであること。

なお、電気用安全帽であって物体の飛来又は落下による危険をも防止するためのものについては、第一五号（現行＝第一四条の二第一〇号）の「絶縁用保護具」に該当するほか、本号にも該当するものであること。

（昭五〇・二・二四　基発第一一〇号、昭五〇・一二・一七　基発第七四六号）

定期に自主検査を行うべき機械等

（定期に自主検査を行うべき機械等）

第十五条　法第四十五条第一項の政令で定める機械等は、次のとおりとする。

一　第十二条第一項各号に掲げる機械等、第十三条第三項第五号、第六号、第八号、第九号、第十四号から第十九号まで及び第三十号から第三十四号までに掲げる機械等、第十四条第二号から第四号までに掲げる機械等並びに前条第十号及び第十一号に掲げる機械等

二　動力により駆動されるプレス機械

三　動力により駆動されるシャー

四　動力により駆動される遠心機械

五　化学設備（配管を除く。）及びその附属設備

六　アセチレン溶接装置及びガス集合溶接装置（これらの装置の配管のうち、地下に埋設された部分を除く。）

七　乾燥設備及びその附属設備

八　動力車及び動力により駆動される巻上げ装置で、軌条により人又は荷を運搬する用に供されるもの（鉄道営業法（明治三十三年法律第六十五号）、鉄道事業法（昭和六十一年法律第九十二号）又は軌道法（大正十年法律第七十六号）の適用を受けるものを除く。）

九　局所排気装置、プッシュプル型換気装置、除じん装置、排ガス処理装置及び排液処理装置で、厚生労働省令で定めるもの

十　特定化学設備（別表第三第二号に掲げる第二類物質のうち厚生労働省令で定めるもの又は同表第三号に掲げる第三類物質を製造し、又は取り扱う設備で、移動式以外のものをいう。）及び

その附属設備

十一　ガンマ線照射装置で、透過写真の撮影に用いられるもの

2　法第四十五条第二項の政令で定める機械等は、第十三条第三項第八号、第九号、第三十三号及び第三十四号に掲げる機械等並びに前項第二号に掲げる機械等とする。

○通達

1　第三号〔現行＝第一項第四号〕の「遠心機械」とは、遠心分離機、遠心脱水機、遠心鋳造機等遠心力を利用して内容物の分離、脱水、鋳造等を行なう機械をいうこと。

2　第四号〔現行＝第一項第五号〕の「化学設備」および第九号〔現行＝第一項第一〇号〕の「特定化学設備」中に第一種圧力容器または第二種圧力容器が組み込まれている場合には、当該第一種圧力容器または第二種圧力容器は、本条第一号〔現行＝第一項第一号〕に該当するものとして取り扱うこと。

3　第四号〔現行＝第一項第五号〕の「附属設備」とは、化学設備およびその配管以外の設備で、化学設備に附設されたものをいい、その主なものとしては、動力装置、圧縮装置、給水装置、計測装置、安全装置等があること。

4　第六号〔現行＝第一項第七号〕の「附属設備」には、乾燥設備に附設される換気装置、温度調整装置、温度測定装置、安全装置等があること。

5　第七号〔現行＝第一項第八号〕の動力車および巻上装置は、軌道装置に用いるものに限る趣旨であり、スキップホイスト、エレベーター等を含むものではないものであること。

6　第八号〔現行＝第一項第九号〕の「局所排気装置」は、有機溶剤中毒予防規則、鉛中毒予防規則および特定化学物質等障害予防規則において定める「局所排気装置」をいうものであること。

7　第八号〔現行＝第一項第九号〕の「除じん装置」は、鉛中毒予防規則、特定化学物質等障害予防規則において定める「除じん装置」をいうものであること。

8　第八号〔現行＝第一項第九号〕の「排ガス処理装置」は、特定化学物質等障害予防規則において定める「排

ガス処理装置」をいうものであること。

9　第八号〔現行＝第一項第九号〕の「排液処理装置」は、特定化学物質等障害予防規則において定める「排液処理装置」をいうものであること。

10　第九号〔現行＝第一項第一〇号〕の「特定化学設備」は、旧特定化学物質等障害予防規則において定められていた「特定化学設備」とほぼ同様なもので、同規則の「第三類物質」に「それを含有する製剤その他の物」を加えて規定した設備をいうものであること。

（昭四七・九・一八　基発第六〇二号）

滅菌作業においてエチレンオキシド等を取り扱う設備は、建物と一体である等移動できないものを除き、特定化学設備には該当しないものであること。

（平一三・四・二七　基発第四一三号）

登録製造時等検査機関等の登録の有効期間

（登録製造時等検査機関等の登録の有効期間）

第十五条の二　法第四十六条の二第一項（法第五十三条の三から第五十四条の二までにおいて準用する場合を含む。）の政令で定める期間は、五年とする。

外国登録製造時等検査機関等の事務所における検査に要する費用の負担

（外国登録製造時等検査機関等の事務所における検査に要する費用の負担）

第十五条の三　法第五十三条第三項の政令で定める費用は、法第五十三条第二項第四号の検査のため同号の職員がその検査に係る事務所の所在地に出張をするのに要する旅費の額に相当するものとする。この場合において、その旅費の額の計算に関し必要な細目は、厚生労働省令で定める。

2　前項の規定は、法第五十三条の三から第五十四条の二までにおいて法第五十三条第三項の規定を準用する場合について準用する。

製造等が禁止される有害物等

第十六条　（製造等が禁止される有害物等）法第五十五条の政令で定める物は、次のとおりとする。

一　黄りんマッチ
二　ベンジジン及びその塩
三　四－アミノジフエニル及びその塩
四　石綿（次に掲げる物で厚生労働省令で定めるものを除く。）
イ　石綿の分析のための試料の用に供される石綿
ロ　石綿の使用状況の調査に関する知識又は技能の習得のための教育の用に供される石綿
ハ　イ又はロに掲げる物の原料又は材料として使用される石綿
五　四－ニトロジフエニル及びその塩
六　ビス（クロロメチル）エーテル
七　ベーターナフチルアミン及びその塩
八　ベンゼンを含有するゴムのりで、その含有するベンゼンの容量が当該ゴムのりの溶剤（希釈剤を含む。）の五パーセントを超えるもの
九　第二号、第三号若しくは第五号から第七号までに掲げる物をその重量の一パーセントを超えて含有し、又は第四号に掲げる物をその重量の〇・一パーセントを超えて含有する製剤その他の物

2　法第五十五条ただし書の政令で定める要件は、次のとおりとする。
一　製造、輸入又は使用について、厚生労働省令で定めるところにより、あらかじめ、都道府

県労働局長の許可を受けること。この場合において、輸入貿易管理令（昭和二十四年政令第四百十四号）第九条第一項の規定による輸入割当てを受けるべき物の輸入については、同項の輸入割当てを受けたことを証する書面を提出しなければならない。

二　厚生労働大臣が定める基準に従つて製造し、又は使用すること。

○通達

1　第一六条第一項第七号（現行＝第九号）（第一七条、第一八条第三九号において同じ。）の「その他の物」とは、規制対象物またはその製剤以外の物であつて、化学的処理（例えば、化学反応等）、物理的処理（分留等）または生物学的処理（バクテリア処理等）の結果、当該規制対象物か副生または残留により含まれているものをいい、規制対象物を含有する廃棄物まで含む趣旨ではないこと。

2　第二項は、試験研究のために第一項の物質の製造、輸入または使用の場合の解除の要件を規定したもので、その手続きおよび技術上の基準については、特定化学物質等障害予防規則に定められていること。

（昭四七・九・一八　基発第六〇二号）

ア　第四号の「石綿」とは、繊維状を呈しているアクチノライト、アモサイト、アンソフィライト、クリソタイル、クロシドライト及びトレモライト（以下「クリソタイル等」という。）をいうこと。

イ　第九号の「第四号に掲げる物（石綿）をその重量の〇・一を超えて含有する製剤その他の物」とは、石綿をその重量の〇・一％を超えて含有する物のことをいい、塊状の岩石であって、これに含まれるクリソタイル等が繊維状を呈していない物は含まないこと。ただし、塊状の岩石であっても、例えば蛇紋岩系左官用モルタル混和材のように、これを微細に粉砕することにより繊維状を呈するクリソタイル等が発生し、その含有率が微細に粉砕された岩石の重量の〇・一％を超えた場合は、製造等の禁止の対象となること。

（平一八・八・一一　基発第〇八一一〇〇二号）

1　石綿分析用試料等の製造等禁止物質からの除外

ア　同号イの「分析」とは、建材分析その他の石綿の分析が含まれること。「石綿の分析のための試料の用に供される」ものとは、X線回折装置による分析の際に用いる標準試料のほか、石綿分析機関の品質保証・品質比較や個人の技能評価のための試料、顕微鏡観察の際の参照用試料が含まれること。

イ　同号ロの「調査」とは、分析による調査が含まれるものであること。

ウ　同号ロの「教育の用」とは、透明の包装に梱包された石綿等を観察するようなことだけでなく、例えば建材の断面をほぐして繊維の有無を観察するような実技の用が含まれること。なお、石綿除去作業の教育の用に供する石綿等については、その必要性を勘案し、禁止対象からの除外は行わなかったものであること。また、石綿を含有しない模擬の試料により教育の目的が達せられる場合には、できる限り、石綿等の使用を避けるべきであること。

（平三〇・五・二八　基発〇五二八第一号）

製造の許可を受けるべき有害物

（製造の許可を受けるべき有害物）

第十七条　法第五十六条第一項の政令で定める物は、別表第三第一号に掲げる第一類物質及び石綿分析用試料等とする。

名称等を表示すべき危険物及び有害物

（名称等を表示すべき危険物及び有害物）

第十八条　法第五十七条第一項の政令で定める物は、次のとおりとする。

一　別表第九に掲げる物（アルミニウム、イットリウム、インジウム、カドミウム、銀、クロム、コバルト、すず、タリウム、タングステン、タンタル、銅、鉛、ニッケル、白金、ハフニウム、フェロバナジウム、マンガン、モリブデン又はロジウムにあつては、粉状のものに限る。）

二　別表第九に掲げる物を含有する製剤その他の物で、厚生労働省令で定めるもの

三　別表第三第一号1から7までに掲げる物を含有する製剤その他の物（同号8に掲げる物を除く。）で、厚生労働省令で定めるもの

※【編注】本条は、令五政令第二六五号により次のとおり改正され、令和七年四月一日から施行される。

（名称等を表示すべき危険物及び有害物）

第十八条　法第五十七条第一項の政令で定める物は、次のとおりとする。

一　別表第九に掲げる物（アルミニウム、イットリウム、インジウム、カドミウム、銀、クロム、コバルト、すず、タリウム、タングステン、タンタル、銅、鉛、ニッケル、ハフニウム、マンガン又はロジウムにあつては、粉状のものに限る。）

二　国が行う化学品の分類（産業標準化法（昭和二十四年法律第百八十五号）に基づく日本産業規格Z七二五二（GHSに基づく化学品の分類方法）に定める方法による化学物質の危険性及び有害性の分類をいう。）の結果、危険性又は有害性があるものと令和三年三月三十一日までに区分された物（次条第二号において「特定危険性有害性区分物質」という。）のうち、次に掲げる物以外のもので厚生労働省令で定めるもの

イ　別表第三第一号1から7までに掲げる物

ロ　前号に掲げる物

ハ　危険性があるものと区分されていない物であつて、粉じんの吸入によりじん肺その他の呼吸器の健康障害を生ずる有害性のみがあるものと区分されたもの

三　前二号に掲げる物を含有する製剤その他の物（前二号に掲げる物の含有量が厚生労働大臣の定める基準未満であるものを除く。）

四　別表第三第一号1から7までに掲げる物を含有する製剤その他の物（同号8に掲げる物を除く。）で、厚生労働省令で定めるもの

○通達

本条は、法第五七条に基づきその容器または包装に所定の事項を表示すべき物質を規定したもので、その表示事項は、それぞれの物質に応じて労働安全衛生規則で定められているものであること。

なお、名称等を表示すべき物質は、これらの物質のほか、法第五六条に定める製造の許可を要する物質があること。

（昭四七・九・一八　基発第六〇二号）

「粉状の物」とは、流体力学的粒子径が〇・一mm以下の粒子をいうこと。したがって、これより大きなニッケル化合物（ニッケルカルボニルを除く。）の粒子、塊又は液体の状態の物については、化学的にはニッケル化合物に該当したとしても、表示をしなければならない物である「ニッケル化合物（ニッケルカルボニルを除き、粉状の物に限る。）」には該当しないこと。ただし、ニッケル化合物（ニッケルカルボニルを除く。）を含有する液体を乾燥させて粉状のニッケル化合物を生じさせた場合には、その粒子径及び含有量が上記の条件を満たせば、該当するものであること。ニッケル化合物（ニッケルカルボニルを除く。）の大きな粒子又は塊を粉砕した場合も同様であること。

なお、「粉状の物」の定義は、国際標準化機構（ＩＳＯ）、欧州連合（ＥＵ）及び米国産業衛生専門家会議（ＡＣＧＩＨ）において定義されている「インハラブル粒子」に対応するものであること。

（平二〇・一一・二六　基発第一一二六〇〇一号）

名称等を通知すべき危険物及び有害物

（名称等を通知すべき危険物及び有害物）

第十八条の二　法第五十七条の二第一項の政令で定める物は、次のとおりとする。

一　別表第九に掲げる物

二　別表第九に掲げる物を含有する製剤その他の物で、厚生労働省令で定めるもの

三　別表第三第一号1から7までに掲げる物を含有する製剤その他の物（同号8に掲げる物を除く。）で、厚生労働省令で定めるもの

※〔編注〕本条は、令五政令第二六五号により次のとおり改正され、令和七年四月一日から施行される。

（名称等を通知すべき危険物及び有害物）

第十八条の二　法第五十七条の二第一項の政令で定める物は、次のとおりとする。

一　別表第九に掲げる物

二　特定危険性有害性区分物質のうち、次に掲げる物以外のもので厚生労働省令で定めるもの

イ　別表第三第一号1から7までに掲げる物

ロ　前号に掲げる物

ハ　危険性があるものと区分されていない物であつて、粉じんの吸入によりじん肺その他の呼吸器の健康障害を生ずる有害性のみがあるものと区分されたもの

三　前二号に掲げる物を含有する製剤その他の物（前二号に掲げる物の含有量が厚生労働大臣の定める基準未満であるものを除く。）

四　別表第三第一号1から7までに掲げる物を含有する製剤その他の物（同号8に掲げる物を除く。）で、厚生労働省令で定めるもの

○通達

第一八条の解釈例規（平二〇・一一・二六　基発第一一二六〇〇一号）参照

（法第五十七条の四第一項の政令で定める化学物質）

第十八条の三　法第五十七条の四第一項の政令で定める化学物質は、次のとおりとする。

一　元素
二　天然に産出される化学物質
三　放射性物質
四　附則第九条の二の規定により厚生労働大臣がその名称等を公表した化学物質

○通達

1　第二号の「天然に産出される化学物質」とは、鉱石、原油、天然ガスその他天然に存在するそのままの状態を有する化学物質及び米、麦、牛肉その他動植物から得られる一次産品又はこの一次産品を利用して発酵等の方法により製造される化学物質であつて分離精製が行われていないものをいうものであること。

2　第三号の「放射性物質」とは、電離放射線障害防止規則（昭和四七年九月三〇日労働省令第四一号）第二条第二項の放射性物質をいうものであること。

3　次のイからホまでに掲げる化学物質のように二以上の化学物質が集合し単一の化学構造を有する化学物質を形成しているとみなされる場合であって、その集合した個々の化学物質がすべて既存の化学物質であるときには、当該単一の化学構造を有する化学物質は、既存の化学物質とみなされるものであること。

イ　分子間化合物（水化物を含む。）
ロ　包接化合物
ハ　有機酸又は有機塩基の塩（金属塩を除く。）
ニ　オニウム塩（正、負両イオンが既存の化学物質から生成されるものである場合に限る。）
ホ　複塩

4　ブロック重合物及びグラフト重合物であってその構成単位となる重合物がすべて既存の化学物質である場合は、当該ブロック重合物及びグラフト重合物は、既存の化学物質とみなされるものであること。

（昭五四・三・二三　基発第一三二号）

法第五十七条の四第一項ただし書の政令で定める場合

（法第五十七条の四第一項ただし書の政令で定める場合）

第十八条の四　法第五十七条の四第一項ただし書の政令で定める場合は、同項に規定する新規化学物質（以下この条において「新規化学物質」という。）を製造し、又は輸入しようとする事業者が、厚生労働省令で定めるところにより、一の事業場における一年間の製造量又は輸入量（当該新規化学物質を製造し、及び輸入しようとする事業者にあつては、これらを合計した量）が百キログラム以下である旨の厚生労働大臣の確認を受けた場合において、その確認を受けたところに従つて当該新規化学物質を製造し、又は輸入しようとするときとする。

法第五十七条の五第一項の政令で定める有害性の調査

（法第五十七条の五第一項の政令で定める有害性の調査）

第十八条の五　法第五十七条の五第一項の政令で定める有害性の調査は、実験動物を用いて吸入投与、経口投与等の方法により行うがん原性の調査とする。

〇通達

「吸入投与、経口投与等」の「等」には、実験動物の皮膚に塗付することによる投与が含まれるものであること。

（昭五四・三・二三　基発第一三二号）

職長等の教育を行うべき業種

（職長等の教育を行うべき業種）

第十九条　法第六十条の政令で定める業種は、次のとおりとする。

一　建設業

二　製造業。ただし、次に掲げるものを除く。

イ　たばこ製造業

ロ　繊維工業（紡績業及び染色整理業を除く。）
ハ　衣服その他の繊維製品製造業
ニ　紙加工品製造業（セロファン製造業を除く。）
三　電気業
四　ガス業
五　自動車整備業
六　機械修理業

○通達

職長等に対する安全衛生教育の対象となる業種の拡大について

「食料品製造業（うまみ調味料製造業及び動植物油脂製造業を除く。）」、「新聞業、出版業、製本業及び印刷物加工業」については、近年の化学物質による労働災害の発生状況を鑑み、新たに職長等に対する安全衛生教育の対象としたこと。

（令四・二・二四　基発〇二二四第一号）

就業制限に係る業務

（就業制限に係る業務）

第二十条　法第六十一条第一項の政令で定める業務は、次のとおりとする。

一　発破の場合におけるせん孔、装てん、結線、点火並びに不発の装薬又は残薬の点検及び処理の業務
二　制限荷重が五トン以上の揚貨装置の運転の業務
三　ボイラー（小型ボイラーを除く。）の取扱いの業務

四　前号のボイラー又は第一種圧力容器（小型圧力容器を除く。）の溶接（自動溶接機による溶接、管（ボイラーにあつては、主蒸気管及び給水管を除く。）の周継手の溶接及び圧縮応力以外の応力を生じない部分の溶接を除く。）の業務

五　ボイラー（小型ボイラー及び次に掲げるボイラーを除く。）又は第六条第十七号の第一種圧力容器の整備の業務

イ　胴の内径が七百五十ミリメートル以下で、かつ、その長さが千三百ミリメートル以下の蒸気ボイラー

ロ　伝熱面積が三平方メートル以下の蒸気ボイラー

ハ　伝熱面積が十四平方メートル以下の温水ボイラー

ニ　伝熱面積が三十平方メートル以下の貫流ボイラー（気水分離器を有するものにあつては、当該気水分離器の内径が四百ミリメートル以下で、かつ、その内容積が〇・四立方メートル以下のものに限る。）

六　つり上げ荷重が五トン以上のクレーン（跨線テルハを除く。）の運転の業務

七　つり上げ荷重が一トン以上の移動式クレーンの運転（道路交通法（昭和三十五年法律第百五号）第二条第一項第一号に規定する道路（以下この条において「道路」という。）上を走行させる運転を除く。）の業務

八　つり上げ荷重が五トン以上のデリツクの運転の業務

九　潜水器を用い、かつ、空気圧縮機若しくは手押しポンプによる送気又はボンベからの給気を受けて、水中において行う業務

十　可燃性ガス及び酸素を用いて行なう金属の溶接、溶断又は加熱の業務

十一　最大荷重（フオークリフトの構造及び材料に応じて基準荷重中心に負荷させることができる最大の荷重をいう。）が一トン以上のフオークリフトの運転（道路上を走行させる運転を除く。）の業務

十二　機体重量が三トン以上の別表第七第一号、第二号、第三号又は第六号に掲げる建設機械で、動力を用い、かつ、不特定の場所に自走することができるものの運転（道路上を走行させる運転を除く。）の業務

十三　最大荷重（ショベルローダー又はフォークローダーの構造及び材料に応じて負荷させることができる最大の荷重をいう。）が一トン以上のショベルローダー又はフォークローダーの運転（道路上を走行させる運転を除く。）の業務

十四　最大積載量が一トン以上の不整地運搬車の運転（道路上を走行させる運転を除く。）の業務

十五　作業床の高さが十メートル以上の高所作業車の運転（道路上を走行させる運転を除く。）の業務

十六　制限荷重が一トン以上の揚貨装置又はつり上げ荷重が一トン以上のクレーン、移動式クレーン若しくはデリックの玉掛けの業務

○通達

「発破の業務」には、せん孔作業における鑿（のみ）の手渡しまたは取換えの業務、装てん作業における込棒または込物の運搬の業務、点火作業における予備点火具の保持の業務等は、含まれないこと。

（昭四六・四・一五　基発第三〇九号）

1　第一号の「結線」とは、電気発破の場合における結線をいうものであること。

2　第五号の「ボイラーの整備の業務」とは、ボイラーの使用を中止し、ボイラー水を排出して行うボイラー本体および附属設備の内外面の清浄作業ならびに附属装置等の整備の作業をいい、自動制御装置または附属品のみを整備する作業を含まないものであること。

3　第五号の「第一種圧力容器の整備の業務」とは、第一種圧力容器の使用を中止し、本体を開放して行なう内外面の清浄作業ならびに附属装置等の整備の作業をいい、附属装置または附属品のみを整備する作業を含まないものであること。

4　第一二号の「機体重量」は、アタッチメントを交換することによって種々の用途に変更する機械にあっては、アタッチメントを除いた機体の重量をいい、例えば、トラクター等の機械では、トラクター単位の重量をさすものであること。

5　第一三号〔現行＝第一六号〕の「玉掛けの業務」とは、つり具を用いて行なう荷かけおよび荷はずしの業務をいい、とりべ、コンクリートバケット等のごとくつり具がそれらの一部となっているものを直接クレーン等のフックにかける業務および二人以上の者によって行なう玉掛けの業務における補助作業の業務は含まないこと。

（昭四七・九・一八　基発第六〇二号）

1　第一一号の「負荷させることができる」とは、安定度、ショベルローダー等の許容応力等の条件の範囲内において負荷させることができるものをいうこと。

2　第一一号の「最大荷重」とは、ショベルローダーについては、JIS　D六〇三一—一九七六（ショベルローダー）に定めるバケットの規定重心位置（バケット容量を算出するときに仮定する一定の形状の荷の重心位置をいう。）を基準として、フォークローダーについては、その荷重中心位置を基準として算定するものであること。

3　第一二号について

イ　移動式クレーンに基礎工事用の作業装置を取り付けたものは労働安全衛生法施行令（以下「令」という。）別表第七第三号に掲げる機械で、動力を用い、かつ、不特定の場所に自走できるものに該当すること。

ロ　「不特定の場所に自走できるもの」には、レール上を自走するものも含まれるが、船であるものは含まれないこと。

ハ　「運転」には、リーダーの組立て、バイブロハンマーの取付け等が含まれるものであること。

（昭五三・二・一〇　基発第七七号）

1　第一四号の「不整地運搬車の運転」の「運転」には、走行の操作のほか、ダンプ装置の操作が含まれるものであること。

2　第一五号の「高所作業車の運転」の「運転」には、構造上定められた走行姿勢により移送のために走行させる運転は含まれないこと。

（平二・九・二六　基発第五八三号）

作業環境測定を行うべき作業場

（作業環境測定を行うべき作業場）

第二十一条　法第六十五条第一項の政令で定める作業場は、次のとおりとする。

一　土石、岩石、鉱物、金属又は炭素の粉じんを著しく発散する屋内作業場で、厚生労働省令で定めるもの

二　暑熱、寒冷又は多湿の屋内作業場で、厚生労働省令で定めるもの

三　著しい騒音を発する屋内作業場で、厚生労働省令で定めるもの

四　坑内の作業場で、厚生労働省令で定めるもの

五　中央管理方式の空気調和設備（空気を浄化し、その温度、湿度及び流量を調節して供給することができる設備をいう。）を設けている建築物の室で、事務所の用に供されるもの

六　別表第二に掲げる放射線業務を行う作業場で、厚生労働省令で定めるもの

七　別表第三第一号若しくは第二号に掲げる特定化学物質（同号34の2に掲げる物及び同号37に掲げる物で同号34の2に係るものを除く。）を製造し、若しくは取り扱う屋内作業場（同号3の3、11の2、13の2、15、15の2、18の2から18の4まで、19の2から19の4まで、22の2から22の5まで、23の2、33の2若しくは34の3に掲げる物又は同号37に掲げる物で同号3の3、11の2、13の2、15、15の2、18の2から18の4まで、19の2から19の4まで、22の2から22の5まで、23の2、33の2若しくは34の3に係るものを製造し、又は取り扱う作業で厚生労働省令で定めるものを行うものを除く。）、石綿等を取り扱い、若しくは試験研究のため製造する屋内作業場若しくは石綿分析用試料等を製造する屋内作業場又はコークス炉上において若しくはコークス炉に接してコークス製造の作業を行う場合の当該作業場

八　別表第四第一号から第八号まで、第十号又は第十六号に掲げる鉛業務（遠隔操作によつて行う隔離室におけるものを除く。）を行う屋内作業場

九　別表第六に掲げる酸素欠乏危険場所において作業を行う場合の当該作業場

十　別表第六の二に掲げる有機溶剤を製造し、又は取り扱う業務で厚生労働省令で定めるものを行う屋内作業場

○通達

1　第七号の「コークス炉上において……コークス製造の作業を行う場合の当該作業場」には、コークス炉に石炭等の原料を装入する作業、上昇管内部の堆積物を除去する作業等が行われる炉上の作業場をいうものであること。

2　第七号の「コークス炉に接してコークス製造の作業を行う場合の当該作業場」とは、一般に「コークス炉の炉側の作業場」と称されているもので、具体的には、押出し機、ガイド車、消火車等の運転の作業、稼働中のコークス炉の炉壁の補修の作業、炉ぶたの保守点検の作業、プラットホームの清掃の作業等コークス炉からの発散物に直接被ばくして作業が行われる作業場をいい、貯炭場、炉ぶたの修理工場等は、これに含まれないものであること。

（昭五〇・二・二四　基発第一一〇号）

1　本政令により、「金属又は炭素の粉じんを著しく発散する屋内作業場」についても新たに作業環境測定を行わなければならないこととなったこと。

2　金属の粉じんに係る屋内作業場として今回具体的に作業環境測定が義務づけられたものは、アルミニウムの粉じんに係る屋内作業場及び金属ヒュームに係る屋内作業場であること。

3　「炭素」には、無定形炭素、黒鉛（グラファイト、石墨ともいう。）等があり、無定形炭素には石炭、コークス、カーボンブラック、木炭、活性炭等があること。

（昭五四・七・二六　基発第三八二号）

酸化プロピレンを製造し、又は取り扱う業務のうち厚生労働省令で定める一部の業務については、作業環境測定の実施の規定の適用を除外することとしたこと。

（平二三・二・四　基発〇二〇四第四号）

第六条の解釈例規（平二四・一〇・二六　基発一〇二六第六号・雇児発一〇二六第二号）参照

第六条の解釈例規（平二五・八・二七　基発〇八二七第六号）参照

第六条の解釈例規（平二六・九・二四　基発〇九二四第六号・雇児発〇九二四第七号）参照

金属アーク溶接等では、溶接不良を避けるため溶接点での風速制限があり、実態調査において、仮に管理濃度（溶接ヒューム中のマンガン濃度）を〇・〇五㎎／㎥とした場合、第三管理区分に相当する作業場所が六割程度を占めたこと等を踏まえると、仮に局所排気装置等の設置が可能である場合であっても、全ての事業場において、局所排気装置等を用いた作業環境改善措置のみによって溶接ヒューム中のマンガン濃度を〇・〇五㎎／㎥（レスピラブル粒子。以下同じ。）まで一律に低減させることは困難と見込まれる。このため、溶接ヒューム等を製造し、又は取り扱う屋内作業場については、作業環境測定及びその結果に基づく措置の実施を義務付けないこととし、改正省令において、有効な呼吸用保護具の使用等の溶接ヒュームのばく露を防止するための措置を義務付けたこと。

（令二・四・二二　基発〇四二二第四号）

健康診断を行うべき有害な業務

（健康診断を行うべき有害な業務）

第二十二条　法第六十六条第二項前段の政令で定める有害な業務は、次のとおりとする。

一　第六条第一号に掲げる作業に係る業務及び第二十条第九号に掲げる業務

二　別表第二に掲げる放射線業務

三　別表第三第一号若しくは第二号に掲げる特定化学物質（同号5及び31の2に掲げる物並びに同号37に掲げる物で同号5又は31の2に係るものを除く。）を製造し、若しくは取り扱う業務（同号8若しくは32に掲げる物又は同号37に掲げる物で同号8若しくは32に係るものを製造する事業場以外の事業場においてこれらの物を取り扱う業務及び同号3の3、11の2、13の2、15、15の2、18の2から18の4まで、19の2から19の4まで、22の2から22の5まで、23の2、33の2若しくは34の3に掲げる物又は同号37に掲げる物で同号3の3、11の2、13の2、15、15の2、18の2から18の4まで、19の2から19の4まで、22の2から22の5まで、23の2、33の

施行令

2若しくは34の3に係るものを製造し、又は取り扱う業務で厚生労働省令で定めるものを除く。）、第十六条第一項各号に掲げる物（同項第四号に掲げる物及び同項第九号に掲げる物で同項第四号に係るものを除く。）を試験研究のため製造し、若しくは使用する業務又は石綿等の取扱い若しくは試験研究のための製造若しくは石綿分析用試料等の製造に伴い石綿の粉じんを発散する場所における業務

四　別表第四に掲げる鉛業務（遠隔操作によつて行う隔離室におけるものを除く。）

五　別表第五に掲げる四アルキル鉛等業務（遠隔操作によつて行う隔離室におけるものを除く。）

六　屋内作業場又はタンク、船倉若しくは坑の内部その他の厚生労働省令で定める場所において別表第六の二に掲げる有機溶剤を製造し、又は取り扱う業務で、厚生労働省令で定めるもの

2　法第六十六条第二項後段の政令で定める有害な業務は、次の物を製造し、若しくは取り扱う業務（第十一号若しくは第二十二号に掲げる物又は第二十四号に掲げる物で第十一号若しくは第二十二号に係るものを製造する事業場以外の事業場においてこれらの物を取り扱う業務、第十二号若しくは第十六号に掲げる物又は第二十四号に掲げる物で第十二号若しくは第十六号に係るものを鉱石から製造する事業場以外の事業場においてこれらの物を取り扱う業務及び第九号の二、第十三号の二、第十四号の二、第十四号の三、第十五号の二から第十五号の四まで、第十六号の二若しくは第二十二号の二に掲げる物又は第二十四号に掲げる物で第九号の二、第十三号の二、第十四号の二、第十四号の三、第十五号の二から第十五号の四まで、第十六号の二若しくは第二十二号の二に係るものを製造し、又は取り扱う業務で厚生労働省令で定めるものを除く。）又は石綿等の製造若しくは取扱いに伴い石綿の粉じんを発散する場所における業務とする。

一　ベンジジン及びその塩
一の二　ビス（クロロメチル）エーテル
二　ベーターナフチルアミン及びその塩
三　ジクロルベンジジン及びその塩
四　アルファーナフチルアミン及びその塩
五　オルトートリジン及びその塩
六　ジアニシジン及びその塩
七　ベリリウム及びその化合物
八　ベンゾトリクロリド
九　インジウム化合物
九の二　エチルベンゼン
九の三　エチレンイミン
十　塩化ビニル
十一　オーラミン
十一の二　オルトートルイジン
十二　クロム酸及びその塩
十三　クロロメチルメチルエーテル
十三の二　コバルト及びその無機化合物
十四　コールタール

十四の二　酸化プロピレン
十四の三　三酸化二アンチモン
十五　三・三′－ジクロロ－四・四′－ジアミノジフェニルメタン
十五の二　一・二－ジクロロプロパン
十五の三　ジクロロメタン（別名二塩化メチレン）
十五の四　ジメチル－二・二－ジクロロビニルホスフェイト（別名ＤＤＶＰ）
十五の五　一・一－ジメチルヒドラジン
十六　重クロム酸及びその塩
十六の二　ナフタレン
十七　ニッケル化合物（次号に掲げる物を除き、粉状の物に限る。）
十八　ニッケルカルボニル
十九　パラ－ジメチルアミノアゾベンゼン
十九の二　砒素及びその化合物（アルシン及び砒化ガリウムを除く。）
二十　ベータ－プロピオラクトン
二十一　ベンゼン
二十二　マゼンタ
二十二の二　リフラクトリーセラミックファイバー
二十三　第一号から第七号までに掲げる物をその重量の一パーセントを超えて含有し、又は第八号に掲げる物をその重量の〇・五パーセントを超えて含有する製剤その他の物（合金にあつては、ベリリウムをその重量の三パーセントを超えて含有するものに限る。）

二十四　第九号から第二十二号の二までに掲げる物を含有する製剤その他の物で、厚生労働省令で定めるもの

3　法第六十六条第三項の政令で定める有害な業務は、塩酸、硝酸、硫酸、亜硫酸、弗（ふっ）化水素、黄りんその他歯又はその支持組織に有害な物のガス、蒸気又は粉じんを発散する場所における業務とする。

○通達

(イ)　酸化プロピレン又は一・一－ジメチルヒドラジンを製造し、又は取り扱う業務を法第六六条第二項の健康診断（以下「特殊健康診断」という。）の対象業務として追加することとしたこと。

(エ)　酸化プロピレンを製造し、又は取り扱う業務のうち厚生労働省令で定める一部の業務については、特殊健康診断の実施の規定の適用を除外することとしたこと。

（平二三・二・四　基発〇二〇四第四号）

イ　インジウム化合物、エチルベンゼン、コバルト及びその無機化合物並びにこれらを含有する製剤その他の物で、厚生労働省令で定めるもの（改正省令による改正後の特定化学物質障害予防規則第三九条第四項及び別表第五においてこれらの含有量が重量の一%を超える製剤その他の物を規定。）を製造し、又は取り扱う業務を法第六六条第二項後段の健康診断（以下同項前段の健康診断と併せて「特殊健康診断」という。）の対象業務として規定したこと。

エ　エチルベンゼン等又はコバルト等を製造し、又は取り扱う作業等のうち、厚生労働省令で定める一部の作業等については、作業主任者の選任等の規定の適用を除外することとしたこと。

（平二四・一〇・二六　基発一〇二六第六号・雇児発一〇二六第二号）

イ　一・二―ジクロロプロパン及びこれを含有する製剤その他の物で、厚生労働省令で定めるもの（改正省令による改正後の特定化学物質障害予防規則第三九条第四項及び別表第五においてこれらの含有量が重量の一％を超える製剤その他の物を規定。）を製造し、又は取り扱う業務を法第六六条第二項後段の健康診断（以下同項前段の健康診断と併せて「特殊健康診断」という。）の対象業務として規定したこと。

エ　一・二―ジクロロプロパン等を製造し、又は取り扱う作業等のうち、厚生労働省令で定める一部の作業等については、作業主任者の選任等の規定の適用を除外することとしたこと。

（平二五・八・二七　基発〇八二七第六号）

ウ　配置転換後の健康診断を行うべき有害な業務への追加

以下の物質を製造し、又は取り扱う業務を、法第六六条第二項後段の健康診断の対象業務としたこと。

・DDVP及びこれを含有する製剤その他の物で、厚生労働省令で定めるもの（具体的には第２の２（３）シ〔編注＝特化則第三九条関係〕参照）

・ジクロロメタン及びこれを含有する製剤その他の物で、厚生労働省令で定めるもの（具体的には第２の２（３）ス（ア）〔編注＝特化則第三九条関係〕参照）

エ　作業主任者を選任すべき作業、作業環境測定を行うべき作業場及び健康診断を行うべき有害業務への追加

DDVP又はクロロホルム他九物質及びこれらを含有する製剤その他の物を製造し、又は取り扱う作業等を、作業主任者を選任すべき作業等に追加したこと。なお、これらのうち、厚生労働省令で定める一部の作業等については、作業主任者の選任等の規定の適用を除外することとしたこと。

（平二六・九・二四　基発〇九二四第六号・雇児発〇九二四第七号）

健康管理手帳を交付する業務

（健康管理手帳を交付する業務）

第二十三条　法第六十七条第一項の政令で定める業務は、次のとおりとする。

一　ベンジジン及びその塩（これらの物をその重量の一パーセントを超えて含有する製剤その他の物を含む。）を製造し、又は取り扱う業務

二　ベーターナフチルアミン及びその塩（これらの物をその重量の一パーセントを超えて含有する製剤その他の物を含む。）を製造し、又は取り扱う業務

三　粉じん作業（じん肺法（昭和三十五年法律第三十号）第二条第一項第三号に規定する粉じん作業をいう。）に係る業務

四　クロム酸及び重クロム酸並びにこれらの塩（これらの物をその重量の一パーセントを超えて含有する製剤その他の物を含む。）を製造し、又は取り扱う業務（これらの物を鉱石から製造する事業場以外の事業場における業務を除く。）

五　無機砒素化合物（アルシン及び砒化ガリウムを除く。）を製造する工程において粉砕をし、三酸化砒素を製造する工程において焙焼若しくは精製を行い、又は砒素をその重量の三パーセントを超えて含有する鉱石をポット法若しくはグリナワルド法により製錬する業務

六　コークス又は製鉄用発生炉ガスを製造する業務（コークス炉上において若しくはコークス炉に接して又はガス発生炉上において行う業務に限る。）

七　ビス（クロロメチル）エーテル（これをその重量の一パーセントを超えて含有する製剤その他の物を含む。）を製造し、又は取り扱う業務

八　ベリリウム及びその化合物（これらの物をその重量の一パーセントを超えて含有する製剤その他の物（合金にあつては、ベリリウムをその重量の三パーセントを超えて含有するものに限る。）を含む。）を製造し、又は取り扱う業務（これらの物のうち粉状の物以外の物を取り扱う

業務を除く。）
九　ベンゾトリクロリドを製造し、又は取り扱う業務（太陽光線により塩素化反応をさせることによりベンゾトリクロリドを製造する事業場における業務に限る。）
十　塩化ビニルを重合する業務又は密閉されていない遠心分離機を用いてポリ塩化ビニル（塩化ビニルの共重合体を含む。）の懸濁液から水を分離する業務
十一　石綿等の製造又は取扱いに伴い石綿の粉じんを発散する場所における業務
十二　ジアニシジン及びその塩（これらの物をその重量の一パーセントを超えて含有する製剤その他の物を含む。）を製造し、又は取り扱う業務
十三　一・二－ジクロロプロパン（これをその重量の一パーセントを超えて含有する製剤その他の物を含む。）を取り扱う業務（厚生労働省令で定める場所における印刷機その他の設備の清掃の業務に限る。）
十四　オルト－トルイジン（これをその重量の一パーセントを超えて含有する製剤その他の物を含む。）を製造し、又は取り扱う業務
十五　三・三′－ジクロロ－四・四′－ジアミノジフェニルメタン（これをその重量の一パーセントを超えて含有する製剤その他の物を含む。）を製造し、又は取り扱う業務

○通達

1　第四号の「鉱石から製造する事業場」とは、鉱石から一貫して製造する事業場をいうこと。
2　第五号の「三酸化砒素を製造する工程において焙焼若しくは精製を行う」業務には、砒素鉱山におけるもののほか、銅製錬工程等において副生する煙煤から三酸化砒素を製造するものも含まれるものであること。

3　第五号の「砒素をその重量の三パーセントを超えて含有する鉱石」には、金爪石が含まれること。

4　第五号の「ポット法」及び「グリナワルド法」とは、銅製錬の工程において銅鉱石を焙焼する方法であること。

なお、この焙焼方法は、現在行われていないこと。

5　第六号の「製鉄用コークス（現行＝コークス。以下同じ）……を製造する業務」には、次のような業務が含まれるものであること（ただし、臨時に製鉄用コークスを製造するものは含まれないものであること。）。

イ　同一のコークス炉において製鉄用コークス及びその他のコークス（一般用コークス、鋳物用コークス等）を同時に製造する業務

ロ　同一のコークス炉において製鉄用コークス及びその他のコークスを交互に製造する業務

なお、製鉄用コークスを製造する業務である以上、製鉄業以外の業種（化学工業、ガス業等）の事業場において行われる場合、他の業務と合せて行われる場合等であっても、同号の「製鉄用コークス……を製造する業務」に該当するものであること。

6　第六号の「コークス炉上において若しくはコークス炉に接して……行う業務」とは、上記七（編注＝第二一条の通達参照）の作業場において行われる業務をいうものであること。

（昭五〇・二・二四　基発第一一〇号）

第一〇号の「重合する業務」には、重合槽の清掃作業が含まれるものであること。

（昭五一・六・一八　基発第四六四号）

健康管理手帳を交付する業務に、無機砒素化合物（アルシン及び砒化ガリウムを除く。）を製造する工程において粉砕をする業務を追加することとしたこと。

（平二三・二・四　基発〇二〇四第四号）

オ　健康管理手帳を交付する業務に、一・二―ジクロロプロパン（これをその重量の一パーセントを超えて

含有する製剤その他の物を含む。）を取り扱う業務（厚生労働省令で定める場所における印刷機その他の設備の清掃の業務に限る。）」を追加したこと。なお、「清掃の業務」とは、「洗浄又は払拭の業務」と同義であること。

（平二五・八・二七　基発〇八二七第六号）

登録教習機関の登録の有効期間

（登録教習機関の登録の有効期間）

第二十三条の二　法第七十七条第四項の政令で定める期間は、五年とする。

計画の届出をすべき業種

（計画の届出をすべき業種）

第二十四条　法第八十八条第三項の政令で定める業種は、土石採取業とする。

法第百二条の政令で定める工作物

（法第百二条の政令で定める工作物）

第二十五条　法第百二条の政令で定める工作物は、次のとおりとする。

一　電気工作物

二　熱供給施設

三　石油パイプライン

別表第一　危険物（第一条、第六条、第九条の三関係）

一　爆発性の物
1　ニトログリコール、ニトログリセリン、ニトロセルローズその他の爆発性の硝酸エステル類
2　トリニトロベンゼン、トリニトロトルエン、ピクリン酸その他の爆発性のニトロ化合物
3　過酢酸、メチルエチルケトン過酸化物、過酸化ベンゾイルその他の有機過酸化物
4　アジ化ナトリウムその他の金属のアジ化物

二　発火性の物
1　金属「リチウム」
2　金属「カリウム」
3　金属「ナトリウム」
4　黄りん
5　硫化りん
6　赤りん
7　セルロイド類
8　炭化カルシウム（別名カーバイド）
9　りん化石灰
10　マグネシウム粉
11　アルミニウム粉
12　マグネシウム粉及びアルミニウム粉以外の金属粉

13　亜二チオン酸ナトリウム（別名ハイドロサルファイト）
三　酸化性の物
1　塩素酸カリウム、塩素酸ナトリウム、塩素酸アンモニウムその他の塩素酸塩類
2　過塩素酸カリウム、過塩素酸ナトリウム、過塩素酸アンモニウムその他の過塩素酸塩類
3　過酸化カリウム、過酸化ナトリウム、過酸化バリウムその他の無機過酸化物
4　硝酸カリウム、硝酸ナトリウム、硝酸アンモニウムその他の硝酸塩類
5　亜塩素酸ナトリウムその他の亜塩素酸塩類
6　次亜塩素酸カルシウムその他の次亜塩素酸塩類
四　引火性の物
1　エチルエーテル、ガソリン、アセトアルデヒド、酸化プロピレン、二硫化炭素その他の引火点が零下三〇度未満の物
2　ノルマルヘキサン、エチレンオキシド、アセトン、ベンゼン、メチルエチルケトンその他の引火点が零下三〇度以上零度未満の物
3　メタノール、エタノール、キシレン、酢酸ノルマル－ペンチル（別名酢酸ノルマル－アミル）その他の引火点が零度以上三〇度未満の物
4　灯油、軽油、テレビン油、イソペンチルアルコール（別名イソアミルアルコール）、酢酸その他の引火点が三〇度以上六五度未満の物
五　可燃性のガス（水素、アセチレン、エチレン、メタン、エタン、プロパン、ブタンその他の温度一五度、一気圧において気体である可燃性の物をいう。）

○通達

第四号1から4までに掲げる引火性の物の「引火点」の数値は、タグ密閉式、ペンスキーマルテンス式またはクリーブランド開放式の引火点測定器により、一気圧のもとで測定した値であること。

（昭四七・九・一八　基発第六〇二号）

令別表

別表第二　放射線業務（第六条、第二十一条、第二十二条関係）

一　エックス線装置の使用又はエックス線の発生を伴う当該装置の検査の業務

二　サイクロトロン、ベータトロンその他の荷電粒子を加速する装置の使用又は電離放射線（アルファ線、重陽子線、陽子線、ベータ線、電子線、中性子線、ガンマ線及びエックス線をいう。第五号において同じ。）の発生を伴う当該装置の検査の業務

三　エックス線管若しくはケノトロンのガス抜き又はエックス線の発生を伴うこれらの検査の業務

四　厚生労働省令で定める放射性物質を装備している機器の取扱いの業務

五　前号に規定する放射性物質又は当該放射性物質若しくは第二号に規定する装置から発生した電離放射線によつて汚染された物の取扱いの業務

六　原子炉の運転の業務

七　坑内における核原料物質（原子力基本法（昭和三十年法律第百八十六号）第三条第三号に規定する核原料物質をいう。）の掘採の業務

○通達

1　第五号の「放射性物質の取扱い」とは、放射性物質の使用だけでなく、その運送、保管等の業務をも含むこと。

2　第六号の「原子炉の運転」とは、原子炉の操作取扱い、研究及び利用のために管理区域に立ち入って行う業務をいうこと。

（昭六四・一・一　基発第一号）

別表第三　特定化学物質（第六条、第十五条、第十七条、第十八条、第十八条の二、第二十一条、第二十二条関係）

一　第一類物質

1　ジクロルベンジジン及びその塩

2　アルファ－ナフチルアミン及びその塩

3　塩素化ビフエニル（別名ＰＣＢ）

4　オルト－トリジン及びその塩

5　ジアニシジン及びその塩

6　ベリリウム及びその化合物

7　ベンゾトリクロリド

8　1から6までに掲げる物をその重量の一パーセントを超えて含有し、又は7に掲げる物をその重量の〇・五パーセントを超えて含有する製剤その他の物（合金にあつては、ベリリウムをその重量の三パーセントを超えて含有するものに限る。）

二　第二類物質

1　アクリルアミド

2　アクリロニトリル

3　アルキル水銀化合物（アルキル基がメチル基又はエチル基である物に限る。）

3の2　インジウム化合物

3の3　エチルベンゼン

4　エチレンイミン
5　エチレンオキシド
6　塩化ビニル
7　塩素
8　オーラミン
8の2　オルト-トルイジン
9　オルト-フタロジニトリル
10　カドミウム及びその化合物
11　クロム酸及びその塩
11の2　クロロホルム
12　クロロメチルメチルエーテル
13　五酸化バナジウム
13の2　コバルト及びその無機化合物
14　コールタール
15　酸化プロピレン
15の2　三酸化二アンチモン
16　シアン化カリウム
17　シアン化水素
18　シアン化ナトリウム

18の2　四塩化炭素
18の3　一・四－ジオキサン
18の4　一・二－ジクロロエタン（別名二塩化エチレン）
19　三・三′－ジクロロ－四・四′－ジアミノジフェニルメタン
19の2　一・二－ジクロロプロパン
19の3　ジクロロメタン（別名二塩化メチレン）
19の4　ジメチル－二・二－ジクロロビニルホスフェイト（別名ＤＤＶＰ）
19の5　一・一－ジメチルヒドラジン
20　臭化メチル
21　重クロム酸及びその塩
22　水銀及びその無機化合物（硫化水銀を除く。）
22の2　スチレン
22の3　一・一・二・二－テトラクロロエタン（別名四塩化アセチレン）
22の4　テトラクロロエチレン（別名パークロルエチレン）
22の5　トリクロロエチレン
23　トリレンジイソシアネート
23の2　ナフタレン
23の3　ニッケル化合物（24に掲げる物を除き、粉状の物に限る。）
24　ニッケルカルボニル

25　ニトログリコール
26　パラ－ジメチルアミノアゾベンゼン
27　パラ－ニトロクロルベンゼン
27の2　砒素及びその化合物（アルシン及び砒化ガリウムを除く。）
28　弗化水素
29　ベータ－プロピオラクトン
30　ベンゼン
31　ペンタクロルフエノール（別名ＰＣＰ）及びそのナトリウム塩
31の2　ホルムアルデヒド
32　マゼンタ
33　マンガン及びその化合物
33の2　メチルイソブチルケトン
34　沃化メチル
34の2　溶接ヒューム
34の3　リフラクトリーセラミックファイバー
35　硫化水素
36　硫酸ジメチル
37　1から36までに掲げる物を含有する製剤その他の物で、厚生労働省令で定めるもの

三　第三類物質

1　アンモニア
2　一酸化炭素
3　塩化水素
4　硝酸
5　二酸化硫黄
6　フエノール
7　ホスゲン
8　硫酸
9　1から8までに掲げる物を含有する製剤その他の物で、厚生労働省令で定めるもの

○通達

ウ　特定化学物質の第2類物質に一・二－ジクロロプロパン及びこれを含有する製剤その他の物で、厚生労働省令で定めるもの（改正省令による改正後の特定化学物質障害予防規則第二条第二項及び別表第一において一・二－ジクロロプロパンの含有量が重量の一％を超える製剤その他の物並びにそれ以外の物で、一・二－ジクロロプロパン及び施行令別表第六の二の有機溶剤（以下単に「有機溶剤」という。）の含有量が重量の五％を超える製剤その他の物を規定。以下「一・二－ジクロロプロパン等」という。）を追加したこと。

これにより、一・二－ジクロロプロパン等を製造し、又は取り扱う場合は、作業主任者の選任、作業環境測定及び特殊健康診断（以下「作業主任者の選任等」という。）を行わなければならないこととなること。

（平二五・八・二七　基発第〇八二七第六号）

ア　塩基性酸化マンガンのばく露による有害性については、塩基性酸化マンガンを含む溶接ヒューム及び溶解フェロマンガンヒュームのばく露による神経機能障害が多数報告され、その多くには、ばく露量－作用

関係が認められた。さらに、塩基性酸化マンガンに関する特殊健康診断において、一定の有所見者（一・四％）が認められた。これらを踏まえ、塩基性酸化マンガンを特定化学物質（第二類物質）に追加したこと。

イ　溶接ヒュームのばく露による有害性については、含有されるマンガンによる神経機能障害に加え、溶接ヒュームのばく露による肺がんのリスクが上昇していることが多数報告され、ばく露量－作用関係も大規模疫学研究等で確認された。このため、溶接ヒュームとマンガン及びその化合物の毒性、健康影響等は異なる可能性が高いことから、溶接ヒュームを独立した特定化学物質（第二類物質）として追加したこと。

（令二・四・二二　基発第〇四二二第四号）

別表第四　鉛業務（第六条、第二十一条、第二十二条関係）

一　鉛の製錬又は精錬を行なう工程における焙焼、焼結、溶鉱又は鉛等若しくは焼結鉱等の取扱いの業務（鉛又は鉛合金を溶融するかま、るつぼ等の容量の合計が五〇リットルをこえない作業場における四五〇度以下の温度による鉛又は鉛合金の溶融又は鋳造の業務を除く。次号から第七号まで、第十二号及び第十六号において同じ。）

二　銅又は亜鉛の製錬又は精錬を行なう工程における溶鉱（鉛を三パーセント以上含有する原料を取り扱うものに限る。）、当該溶鉱に連続して行なう転炉による溶融又は煙灰若しくは電解スライム（銅又は亜鉛の製錬又は精錬を行なう工程において生ずるものに限る。）の取扱いの業務

三　鉛蓄電池又は鉛蓄電池の部品を製造し、修理し、又は解体する工程において鉛等の溶融、鋳造、粉砕、混合、ふるい分け、練粉、充てん、乾燥、加工、組立て、溶接、溶断、切断若しくは運搬をし、又は粉状の鉛等をホッパー、容器等に入れ、若しくはこれらから取り出す業務

四　電線又はケーブルを製造する工程における鉛の溶融、被鉛、剥鉛又は被鉛した電線若しくはケーブルの加硫若しくは加工の業務

五　鉛合金を製造し、又は鉛若しくは鉛合金の製品（鉛蓄電池及び鉛蓄電池の部品を除く。）を製造し、修理し、若しくは解体する工程における鉛若しくは鉛合金の溶融、鋳造、溶接、溶断、切断若しくは加工又は鉛快削鋼を製造する工程における鉛の鋳込の業務

六　鉛化合物（酸化鉛、水酸化鉛その他の厚生労働大臣が指定する物に限る。以下この表において同じ。）を製造する工程において鉛等の溶融、鋳造、粉砕、混合、空冷のための攪拌、ふるい分け、煆焼、焼成、乾燥若しくは運搬をし、又は粉状の鉛等をホッパー、容器等に入れ、若

しくはこれらから取り出す業務

七　鉛ライニングの業務（仕上げの業務を含む。）

八　鉛ライニングを施し、又は含鉛塗料を塗布した物の破砕、溶接、溶断、切断、鋲打ち（加熱して行なう鋲打ちに限る。）、加熱、圧延又は含鉛塗料のかき落しの業務

九　鉛装置の内部における業務

十　鉛装置の破砕、溶接、溶断又は切断の業務（前号に掲げる業務を除く。）

十一　転写紙を製造する工程における鉛等の粉まき又は粉払いの業務

十二　ゴム若しくは合成樹脂の製品、含鉛塗料又は鉛化合物を含有する絵具、釉薬、農薬、ガラス、接着剤等を製造する工程における鉛等の溶融、鋳込、粉砕、混合若しくはふるい分け又は被鉛若しくは剥鉛の業務

十三　自然換気が不十分な場所におけるはんだ付けの業務（臨時に行なう業務を除く。次号から第十六号までにおいて同じ。）

十四　鉛化合物を含有する釉薬を用いて行なう施釉又は当該施釉を行なつた物の焼成の業務

十五　鉛化合物を含有する絵具を用いて行なう絵付け又は当該絵付けを行なつた物の焼成の業務（筆若しくはスタンプによる絵付け又は局所排気装置若しくは排気筒が設けられている焼成窯による焼成の業務で、厚生労働省令で定めるものを除く。）

十六　溶融した鉛を用いて行なう金属の焼入れ若しくは焼戻し又は当該焼入れ若しくは焼戻しをした金属のサンドバスの業務

十七　動力を用いて印刷する工程における活字の文選、植字又は解版の業務

十八　前各号に掲げる業務を行なう作業場所における清掃の業務（第九号に掲げる業務を除く。）

備考

一　「鉛等」とは、鉛、鉛合金及び鉛化合物並びにこれらと他の物との混合物（焼結鉱、煙灰、電解スライム及び鉱さいを除く。）をいう。

二　「焼結鉱等」とは、鉛の製錬又は精錬を行なう工程において生ずる焼結鉱、煙灰、電解スライム及び鉱さい並びに銅又は亜鉛の製錬又は精錬を行なう工程において生ずる煙灰及び電解スライムをいう。

三　「鉛合金」とは、鉛と鉛以外の金属との合金で、鉛を当該合金の重量の一〇パーセント以上含有するものをいう。

四　「含鉛塗料」とは、鉛化合物を含有する塗料をいう。

五　「鉛装置」とは、粉状の鉛等又は焼結鉱等が内部に付着し、又はたい積している炉、煙道、粉砕機、乾燥器、除じん装置その他の装置をいう。

○通達

1　第五号チ〔現行＝令別表第四第八号〕の「含鉛塗料のかき落とし」とは、きさげ、ワイヤブラシ、グラインダ、サンドブラスト等を用いて、含鉛塗料をかき落とすことをいうこと。

2　第五号レ〔現行＝令別表第四第一七号〕の業務には、手動による名刺印刷のごときものは除外する趣旨であること。

（昭四二・三・三一　基発第四四二号）

別表第五　四アルキル鉛等業務（第六条、第二十二条関係）

一　四アルキル鉛（四メチル鉛、四エチル鉛、一メチル・三エチル鉛、二メチル・二エチル鉛及び三メチル・一エチル鉛並びにこれらを含有するアンチノック剤をいう。以下同じ。）を製造する業務（四アルキル鉛が生成する工程以後の工程に係るものに限る。）

二　四アルキル鉛をガソリンに混入する業務（四アルキル鉛をストレージタンクに注入する業務を含む。）

三　前二号に掲げる業務に用いる機械又は装置の修理、改造、分解、解体、破壊又は移動を行なう業務（次号に掲げる業務に該当するものを除く。）

四　四アルキル鉛及び加鉛ガソリン（四アルキル鉛を含有するガソリンをいう。）（以下「四アルキル鉛等」という。）によりその内部が汚染されており、又は汚染されているおそれのあるタンクその他の設備の内部における業務

五　四アルキル鉛等を含有する残さい物（廃液を含む。以下同じ。）を取り扱う業務

六　四アルキル鉛が入つているドラムかんその他の容器を取り扱う業務

七　四アルキル鉛を用いて研究を行なう業務

八　四アルキル鉛等により汚染されており、又は汚染されているおそれのある物又は場所の汚染を除去する業務（第二号又は第四号に掲げる業務に該当するものを除く。）

○通達

1　第一号の「四アルキル鉛を生成する工程」とは、鉛ナトリウム合金、塩化メチル、塩化エチルとその他の原料を用いて四アルキル鉛が生成される工程をいい、従って、「四アルキル鉛を生成する工程以後の工程

に係るもの」とは、具体的には原料を反応させ四アルキル鉛を生成させる作業（反応釜操作の作業）以後、四アルキル鉛をドラムかん等に充填する作業までをいい、その間の工程で生ずる洗浄液又はスラジより四アルキル鉛を回収する作業及び四アルキル鉛を入れたことのあるドラムかんの四アルキル鉛の除去洗浄の作業を含むものであること。

なお、本号のかっこ書きの規定を設けたのは四アルキル鉛を生成する以前の工程の作業については四アルキル鉛中毒にかかるおそれがないからであること。

2　第二号の業務は、加鉛ガソリンを造るために、ドラムかんから四アルキル鉛を吸引し、混合槽を用いて四アルキル鉛をガソリンに混入する作業をいい、石油精製所におけるいわゆる加鉛作業をいうものであるが、空港において、特に航空機の燃料に供するため四アルキル鉛をガソリンに混入する加鉛作業が行なわれる場合には当然該当するものであること。

なお、本号のかっこ書きの規定を設けたのは、石油精製所等における加鉛の方法については、ドラムかんより直接加鉛する方式のほか、ドラムかんからストレージタンク（あるいはウエイタンク）に吸引して一旦そこに収納した後、当該タンクからガソリンの流れるパイプに加鉛するパイプブレンダ方式があるが、この場合ストレージタンク等に吸引する作業も、ドラムかんから直接加鉛する作業方式と同様に規制する必要があるからであること。

3　第三号の「装置」には、製造に係る反応釜、蒸留金、分離槽、貯蔵タンク、乾燥機（スラジドライヤー）、反射炉、ポンプ、パイプ類、コンデンサー等並びに混入に係る混合槽、貯蔵タンク、ポンプ、パイプ類等があること。

なお、これら「装置等」に該当するタンクについて、内部にはいって修理等を行なう場合には本号ニ〔現行＝第四号〕の業務に該当するものであること。

4　第五号の「残さい物」とは、タンクの内部に堆積したスラジ、ヘドロ及び製造又は混入を行なう作業場の溝等に堆積した泥状のものをいうこと。

なお、本号ホ〔現行＝第五号〕の業務としては残さい物を容器に入れる作業、運搬する作業、廃棄する作業等があること。

令別表

5　第七号の作業には、四アルキル鉛を製造するための研究の業務、石油精製所等における混入率の検査及びアンチノック性のテスト（耐爆試験）のための試験研究があること。

（昭四三・四・一　安発第五九号）

別表第六　酸素欠乏危険場所（第六条、第二十一条関係）

一　次の地層に接し、又は通ずる井戸等（井戸、井筒、たて坑、ずい道、潜函（かん）、ピットその他これらに類するものをいう。次号において同じ。）の内部（次号に掲げる場所を除く。）

イ　上層に不透水層がある砂れき層のうち含水若しくは湧（ゆう）水がなく、又は少ない部分

ロ　第一鉄塩類又は第一マンガン塩類を含有している地層

ハ　メタン、エタン又はブタンを含有する地層

ニ　炭酸水を湧（ゆう）出しており、又は湧（ゆう）出するおそれのある地層

ホ　腐泥層

二　長期間使用されていない井戸等の内部

三　ケーブル、ガス管その他地下に敷設される物を収容するための暗きよ、マンホール又はピットの内部

三の二　雨水、河川の流水又は湧（ゆう）水が滞留しており、又は滞留したことのある槽、暗きよ、マンホール又はピットの内部

三の三　海水が滞留しており、若しくは滞留したことのある熱交換器、管、暗きよ、マンホール、溝若しくはピット（以下この号において「熱交換器等」という。）又は海水を相当期間入れてあり、若しくは入れたことのある熱交換器等の内部

四　相当期間密閉されていた鋼製のボイラー、タンク、反応塔、船倉その他その内壁が酸化されやすい施設（その内壁がステンレス鋼製のもの又はその内壁の酸化を防止するために必要な措置が講ぜられているものを除く。）の内部

五　石炭、亜炭、硫化鉱、鋼材、くず鉄、原木、チップ、乾性油、魚油その他空気中の酸素を吸収する物質を入れてあるタンク、船倉、ホッパーその他の貯蔵施設の内部

六　天井、床若しくは周壁又は格納物が乾性油を含むペイントで塗装され、そのペイントが乾燥する前に密閉された地下室、倉庫、タンク、船倉その他通風が不十分な施設の内部

七　穀物若しくは飼料の貯蔵、果菜の熟成、種子の発芽又はきのこ類の栽培のために使用しているサイロ、むろ、倉庫、船倉又はピットの内部

八　しようゆ、酒類、もろみ、酵母その他発酵する物を入れてあり、又は入れたことのあるタンク、むろ又は醸造槽の内部

九　し尿、腐泥、汚水、パルプ液その他腐敗し、又は分解しやすい物質を入れてあり、又は入れたことのあるタンク、船倉、槽、管、暗きよ、マンホール、溝又はピットの内部

十　ドライアイスを使用して冷蔵、冷凍又は水セメントのあく抜きを行つている冷蔵庫、冷凍庫、保冷貨車、保冷貨物自動車、船倉又は冷凍コンテナーの内部

十一　ヘリウム、アルゴン、窒素、フロン、炭酸ガスその他不活性の気体を入れてあり、又は入れたことのあるボイラー、タンク、反応塔、船倉その他の施設の内部

十二　前各号に掲げる場所のほか、厚生労働大臣が定める場所

○通達

1　第一号関係

(1)　(一)内の「その他これらに類するもの」には、マンホール、横坑、斜坑、深礎工法等の深い穴及びシールド工法による作業室があること。

(2) イの「不透水層」には、粘土質固結層があること。

(3) ロの「第一鉄塩類」には、酸化第一鉄及び水酸化第一鉄があり、「第一マンガン塩類」には、酸化第一マンガンがあること。

(4) ロの「含有している地層」とは、第一鉄塩類又は第一マンガン塩類を含み還元状態にある地層をいうこと。

なお、還元状態にあることを確認する方法としては、次の方法があること。

イ 酸化還元電位差計を用い、別添の「酸化還元電位差計の測定指針」に従って測定してマイナスの値を示すこと。

ロ 二・二'ービピリジル試薬により安定した赤色の物質ができること。

(5) ハに該当する地層には、次のものがあること。

イ メタンガス田地帯の地層

ロ 緑色凝灰岩からなる地層であって断層又は節理のあるもの、頁岩からなる地層であって断層又は節理のあるもの及び黒色変岩と緑色変岩との境界にあって粘土化しているじゃ紋岩からなる地層（これらは、特にガスの突出のおそれが多い。）

(6) ニに該当する地層には、炭酸カルシウムを含む鉱泉がある地層があること。

(7) ホに該当するものには、次のものがあること。

イ 沼沢の埋立地の地層

ロ 汚濁港湾等の干たく地の地層

2 第二号関係

「長期間」とは、おおむね三か月以上の期間をいうものであること。

3 第三号関係

(1) 「その他地下に敷設される物」には、給水管、温水管、蒸気管及び油送管があり、「暗きょ」には、電線又は電話線を敷設する洞道が含まれること。

(2) 「暗きょ、マンホール又はピット」には、完成していないものも含まれること。

4 第三号の二関係

(1) 本号は、雨水、河川の湧水又は湧水が滞留した場合には、これに含まれる有機物が腐敗すること等により酸素欠乏空気が生じるおそれがあることにかんがみ規定したものであること。

(2) 「槽、暗きょ、マンホール又はピット」には、完成していないものも含まれること。

5 第三号の三関係

(1) 本号は、海水が滞留しており、若しくは滞留したことがあり、又は海水を相当期間入れてあり、若しくは入れたことのある場合には、海水中で繁殖していた貝等の生物が死んで腐敗すること等により酸素欠乏空気等が生ずるおそれがあることにかんがみ規定したものであること。

(2) 「相当期間」とは海水中で繁殖する貝等の生物が熱交換器等の内部の表面に付着し、累積することとなる期間をいうものであること。

なお、貝等の生物が熱交換器等の内部の表面に付着し、累積していれば、当該生物の腐敗の有無、硫化水素の発生の有無の如何にかかわらず、「相当期間」に該当するものであること。

(3) 「熱交換器等」には、火力発電所、原子力発電所等の復水器が含まれること。

6 第四号関係

(1) 「相当期間」とは、密閉されていたボイラー等の内部の空気中の酸素によりその内壁が酸化され、その結果として内部の空気が酸素欠乏の状態になるおそれが生ずる状態になる期間をいうものであること。

なお、密閉されている空気中の酸素によって内壁が酸化される速度は、内部における温度、湿度、水の有無、空気の量等の環境条件によって、著しく異なり一律には定められないものであるが、個々のケースについての「相当期間」の判断に際しては、次の事項に留意すること。

イ 内部に水が存在している場合には、短期間（数日程度）で内壁の酸化が進むことがあること。

ロ 内部に水が存在せず、かつ、内部の空気中の相対湿度がおおむね五〇％以下である場合には、数か月以上経過しても内壁の酸化が進まないことがあること。

(2) 「その他その内壁が酸化されやすい施設」には、圧力容器、ガスホルダ、反応器、抽出器、分離器、熱交換器及び船の二重底があり、完成していないものも含まれること。

(3)「内壁の酸化を防止するために必要な措置」とは、次のイからホまでの措置をいうものであること。

イ 内壁に、日本工業規格G四九〇一（耐食耐熱超合金棒）、日本工業規格G四九〇二（耐食耐熱超合金板）、日本工業規格G四九〇三（配管用継目無ニッケルクロム鉄合金管）若しくは日本工業規格G四九〇四（熱交換器用継目無ニッケルクロム鉄合金管）に定める規格に適合する材料又はこれらと同等以上の耐食性を有する材料が用いられていること。

ロ 内壁に防錆塗装又はガラス、合成樹脂等の酸化しない物による被覆（ライニング）が行われていること。

ハ シリカゲル、活性アルミナ等の乾燥剤（日本工業規格K一四六四（工業用乾燥剤）に定める規格に適合するもの又はこれと同等以上の乾燥能力を有するものに限る。）により内部が乾燥状態（内部に水がなく、かつ、内部の空気中の相対湿度がおおむね五〇％以下である状態をいう。）に保たれていること。

なお、おおむね一か月以内ごとに一回、内部の乾燥状態又は乾燥剤の有効性等について点検を行うことが望ましいこと。

ニ 電気防食が施されていること。この場合において、当該電気防食は、次の(イ)又は(ロ)のいずれかの要件を満足するものでなければならないこと。

(イ) 内壁のすべての表面にその効果が及ぶものであること。

(ロ) 内壁の表面の一部にその効果が及ばない場合には、その効果が及ばない部分に上記イ又はロの措置が講じられているものであること。

ホ 内部が常に満水状態に維持されていること（満水保管）。

なお、上記ロからホまでのいずれかの措置が講じられていた場合において、その保守管理の不備等により内壁の酸化を防止する効果がなくなったときには、「内壁の酸化を防止するために必要な措置が講ぜられている」ことには該当しないものであること。

7 第五号関係

(1)「空気中の酸素を吸収する物質」には、泥炭、果菜及び鯨油があり、「その他の貯蔵施設」には、サイロ及び有蓋貨車があること。

なお、「船倉」のうちには、はしけ等の船倉であって通風が良好なものは含まれないこと。
(2) 「乾燥油」には、アマニ油、エノ油及びボイル油があること。

8 第六号関係
(1) 「乾性油」の意義は、上記7の(2)の意義と同様であること。
(2) 「その他通風が不十分な施設」には、坑及びピットがあること。

9 第七号関係
「穀物若しくは飼料」には、もみ、豆、とうもろこし及び魚かすが、「果菜の熟成」にはバナナの熟成が、「種子の発芽」には、もやしの栽培及び麦芽の製造が、それぞれ、含まれること。

10 第八号関係
「その他発酵する物」には、麹（こうじ）、ぶどう酒原料のぶどう及び麦芽があること。

11 第九号関係
(1) 「汚水」には、パルプ廃液、でんぷん廃液、皮なめし工程からの廃液、ごみ処理場における生ごみから出る排水、ごみ焼却灰を冷却処理した排水、及び下水があること。
(2) 「その他腐敗し、又は分解しやすい物質」には、魚かす、生ごみ及びごみ焼却場における焼却灰があること。
(3) 「槽」には、浄化槽、汚泥槽、ろ過槽及び汚水桝のほか、製紙又はパルプ製造工程に用いられるチェストがあること。
(4) 「パルプ液」とは、パルプ製造工程におけるいわゆるパルプスラリー（古紙の再生工程におけるパルプ懸濁液を含む。）をいうこと。

12 第一〇号関係
「水セメントのあく抜き」とは、船倉（水タンク）等のさび止めのために塗布した水セメント（セメントペースト）をドライアイスを用いて処理することをいうこと。（資料三参照）

13 第一一号関係
(1) 本号に掲げる気体がボンベに入って格納されている施設の内部は、本号に含まれないこと。

(2) 「その他の施設」には、圧力容器、ガスホルダ、反応器、抽出器、分離器、熱交換器、船の二重底、液化窒素を用いて冷凍を行う冷凍車の冷凍室の内部及びりんごのＣＡ貯蔵施設の内部があり、完成していないものも含まれること。

別添

酸化還元電位差計の測定指計

1 地下現場での測定方法

(1) あらかじめ、カロメル電極の基準電位を零シフトとすること。

(2) 試料の採取は、最も新しく掘削した面で他の場所から流れてくる地下水等の影響のない地点を選び、その表面を更に三〇～五〇cm位削り落とし、1塊が三〇cm大の土の試料をとる。この試料から直径一〇cm位の塊を二～三個作る。これらの塊に電極を順次差し込んで測定する。粘土質で軟らかい場所では表面を三〇～五〇cm削り落とし、新しく作った面に電極を入れて測定する。

(3) 電極についた土を落とし、蒸留水で電極を洗い、ろ紙でふいた後(1)と同じチェックを行う。

(4) 最初にとった試料と同じ手順で、同じ岩質のところから試料をあと二か所とり、(2)と同様な手順で測定する。

(5) 三か所の試料についてそれぞれ二～三回の測定値のうち最低値を測定結果として採用する。

2 ボーリングコアの測定

(1) 上記1の(1)に示した電極の調整を行う。

(2) 試料の採取は、地下から採集された乱されていないコアを用いる。この場合採集直後にコアの端を三～五cm位削りとり、新しくできた面で、コアの中心部に電極を直接差し込んで測定し、最低値と最高値を読み取り、最低値を測定結果として採用する。

（昭五七・六・一四　基発第四〇七号）

1 納豆の製造工程における発酵場所は、別表第六第八号の「むろ」に含まれること。

2　パン製造工程における発酵場所は、1の「むろ」に含まれないこと。

（平三・四・一五　基発第二六六号）

別表第六の二　有機溶剤（第六条、第二十一条、第二十二条関係）

一　アセトン
二　イソブチルアルコール
三　イソプロピルアルコール
四　イソペンチルアルコール（別名イソアミルアルコール）
五　エチルエーテル
六　エチレングリコールモノエチルエーテル（別名セロソルブ）
七　エチレングリコールモノエチルエーテルアセテート（別名セロソルブアセテート）
八　エチレングリコールモノ－ノルマル－ブチルエーテル（別名ブチルセロソルブ）
九　エチレングリコールモノメチルエーテル（別名メチルセロソルブ）
十　オルト－ジクロルベンゼン
十一　キシレン
十二　クレゾール
十三　クロルベンゼン
十四　削除
十五　酢酸イソブチル
十六　酢酸イソプロピル
十七　酢酸イソペンチル（別名酢酸イソアミル）
十八　酢酸エチル

十九　酢酸ノルマル-ブチル
二十　酢酸ノルマル-プロピル
二十一　酢酸ノルマル-ペンチル（別名酢酸ノルマル-アミル）
二十二　酢酸メチル
二十三　削除
二十四　シクロヘキサノール
二十五　シクロヘキサノン
二十六　削除
二十七　削除
二十八　一・二-ジクロルエチレン（別名二塩化アセチレン）
二十九　削除
三十　N・N-ジメチルホルムアミド
三十一　削除
三十二　削除
三十三　削除
三十四　テトラヒドロフラン
三十五　一・一・一-トリクロルエタン
三十六　削除
三十七　トルエン

三十八　二硫化炭素
三十九　ノルマルヘキサン
四十　一―ブタノール
四十一　二―ブタノール
四十二　メタノール
四十三　削除
四十四　メチルエチルケトン
四十五　メチルシクロヘキサノール
四十六　メチルシクロヘキサノン
四十七　メチル―ノルマル―ブチルケトン
四十八　ガソリン
四十九　コールタールナフサ（ソルベントナフサを含む。）
五十　石油エーテル
五十一　石油ナフサ
五十二　石油ベンジン
五十三　テレビン油
五十四　ミネラルスピリット（ミネラルシンナー、ペトロリウムスピリット、ホワイトスピリット及びミネラルターペンを含む。）
五十五　前各号に掲げる物のみから成る混合物

別表第七　建設機械（第十条、第十三条、第二十条関係）

一　整地・運搬・積込み用機械
1　ブル・ドーザー
2　モーター・グレーダー
3　トラクター・ショベル
4　ずり積機
5　スクレーパー
6　スクレープ・ドーザー
7　1から6までに掲げる機械に類するものとして厚生労働省令で定める機械

二　掘削用機械
1　パワー・ショベル
2　ドラグ・ショベル
3　ドラグライン
4　クラムシエル
5　バケット掘削機
6　トレンチヤー
7　1から6までに掲げる機械に類するものとして厚生労働省令で定める機械

三　基礎工事用機械
1　くい打機

2　くい抜機
3　アース・ドリル
4　リバース・サーキュレーション・ドリル
5　せん孔機（チュービングマシンを有するものに限る。）
6　アース・オーガー
7　ペーパー・ドレーン・マシン
8　1から7までに掲げる機械に類するものとして厚生労働省令で定める機械

四　締固め用機械
1　ローラー
2　1に掲げる機械に類するものとして厚生労働省令で定める機械

五　コンクリート打設用機械
1　コンクリートポンプ車
2　1に掲げる機械に類するものとして厚生労働省令で定める機械

六　解体用機械
1　ブレーカ
2　1に掲げる機械に類するものとして厚生労働省令で定める機械

○通達

1　掘削用、基礎工事用等の区分は便宜上主たる用途を示したものであり、当該機械の用途を限定して考える趣旨ではないこと。したがって例えば、トラクター・ショベルを掘削に使用しても適用する趣旨であること。

2　一の1の「ブルドーザー」には、ストレート・ドーザー、アングル・ドーザー、チルト・ドーザー、レーキ・ドーザー等があること。

3　一の4の「ずり積機」は、ロッカ・ショベルなどの積込み機械をいうものであること。

4　二の1乃至4に掲げる機械は、同一の機体でアタッチメントの交換によってそれぞれの名称で呼ばれるものが多く、これらは、万能掘削機とも呼ばれるものであること。

5　三の1および2の「くい打機」には、移動式クレーンにバイブロ・ハンマーなどをセットしたものも含む趣旨であること。

6　三の5の「せん孔機」は、いわゆるベノト・ボーリングマシンおよびこれに類する機械をいうものであること。

7　四の1の「ローラー」には、タイヤ・ローラー、ロード・ローラー、振動ローラー、タンピング・ローラー等があること。

（昭四七・九・一八　基発第六〇二号）

建柱車は、労働安全衛生法施行令（以下「令」という。）別表第七第三号6のアースオーガーに該当するが、サブフレーム（アウトリガーを含む。）、ジブ、ターンテーブル及びオーガー部分の重量は、令第二〇条第一二号の「機体重量」に含まないものとする。

なお、柱の建込み作業以外の作業において、移動式クレーンの機能のみを用いて作業を行う場合は、移動式クレーンとする。

（昭五三・八・三一　基発第四八四号）

「ブレーカ」には、油圧ショベルのバケットを打撃式破砕機に交換したものが含まれるものであること。

（平二・九・二六　基発第五八三号）

別表第八　鋼管足場用の部材及び附属金具（第十三条関係）

一　わく組足場用の部材
　1　建わく（簡易わくを含む。）
　2　交さ筋かい
　3　布わく
　4　床付き布わく
　5　持送りわく
二　布板一側足場用の布板及びその支持金具
三　移動式足場用の建わく（第一号の1に該当するものを除く。）及び脚輪
四　壁つなぎ用金具
五　継手金具
　1　わく組足場用の建わくの脚柱ジョイント
　2　わく組足場用の建わくのアームロック
　3　単管足場用の単管ジョイント
六　緊結金具
　1　直交型クランプ
　2　自在型クランプ
七　ベース金具
　1　固定型ベース金具

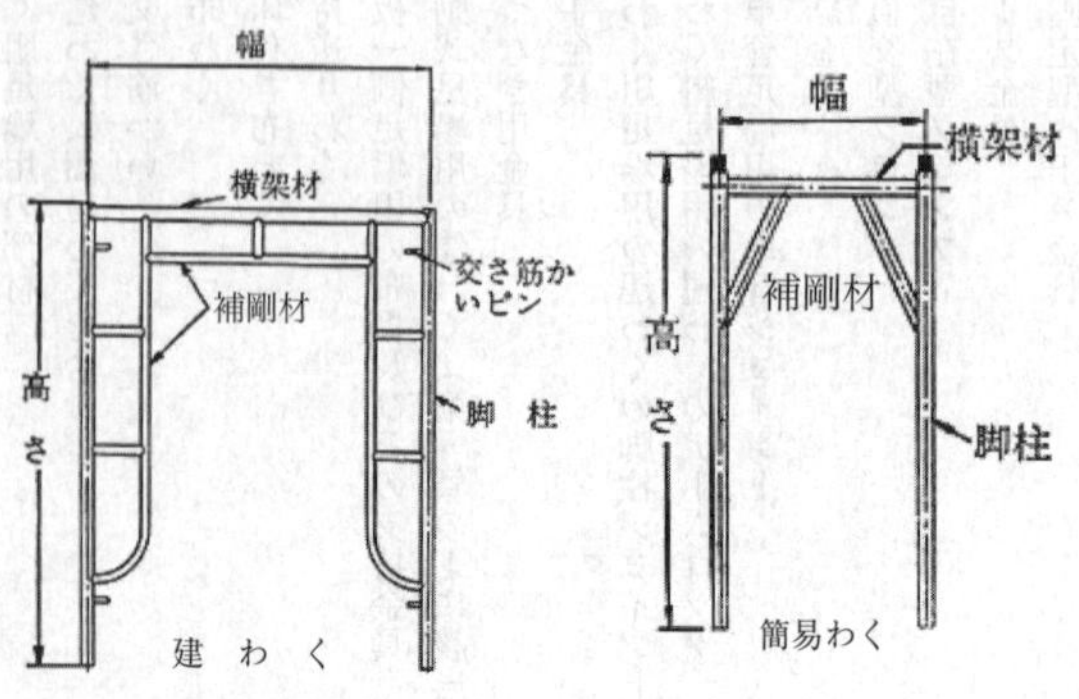
幅
横架材
交さ筋かいピン
補剛材
高さ
脚柱
建わく
幅
横架材
補剛材
高さ
脚柱
簡易わく

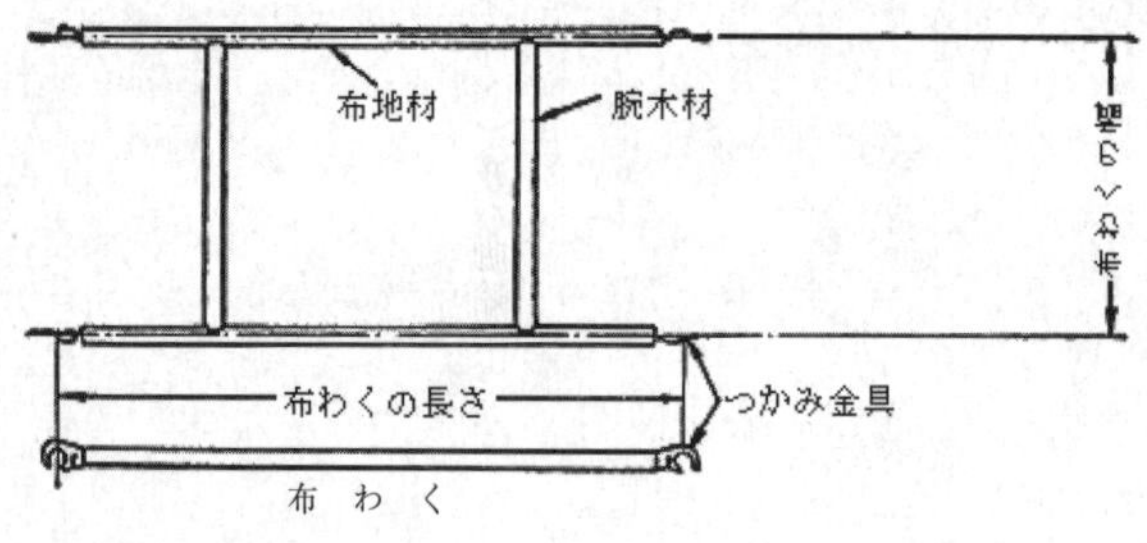
布地材
腕木材
布わくの幅
布わくの長さ
つかみ金具
布わく

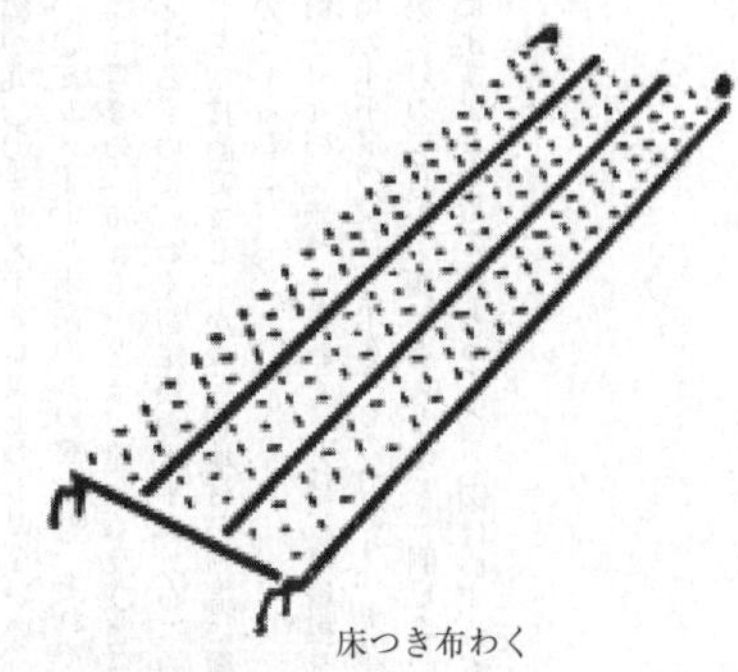

床つき布わく

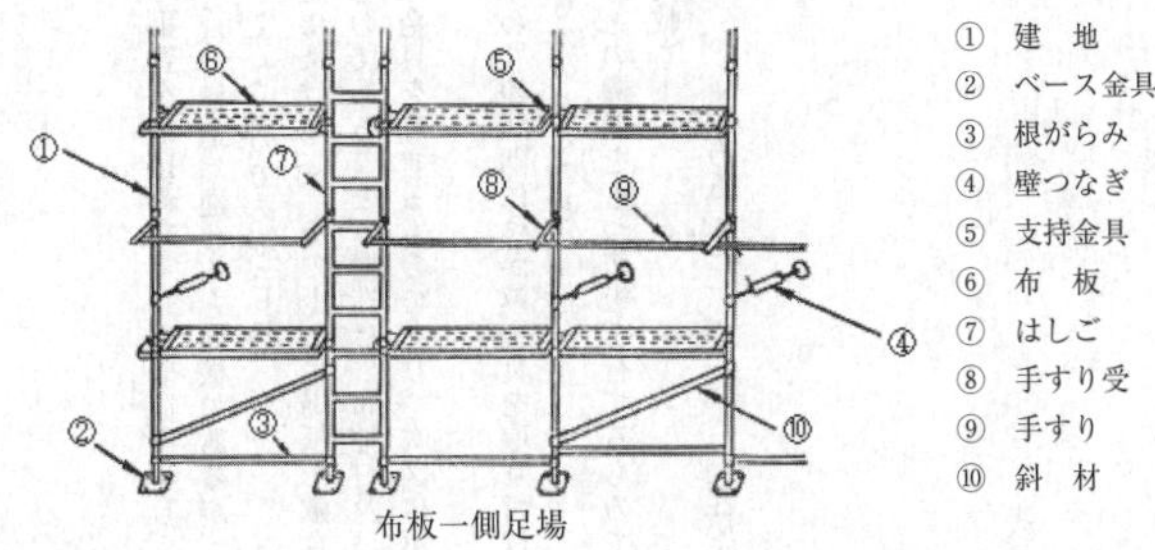

布板一側足場

① 建　地
② ベース金具
③ 根がらみ
④ 壁つなぎ
⑤ 支持金具
⑥ 布　板
⑦ はしご
⑧ 手すり受
⑨ 手すり
⑩ 斜　材

2　ジヤツキ型ベース金具

○通達

1　第一号1の「建わく」とは、脚柱、横架材及び補剛材等の鋼管を溶接組立てした構造を有し、かつ、その幅が九〇〇ミリメートル以上のものをいい、「簡易わく」とは、構造は建わくと同様であるが、その幅が九〇〇ミリメートル未満のものをいい、それぞれ次図に示すようなものであること。

2　第一号3の「布わく」とは、建わく及び簡易わくの横架材に架け渡し、その上に足場板を敷き並べ作業床とするもので、わく組足場の水平構（布）の役目をするものであること。構造は、布地材及び腕木材の鋼管を溶接組立てし、かつ、布地材の両端に鋼板製のつかみ金具を有するものであり、次図に示すようなものであること。

3　第一号4の「床つき布わく」とは、足場板を鋼製化し、布わくの四隅につかみ金具を取り付け、わく組足場の水平構の役目も果たすものであり、次図に示すようなものであること。

4　第二号の「布板一側足場」とは、一側足場の布材と作業床との機能をもつ布板を有するものであり、次図に示すようなものであること。〈図はいずれも次頁以下に掲載〉

（昭五五・一一・二五　基発第六四七号）

別表第九　名称等を表示し、又は通知すべき危険物及び有害物（第十八条、第十八条の二関係）

一　アクリルアミド
二　アクリル酸
三　アクリル酸エチル
三の二　アクリル酸二－（ジメチルアミノ）エチル
四　アクリル酸ノルマル－ブチル
五　アクリル酸二－ヒドロキシプロピル
六　アクリル酸メチル
七　アクリロニトリル
八　アクロレイン
八の二　アザチオプリン
九　アジ化ナトリウム
十　アジピン酸
十一　アジポニトリル
十一の二　亜硝酸イソブチル
十一の三　アスファルト
十一の四　アセタゾラミド（別名アセタゾールアミド）
十一の五　アセチルアセトン
十二　アセチルサリチル酸（別名アスピリン）

十三　アセトアミド
十四　アセトアルデヒド
十五　アセトニトリル
十六　アセトフェノン
十七　アセトン
十八　アセトンシアノヒドリン
十八の二　アセトンチオセミカルバゾン
十九　アニリン
十九の二　アニリンとホルムアルデヒドの重縮合物
十九の三　アフラトキシン
二十　アミド硫酸アンモニウム
二十一　二－アミノエタノール
二十一の二　二－アミノエタンチオール（別名システアミン）
二十一の三　N－（二－アミノエチル）－二－アミノエタノール
二十一の四　三－アミノ－N－エチルカルバゾール
二十二　四－アミノ－六－ターシャリ－ブチル－三－メチルチオ－一・二・四－トリアジン－五
（四H）－オン（別名メトリブジン）
二十三　三－アミノ－一H－一・二・四－トリアゾール（別名アミトロール）
二十四　四－アミノ－三・五・六－トリクロロピリジン－二－カルボン酸（別名ピクロラム）

二十四の二　(S)－二－アミノ－三－〔四－〔ビス（二－クロロエチル）アミノ〕フェニル〕プロパン酸（別名メルファラン）

二十四の三　二－アミノ－四－〔ヒドロキシ（メチル）ホスホリル〕ブタン酸及びそのアンモニウム塩

二十五　二－アミノピリジン

二十五の二　三－アミノ－一－プロペン

二十五の三　四－アミノ－一－ベータ－D－リボフラノシル－一・三・五－トリアジン－二（一H）－オン

二十六　亜硫酸水素ナトリウム

二十七　アリルアルコール

二十八　一－アリルオキシ－二・三－エポキシプロパン

二十八の二　四－アリル－一・二－ジメトキシベンゼン

二十九　アリル水銀化合物

三十　アリル－ノルマル－プロピルジスルフィド

三十一　亜りん酸トリメチル

三十二　アルキルアルミニウム化合物

三十三　アルキル水銀化合物

三十三の二　十七アルファ－アセチルオキシ－六－クロロ－プレグナ－四・六－ジエン－三・二十－ジオン

三十四　三－（アルファ－アセトニルベンジル）－四－ヒドロキシクマリン（別名ワルファリン）
三十五　アルファ・アルファ－ジクロロトルエン
三十六　アルファ－メチルスチレン
三十七　アルミニウム及びその水溶性塩
三十八　アンチモン及びその化合物
三十八の二　アントラセン
三十九　アンモニア
三十九の二　石綿（第十六条第一項第四号イからハまでに掲げる物で同号の厚生労働省令で定めるものに限る。）
四十　三－イソシアナトメチル－三・五・五－トリメチルシクロヘキシル＝イソシアネート
四十の二　イソシアン酸三・四－ジクロロフェニル
四十一　イソシアン酸メチル
四十二　イソプレン
四十二の二　四・四′－イソプロピリデンジフェノール（別名ビスフェノールA）
四十三　N－イソプロピルアニリン
四十四　N－イソプロピルアミノホスホン酸O－エチル－O－（三－メチル－四－メチルチオフェニル）（別名フェナミホス）
四十五　イソプロピルアミン
四十六　イソプロピルエーテル

四十七　削除
四十八　イソペンチルアルコール（別名イソアミルアルコール）
四十九　イソホロン
五十　一塩化硫黄
五十一　一酸化炭素
五十二　一酸化窒素
五十三　一酸化二窒素
五十四　イットリウム及びその化合物
五十五　イプシロン－カプロラクタム
五十五の二　イブプロフェン
五十六　二－イミダゾリジンチオン
五十七　四・四′－（四－イミノシクロヘキサ－二・五－ジエニリデンメチル）ジアニリン塩酸塩（別名CIベイシックレッド九）
五十八　インジウム及びその化合物
五十九　インデン
五十九の二　ウラン
六十　ウレタン
六十一　エタノール
六十二　エタンチオール

令別表

六十三　エチリデンノルボルネン
六十四　エチルアミン
六十四の二　O－エチル－O－（二－イソプロポキシカルボニルフェニル）－N－イソプロピルチオホスホルアミド（別名イソフェンホス）
六十五　エチルエーテル
六十五の二　O－エチル＝S・S－ジプロピル＝ホスホロジチオアート（別名エトプロホス）
六十六　エチル－セカンダリ－ペンチルケトン
六十六の二　N－エチル－N－ニトロソ尿素
六十七　エチル－パラ－ニトロフェニルチオノベンゼンホスホネイト（別名EPN）
六十七の二　一－エチルピロリジン－二－オン
六十八　O－エチル－S－フェニル＝エチルホスホノチオロチオナート（別名ホノホス）
六十八の二　五－エチル－五－フェニルバルビツル酸（別名フェノバルビタール）
六十八の三　S－エチル＝ヘキサヒドロ－一H－アゼピン－一－カルボチオアート（別名モリネート）
六十九　二－エチルヘキサン酸
七十　エチルベンゼン
七十の二　（三S・四R）－三－エチル－四－［（一－メチル－一H－イミダゾール－五－イル）メチル］オキソラン－二－オン（別名ピロカルピン）
七十一　エチルメチルケトンペルオキシド

七十一の二　O－エチル＝S－一－メチルプロピル＝（二－オキソ－三－チアゾリジニル）ホスホノチオアート（別名ホスチアゼート）
七十二　N－エチルモルホリン
七十二の二　エチレン
七十三　エチレンイミン
七十四　エチレンオキシド
七十五　エチレングリコール
七十五の二　エチレングリコールジエチルエーテル（別名一・二－ジエトキシエタン）
七十六　エチレングリコールモノイソプロピルエーテル
七十七　エチレングリコールモノエチルエーテル（別名セロソルブ）
七十八　エチレングリコールモノエチルエーテルアセテート（別名セロソルブアセテート）
七十九　エチレングリコールモノ－ノルマル－ブチルエーテル（別名ブチルセロソルブ）
七十九の二　エチレングリコールモノブチルエーテルアセタート
八十　エチレングリコールモノメチルエーテル（別名メチルセロソルブ）
八十一　エチレングリコールモノメチルエーテルアセテート
八十二　エチレンクロロヒドリン
八十三　エチレンジアミン
八十三の二　N・N′－エチレンビス（ジチオカルバミン酸）マンガン（別名マンネブ）
八十四　一・一′－エチレン－二・二′－ビピリジニウム＝ジブロミド（別名ジクアット）

八十五　二―エトキシ―二・二―ジメチルエタン
八十六　二―（四―エトキシフェニル）―二―メチルプロピル＝三―フェノキシベンジルエーテル（別名エトフェンプロックス）
八十七　エピクロロヒドリン
八十七の二　エフェドリン
八十八　一・二―エポキシ―三―イソプロポキシプロパン
八十九　二・三―エポキシ―一―プロパナール
九十　二・三―エポキシ―一―プロパノール
九十一　二・三―エポキシプロピル＝フェニルエーテル
九十二　エメリー
九十三　エリオナイト
九十四　塩化亜鉛
九十四の二　塩化アクリロイル
九十五　塩化アリル
九十六　塩化アンモニウム
九十七　塩化シアン
九十八　塩化水素
九十九　塩化チオニル
百　塩化ビニル

百一　塩化ベンジル
百二　塩化ベンゾイル
百三　塩化ホスホリル
百三の二　塩基性フタル酸鉛
百四　塩素
百五　塩素化カンフェン（別名トキサフェン）
百六　塩素化ジフェニルオキシド
百七　黄りん
百八　四・四′－オキシビス（二－クロロアニリン）
百九　オキシビス（チオホスホン酸）O・O・O′・O′－テトラエチル（別名スルホテップ）
百十　四・四′－オキシビスベンゼンスルホニルヒドラジド
百十の二　一・一′－オキシビス（二・三・四・五・六－ペンタブロモベンゼン）（別名デカブロモジフェニルエーテル）
百十一　オキシビスホスホン酸四ナトリウム
百十一の二　オキシラン－二－カルボキサミド
百十一の三　オクタクロルテトラヒドロメタノフタラン
百十二　オクタクロロナフタレン
百十三　一・二・四・五・六・七・八・八－オクタクロロ－二・三・三a・四・七・七a－ヘキサヒドロ－四・七－メタノ－一H－インデン（別名クロルデン）

令別表

百十四　二-オクタノール
百十四の二　オクタブロモジフェニルエーテル
百十四の三　オクタメチルピロホスホルアミド（別名シュラーダン）
百十五　オクタン
百十五の二　オクチルアミン（別名モノオクチルアミン）
百十六　オゾン
百十七　オメガ-クロロアセトフェノン
百十八　オーラミン
百十九　オルト-アニシジン
百二十　オルト-クロロスチレン
百二十一　オルト-クロロトルエン
百二十二　オルト-ジクロロベンゼン
百二十三　オルト-セカンダリ-ブチルフェノール
百二十四　オルト-ニトロアニソール
百二十五　オルト-フタロジニトリル
百二十五の二　過酢酸
百二十六　過酸化水素
百二十七　ガソリン
百二十八　カテコール

百二十九　カドミウム及びその化合物
百三十　カーボンブラック
百三十一　カルシウムシアナミド
百三十二　ぎ酸
百三十三　ぎ酸エチル
百三十四　ぎ酸メチル
百三十五　キシリジン
百三十六　キシレン
百三十六の二　キノリン及びその塩酸塩
百三十七　銀及びその水溶性化合物
百三十八　クメン
百三十九　グルタルアルデヒド
百四十　クレオソート油
百四十一　クレゾール
百四十二　クロム及びその化合物
百四十三　クロロアセチル=クロリド
百四十四　クロロアセトアルデヒド
百四十五　クロロアセトン
百四十六　クロロエタン（別名塩化エチル）

百四十六の二　二－クロロエタンスルホニル＝クロリド
百四十七　二－クロロ－四－エチルアミノ－六－イソプロピルアミノ－一・三・五－トリアジン（別名アトラジン）
百四十七の二　N－（二－クロロエチル）－N′－シクロヘキシル－N－ニトロソ尿素
百四十七の三　N－（二－クロロエチル）－N－ニトロソ－N′－［（二R・三R・四S・五R）－三・四・五・六－テトラヒドロキシ－一－オキソヘキサン－二－イル］尿素
百四十七の四　N－（二－クロロエチル）－N′－（四－メチルシクロヘキシル）－N－ニトロソ尿素
百四十七の五　二－クロロ－N－（エトキシメチル）－N－（二－エチル－六－メチルフェニル）アセトアミド
百四十八　四－クロロ－オルト－フェニレンジアミン
百四十八の二　クロロぎ酸エチル（別名クロロ炭酸エチル）
百四十八の三　三－クロロ－N－（三－クロロ－五－トリフルオロメチル－二－ピリジル）－アルファ・アルファ・アルファ－トリフルオロ－二・六－ジニトロ－パラ－トルイジン（別名フルアジナム）
百四十八の四　クロロ酢酸
百四十九　クロロジフルオロメタン（別名HCFC－二二）
百四十九の二　クロロ炭酸フェニルエステル
百五十　二－クロロ－六－トリクロロメチルピリジン（別名ニトラピリン）

百五十の二　一―クロロ―四―（トリクロロメチル）ベンゼン
百五十の三　クロロトリフルオロエタン（別名HCFC―一三三）
百五十一　二―クロロ―一・一・二―トリフルオロエチルジフルオロメチルエーテル（別名エンフルラン）
百五十二　一―クロロ―一―ニトロプロパン
百五十二の二　二―クロロニトロベンゼン
百五十三　クロロピクリン
百五十三の二　三―（六―クロロピリジン―三―イルメチル）―一・三―チアゾリジン―二―イリデンシアナミド（別名チアクロプリド）
百五十三の三　四―［四―（四―クロロフェニル）―四―ヒドロキシピペリジン―一―イル］―一―（四―フルオロフェニル）ブタン―一―オン（別名ハロペリドール）
百五十四　クロロフェノール
百五十五　二―クロロ―一・三―ブタジエン
百五十五の二　一―クロロ―二―プロパノール
百五十五の三　二―クロロ―一―プロパノール
百五十五の四　三―クロロ―一・二―プロパンジオール
百五十六　二―クロロプロピオン酸
百五十七　二―クロロベンジリデンマロノニトリル
百五十八　クロロベンゼン

百五十九　クロロペンタフルオロエタン（別名ＣＦＣ－一一五）
百六十　クロロホルム
百六十一　クロロメタン（別名塩化メチル）
百六十二　四－クロロ－二－メチルアニリン及びその塩酸塩
百六十二の二　Ｏ－三－クロロ－四－メチル－二－オキソ－二Ｈ－クロメン－七－イル＝Ｏ′Ｏ″－ジエチル＝ホスホロチオアート
百六十二の三　一－クロロ－二－メチル－一－プロペン（別名一－クロロイソブチレン）
百六十三　クロロメチルメチルエーテル
百六十四　軽油
百六十五　けつ岩油
百六十五の二　結晶質シリカ
百六十六　ケテン
百六十七　ゲルマン
百六十八　鉱油
百六十九　五塩化りん
百七十　固形パラフィン
百七十一　五酸化バナジウム
百七十二　コバルト及びその化合物
百七十三　五弗（ふっ）化臭素

百七十四　コールタール
百七十五　コールタールナフサ
百七十五の二　コレカルシフェロール（別名ビタミンD三）
百七十六　酢酸
百七十七　酢酸エチル
百七十八　酢酸一・三―ジメチルブチル
百七十九　酢酸鉛
百八十　酢酸ビニル
百八十一　酢酸ブチル
百八十二　酢酸プロピル
百八十三　酢酸ベンジル
百八十四　酢酸ペンチル（別名酢酸アミル）
百八十四の二　酢酸マンガン（Ⅱ）
百八十五　酢酸メチル
百八十六　サチライシン
百八十六の二　三塩化ほう素
百八十七　三塩化りん
百八十八　酸化亜鉛
百八十九　削除

令別表

百九十　酸化カルシウム
百九十一　酸化チタン（Ⅳ）
百九十二　酸化鉄
百九十三　一・二‐酸化ブチレン
百九十四　酸化プロピレン
百九十五　酸化メシチル
百九十六　三酸化二ほう素
百九十七　三臭化ほう素
百九十七の二　三弗化アルミニウム
百九十八　三弗化塩素
百九十九　三弗化ほう素
二百　次亜塩素酸カルシウム
二百一　N・N′‐ジアセチルベンジジン
二百一の二　ジアセトキシプロペン
二百二　ジアセトンアルコール
二百三　ジアゾメタン
二百四　シアナミド
二百五　二‐シアノアクリル酸エチル
二百六　二‐シアノアクリル酸メチル

二百七　二・四－ジアミノアニソール
二百八　四・四′－ジアミノジフェニルエーテル
二百九　四・四′－ジアミノジフェニルスルフィド
二百十　四・四′－ジアミノ－三・三′－ジメチルジフェニルメタン
二百十一　二・四－ジアミノトルエン
二百十二　四アルキル鉛
二百十三　シアン化カリウム
二百十四　シアン化カルシウム
二百十五　シアン化水素
二百十六　シアン化ナトリウム
二百十六の二　（ＳＰ－四－二）－ジアンミンジクロリド白金（別名シスプラチン）
二百十六の三　ジイソブチルアミン
二百十七　ジイソブチルケトン
二百十七の二　二・三：四・五－ジ－Ｏ－イソプロピリデン－一－Ｏ－スルファモイル－ベータ
－Ｄ－フルクトピラノース
二百十八　ジイソプロピルアミン
二百十八の二　ジイソプロピル－Ｓ－（エチルスルフィニルメチル）－ジチオホスフェイト
二百十九　ジエタノールアミン
二百十九の二　Ｎ・Ｎ－ジエチル亜硝酸アミド

二百二十　二－（ジエチルアミノ）エタノール

二百二十一　ジエチルアミン

二百二十一の二　ジエチル－四－クロルフェニルメルカプトメチルジチオホスフェイト

二百二十二　ジエチルケトン

二百二十二の二　ジエチル－一－（二′・四′－ジクロルフェニル）－二－クロルビニルホスフェイト

二百二十二の三　ジエチル－（一・三－ジチオシクロペンチリデン）－チオホスホルアミド

二百二十二の四　ジエチルスチルベストロール（別名スチルベストロール）

二百二十三　ジエチル－パラ－ニトロフェニルチオホスフェイト（別名パラチオン）

二百二十四　一・二－ジエチルヒドラジン

二百二十四の二　N・N－ジエチルヒドロキシルアミン

二百二十四の三　ジエチルホスホロクロリドチオネート

二百二十四の四　ジエチレングリコールモノブチルエーテル

二百二十四の五　ジエチレングリコールモノメチルエーテル（別名メチルカルビトール）

二百二十五　ジエチレントリアミン

二百二十六　四塩化炭素

二百二十七　一・四－ジオキサン

二百二十八　一・四－ジオキサン－二・三－ジイルジチオビス（チオホスホン酸）O・O′・O′－テトラエチル（別名ジオキサチオン）

二百二十九　一・三－ジオキソラン
二百二十九の二　二－（一・三－ジオキソラン－二－イル）－フェニル－N－メチルカルバメート
二百二十九の三　シクロスポリン
二百三十　シクロヘキサノール
二百三十一　シクロヘキサノン
二百三十二　シクロヘキサン
二百三十二の二　シクロヘキシミド
二百三十三　シクロヘキシルアミン
二百三十四　二－シクロヘキシルビフェニル
二百三十五　シクロヘキセン
二百三十六　シクロペンタジエニルトリカルボニルマンガン
二百三十七　シクロペンタジエン
二百三十八　シクロペンタン
二百三十八の二　シクロホスファミド及びその一水和物
二百三十八の三　二・四－ジクロルフェニル四′－ニトロフェニルエーテル（別名NIP）
二百三十九　ジクロロアセチレン
二百四十　ジクロロエタン
二百四十の二　四・四′－（一・二－ジクロロエタン－一・一－ジイル）ジ（クロロベンゼン）

令別表

二百四十の三　ジクロロエチルホルマール

二百四十一　ジクロロエチレン

二百四十一の二　四・四′－（二・二－ジクロロエテン－一・一－ジイル）ジ（クロロベンゼン）

二百四十一の三　ジクロロ酢酸

二百四十二　三・三′－ジクロロ－四・四′－ジアミノジフェニルメタン

二百四十三　ジクロロジフルオロメタン（別名ＣＦＣ－一二）

二百四十四　一・三－ジクロロ－五・五－ジメチルイミダゾリジン－二・四－ジオン

二百四十五　三・五－ジクロロ－二・六－ジメチル－四－ピリジノール（別名クロピドール）

二百四十六　ジクロロテトラフルオロエタン（別名ＣＦＣ－一一四）

二百四十七　二・二－ジクロロ－一・一・一－トリフルオロエタン（別名ＨＣＦＣ－一二三）

二百四十八　一・一－ジクロロ－一－ニトロエタン

二百四十八の二　一・四－ジクロロ－二－ニトロベンゼン

二百四十八の三　二・四－ジクロロ－一－ニトロベンゼン

二百四十八の四　二・二－ジクロロ－Ｎ－［二－ヒドロキシ－一－（ヒドロキシメチル）－二－（四－ニトロフェニル）エチル］アセトアミド（別名クロラムフェニコール）

二百四十九　三－（三・四－ジクロロフェニル）－一・一－ジメチル尿素（別名ジウロン）

二百四十九の二　（ＲＳ）－三－（三・五－ジクロロフェニル）－五－メチル－五－ビニル－一・三－オキサゾリジン－二・四－ジオン（別名ビンクロゾリン）

二百四十九の三　三－（三・四－ジクロロフェニル）－一－メトキシ－一－メチル尿素（別名リ

ニュロン）
二百五十　二・四－ジクロロフェノキシエチル硫酸ナトリウム
二百五十一　二・四－ジクロロフェノキシ酢酸
二百五十一の二　（ＲＳ）－二－（二・四－ジクロロフェノキシ）プロピオン酸（別名ジクロルプロップ）
二百五十二　一・四－ジクロロ－二－ブテン
二百五十三　ジクロロフルオロメタン（別名ＨＣＦＣ－二一）
二百五十四　一・二－ジクロロプロパン
二百五十五　二・二－ジクロロプロピオン酸
二百五十六　一・三－ジクロロプロペン
二百五十七　ジクロロメタン（別名二塩化メチレン）
二百五十八　四酸化オスミウム
二百五十八の二　ジシアノメタン（別名マロノニトリル）
二百五十九　ジシアン
二百六十　ジシクロペンタジエニル鉄
二百六十一　ジシクロペンタジエン
二百六十二　二・六－ジ－ターシャリ－ブチル－四－クレゾール
二百六十三　一・三－ジチオラン－二－イリデンマロン酸ジイソプロピル（別名イソプロチオラン）

令別表

二百六十四　ジチオりん酸Ｏ－エチル－Ｏ－（四－メチルチオフェニル）－Ｓ－ノルマル－プロピル（別名スルプロホス）
二百六十五　ジチオりん酸Ｏ・Ｏ－ジエチル－Ｓ－（二－エチルチオエチル）（別名ジスルホトン）
二百六十六　ジチオりん酸Ｏ・Ｏ－ジエチル－Ｓ－エチルチオメチル（別名ホレート）
二百六十六の二　ジチオりん酸Ｏ・Ｏ－ジエチル－Ｓ－（ターシャリ－ブチルチオメチル）（別名テルブホス）
二百六十七　ジチオりん酸Ｏ・Ｏ－ジメチル－Ｓ－［（四－オキソ－一・二・三－ベンゾトリアジン－三（四Ｈ）－イル）メチル］（別名アジンホスメチル）
二百六十八　ジチオりん酸Ｏ・Ｏ－ジメチル－Ｓ－一・二－ビス（エトキシカルボニル）エチル（別名マラチオン）
二百六十八の二　ジナトリウム＝四－アミノ－三－［四′－（二・四－ジアミノフェニルアゾ）－一・一′－ビフェニル－四－イルアゾ］－五－ヒドロキシ－六－フェニルアゾ－二・七－ナフタレンジスルホナート（別名ＣＩダイレクトブラック三十八）
二百六十九　ジナトリウム＝四－［（二・四－ジメチルフェニル）アゾ］－三－ヒドロキシ－二・七－ナフタレンジスルホナート（別名ポンソーＭＸ）
二百七十　ジナトリウム＝八－［［三・三′－ジメチル－四′－［［四－［［（四－メチルフェニル）スルホニル］オキシ］フェニル］アゾ］［一・一′－ビフェニル］－四－イル］アゾ］－七－ヒドロキシ－一・三－ナフタレンジスルホナート（別名ＣＩアシッドレッド百十四）
二百七十一　ジナトリウム＝三－ヒドロキシ－四－［（二・四・五－トリメチルフェニル）アゾ］

―二・七―ナフタレンジスルホナート（別名ポンソー三R）
二百七十二　二・四―ジニトロトルエン
二百七十二の二　二・六―ジニトロトルエン
二百七十二の三　二・四―ジニトロフェノール
二百七十三　ジニトロベンゼン
二百七十三の二　二・四―ジニトロ―六―（一―メチルプロピル）―フェノール
二百七十四　二―（ジ―ノルマル―ブチルアミノ）エタノール
二百七十五　ジ―ノルマル―プロピルケトン
二百七十五の二　ジビニルスルホン（別名ビニルスルホン）
二百七十六　ジビニルベンゼン
二百七十六の二　二―ジフェニルアセチル―一・三―インダンジオン
二百七十七　ジフェニルアミン
二百七十七の二　五・五―ジフェニル―二・四―イミダゾリジンジオン
二百七十八　ジフェニルエーテル
二百七十八の二　ジプロピル―四―メチルチオフェニルホスフェイト
二百七十九　一・二―ジブロモエタン（別名EDB）
二百八十　一・二―ジブロモ―三―クロロプロパン
二百八十一　ジブロモジフルオロメタン
二百八十一の二　ジベンゾ［a・j］アクリジン

二百八十一の三　ジベンゾ［a・h］アントラセン（別名一・二：五・六－ジベンゾアントラセン）
二百八十二　ジベンゾイルペルオキシド
二百八十三　ジボラン
二百八十四　N・N－ジメチルアセトアミド
二百八十五　N・N－ジメチルアニリン
二百八十六　［四－［［四－（ジメチルアミノ）フェニル］［四－［エチル（三－スルホベンジル）アミノ］フェニル］メチリデン］シクロヘキサ－二・五－ジエン－一－イリデン］（エチル）（三－スルホナトベンジル）アンモニウムナトリウム塩（別名ベンジルバイオレット四B）
二百八十六の二　（四－［［四－（ジメチルアミノ）フェニル］（フェニル）メチリデン］シクロヘキサ－二・五－ジエン－一－イリデン）（ジメチル）アンモニウム＝クロリド（別名マラカイトグリーン塩酸塩）
二百八十七　ジメチルアミン
二百八十七の二　N・N－ジメチルエチルアミン
二百八十八　ジメチルエチルメルカプトエチルチオホスフェイト（別名メチルジメトン）
二百八十九　ジメチルエトキシシラン
二百九十　ジメチルカルバモイル＝クロリド
二百九十の二　三・七－ジメチルキサンチン（別名テオブロミン）
二百九十一　ジメチル－二・二－ジクロロビニルホスフェイト（別名DDVP）
二百九十二　ジメチルジスルフィド

二百九十二の二　N・N－ジメチルチオカルバミン酸S－四－フェノキシブチル（別名フェノチオカルブ）
二百九十二の三　O・O－ジメチル－チオホスホリル＝クロリド
二百九十二の四　ジメチル＝二・二・二－トリクロロ－一－ヒドロキシエチルホスホナート（別名DEP）
二百九十三　N・N－ジメチルニトロソアミン
二百九十四　ジメチル－パラ－ニトロフェニルチオホスフェイト（別名メチルパラチオン）
二百九十五　ジメチルヒドラジン
二百九十六　一・一′－ジメチル－四・四′－ビピリジニウム塩
二百九十七　二－（四・六－ジメチル－二－ピリミジニルアミノカルボニルアミノスルフォニル）安息香酸メチル（別名スルホメチュロンメチル）
二百九十八　N・N－ジメチルホルムアミド
二百九十九　（一R・三R）－二・二－ジメチル－三－（二－メチル－一－プロペニル）シクロプロパンカルボン酸（五－フェニルメチル－三－フラニル）メチル
二百九十九の二　一・二－ジメトキシエタン
三百　一－［（二・五－ジメトキシフェニル）アゾ］－二－ナフトール（別名シトラスレッドナンバー二）
三百一　臭化エチル
三百二　臭化水素

三百三　臭化メチル
三百四　しゅう酸
三百四の二　十三酸化八ほう素二ナトリウム四水和物
三百五　臭素
三百六　臭素化ビフェニル
三百七　硝酸
三百八　硝酸アンモニウム
三百九　硝酸ノルマル―プロピル
三百十　硝酸リチウム
三百十一　しよう脳
三百十二　シラン
三百十三　ジルコニウム化合物
三百十四　人造鉱物繊維
三百十五　水銀及びその無機化合物
三百十六　水酸化カリウム
三百十七　水酸化カルシウム
三百十八　水酸化セシウム
三百十九　水酸化ナトリウム
三百二十　水酸化リチウム

三百二十一　水素化リチウム
三百二十二　すず及びその化合物
三百二十三　スチレン
三百二十四　削除
三百二十五　ステアリン酸ナトリウム
三百二十六　ステアリン酸鉛
三百二十七　ステアリン酸マグネシウム
三百二十八　ストリキニーネ
三百二十九　石油エーテル
三百三十　石油ナフサ
三百三十一　石油ベンジン
三百三十二　セスキ炭酸ナトリウム
三百三十二の二　L－セリル－L－バリル－L－セリル－L－グルタミル－L－イソロイシル－L－グルタミニル－L－ロイシル－L－メチオニル－L－ヒスチジル－L－アスパラギニル－L－ロイシルグリシル－L－リシル－L－ヒスチジル－L－ロイシル－L－アスパラギニル－L－セリル－L－メチオニル－L－グルタミル－L－アルギニル－L－バリル－L－グルタミル－L－トリプトフィル－L－ロイシル－L－アルギニル－L－リシル－L－リシル－L－ロイシル－L－グルタミニル－L－アスパルチル－L－バリル－L－ヒスチジル－L－アスパラギニル－L－フェニルアラニン（別名テリパラチド）

三百三十三　セレン及びその化合物
三百三十三の二　ダイオキシン類（別表第三第一号3に掲げる物に該当するものを除く。）
三百三十四　二－ターシャリ－ブチルイミノ－三－イソプロピル－五－フェニルテトラヒドロ－四H－一・三・五－チアジアジン－四－オン（別名ブプロフェジン）
三百三十四の二　三－（四－ターシャリ－ブチルフェニル）－二－メチルプロパナール
三百三十五　タリウム及びその水溶性化合物
三百三十六　炭化けい素
三百三十七　タングステン及びその水溶性化合物
三百三十七の二　炭酸リチウム
三百三十八　タンタル及びその酸化物
三百三十八の二　二－（一・三－チアゾール－四－イル）－一H－ベンゾイミダゾール
三百三十八の三　二－チオキソ－三・五－ジメチルテトラヒドロ－二H－一・三・五－チアジアジン（別名ダゾメット）
三百三十九　チオジ（パラ－フェニレン）－ジオキシ－ビス（チオホスホン酸）O・O・O′・O′－テトラメチル（別名テメホス）
三百四十　チオ尿素
三百四十一　四・四′－チオビス（六－ターシャリ－ブチル－三－メチルフェノール）
三百四十二　チオフェノール
三百四十三　チオりん酸O・O－ジエチル－O－（二－イソプロピル－六－メチル－四－ピリミ

ジニル）（別名ダイアジノン）

三百四十四　チオりん酸Ｏ・Ｏ－ジエチル－エチルチオエチル（別名ジメトン）

三百四十五　チオりん酸Ｏ・Ｏ－ジエチル－Ｏ－（六－オキソ－一－フェニル－一・六－ジヒドロ－三－ピリダジニル）（別名ピリダフェンチオン）

三百四十六　チオりん酸Ｏ・Ｏ－ジエチル－Ｏ－（三・五・六－トリクロロ－二－ピリジル）（別名クロルピリホス）

三百四十六の二　チオりん酸Ｏ・Ｏ－ジエチル－Ｏ－（二－ピラジニル）（別名チオナジン）

三百四十七　チオりん酸Ｏ・Ｏ－ジエチル－Ｏ－［四－（メチルスルフィニル）フェニル］（別名フェンスルホチオン）

三百四十八　チオりん酸Ｏ・Ｏ－ジメチル－Ｏ－（二・四・五－トリクロロフェニル）（別名ロンネル）

三百四十九　チオりん酸Ｏ・Ｏ－ジメチル－Ｏ－（三－メチル－四－ニトロフェニル）（別名フェニトロチオン）

三百五十　チオりん酸Ｏ・Ｏ－ジメチル－Ｏ－（三－メチル－四－メチルチオフェニル）（別名フェンチオン）

三百五十一　デカボラン

三百五十一の二　デキストラン鉄

三百五十二　鉄水溶性塩

三百五十三　一・四・七・八－テトラアミノアントラキノン（別名ジスパースブルー一）

令別表

三百五十四　テトラエチルチウラムジスルフィド（別名ジスルフィラム）
三百五十五　テトラエチルピロホスフェイト（別名TEPP）
三百五十六　テトラエトキシシラン
三百五十七　一・一・二・二―テトラクロロエタン（別名四塩化アセチレン）
三百五十八　N―（一・一・二・二―テトラクロロエチルチオ）―一・二・三・六―テトラヒドロフタルイミド（別名キャプタフォル）
三百五十九　テトラクロロエチレン（別名パークロルエチレン）
三百六十　削除
三百六十一　テトラクロロジフルオロエタン（別名CFC―一一二）
三百六十二　テトラクロロナフタレン
三百六十三　一・二・三・四―テトラクロロベンゼン
三百六十四　テトラナトリウム＝三・三′―［（三・三′―ジメチル―四・四′―ビフェニリレン）ビス（アゾ）］ビス［五―アミノ―四―ヒドロキシ―二・七―ナフタレンジスルホナート］（別名トリパンブルー）
三百六十五　テトラナトリウム＝三・三′―［（三・三′―ジメトキシ―四・四′―ビフェニリレン）ビス（アゾ）］ビス［五―アミノ―四―ヒドロキシ―二・七―ナフタレンジスルホナート］（別名CIダイレクトブルー十五）
三百六十六　テトラニトロメタン
三百六十七　テトラヒドロフラン

三百六十七の二　テトラヒドロメチル無水フタル酸
三百六十八　テトラフルオロエチレン
三百六十八の二　二・三・五・六－テトラフルオロ－四－メチルベンジル＝（Z）－三－（二－クロロ－三・三・三－トリフルオロ－一－プロペニル）－二・二－ジメチルシクロプロパンカルボキシラート（別名テフルトリン）
三百六十九　一・一・二・二－テトラブロモエタン
三百七十　テトラブロモメタン
三百七十一　テトラメチルこはく酸ニトリル
三百七十二　テトラメチルチウラムジスルフィド（別名チウラム）
三百七十二の二　テトラメチル尿素
三百七十三　テトラメトキシシラン
三百七十四　テトリル
三百七十五　テルフェニル
三百七十六　テルル及びその化合物
三百七十七　テレビン油
三百七十八　テレフタル酸
三百七十九　銅及びその化合物
三百八十　灯油
三百八十の二　（一′S－トランス）－七－クロロ－二′・四・六－トリメトキシ－六′－メチルスピ

ロ［ベンゾフラン－二（三Ｈ）・一′－シクロヘキサ－二′－エン］－三・四′－ジオン（別名グリセオフルビン）
三百八十の三　トリウム＝ビス（エタンジオアート）
三百八十一　トリエタノールアミン
三百八十二　トリエチルアミン
三百八十二の二　トリエチレンチオホスホルアミド（別名チオテパ）
三百八十二の三　トリクロロアセトアルデヒド（別名クロラール）
三百八十三　トリクロロエタン
三百八十三の二　二・二・二－トリクロロ－一・一－エタンジオール（別名抱水クロラール）
三百八十四　トリクロロエチレン
三百八十五　トリクロロ酢酸
三百八十六　一・一・二－トリクロロ－一・二・二－トリフルオロエタン
三百八十七　トリクロロナフタレン
三百八十八　一・一・一－トリクロロ－二・二－ビス（四－クロロフェニル）エタン（別名ＤＤＴ）
三百八十九　一・一・一－トリクロロ－二・二－ビス（四－メトキシフェニル）エタン（別名メトキシクロル）
三百八十九の二　トリクロロ（フェニル）シラン
三百九十　二・四・五－トリクロロフェノキシ酢酸
三百九十一　トリクロロフルオロメタン（別名ＣＦＣ－一一）

三百九十二　一・二・三－トリクロロプロパン
三百九十三　一・二・四－トリクロロベンゼン
三百九十四　トリクロロメチルスルフェニル＝クロリド
三百九十五　N－（トリクロロメチルチオ）－一・二・三・六－テトラヒドロフタルイミド（別名キャプタン）
三百九十六　トリシクロヘキシルすず＝ヒドロキシド
三百九十七　一・三・五－トリス（二・三－エポキシプロピル）－一・三・五－トリアジン－二・四・六（一H・三H・五H）－トリオン
三百九十八　トリス（N・N－ジメチルジチオカルバメート）鉄（別名ファーバム）
三百九十九　トリニトロトルエン
三百九十九の二　トリニトロレゾルシン鉛
四百　トリフェニルアミン
四百の二　トリブチルアミン
四百一　トリブロモメタン
四百二　二－トリメチルアセチル－一・三－インダンジオン
四百二の二　二・四・六－トリメチルアニリン（別名メシジン）
四百三　トリメチルアミン
四百三の二　一・三・七－トリメチルキサンチン（別名カフェイン）
四百四　トリメチルベンゼン

令別表

四百四の二　一・一・一―トリメチロールプロパントリアクリル酸エステル
四百四の三　五―［（三・四・五―トリメトキシフェニル）メチル］ピリミジン―二・四―ジアミン
四百五　トリレンジイソシアネート
四百六　トルイジン
四百七　トルエン
四百七の二　ナトリウム＝二―プロピルペンタノアート
四百八　ナフタレン
四百八の二　ナフタレン―一・四―ジオン
四百九　一―ナフチルチオ尿素
四百十　一―ナフチル―N―メチルカルバメート（別名カルバリル）
四百十一　鉛及びその無機化合物
四百十二　二亜硫酸ナトリウム
四百十三　ニコチン
四百十三の二　二酢酸ジオキシドウラン（Ⅵ）及びその二水和物
四百十四　二酸化硫黄
四百十五　二酸化塩素
四百十六　二酸化窒素
四百十六の二　二硝酸ジオキシドウラン（Ⅵ）六水和物

四百十七　二硝酸プロピレン
四百十八　ニッケル及びその化合物
四百十九　ニトリロ三酢酸
四百二十　五－ニトロアセナフテン
四百二十一　ニトロエタン
四百二十二　ニトログリコール
四百二十三　ニトログリセリン
四百二十三の二　六－ニトロクリセン
四百二十四　ニトロセルローズ
四百二十四の二　N－ニトロソフェニルヒドロキシルアミンアンモニウム塩
四百二十五　N－ニトロソモルホリン
四百二十六　ニトロトルエン
四百二十六の二　一－ニトロピレン
四百二十六の三　一－（四－ニトロフェニル）－三－（三－ピリジルメチル）ウレア
四百二十七　ニトロプロパン
四百二十八　ニトロベンゼン
四百二十九　ニトロメタン
四百二十九の二　二ナトリウム＝エタン－一・二－ジイルジカルバモジチオアート
四百三十　乳酸ノルマル－ブチル

令別表

四百三十一　二硫化炭素
四百三十二　ノナン
四百三十三　ノルマル-ブチルアミン
四百三十四　ノルマル-ブチルエチルケトン
四百三十五　ノルマル-ブチル-二・三-エポキシプロピルエーテル
四百三十六　N-［一-（N-ノルマル-ブチルカルバモイル）-一H-二-ベンゾイミダゾリル］カルバミン酸メチル（別名ベノミル）
四百三十六の二　発煙硫酸
四百三十七　白金及びその水溶性塩
四百三十八　ハフニウム及びその化合物
四百三十九　パラ-アニシジン
四百三十九の二　パラ-エトキシアセトアニリド（別名フェナセチン）
四百四十　パラ-クロロアニリン
四百四十の二　パラ-クロロ-アルファ・アルファ・アルファ-トリフルオロトルエン
四百四十の三　パラ-クロロトルエン
四百四十一　パラ-ジクロロベンゼン
四百四十二　パラ-ジメチルアミノアゾベンゼン
四百四十二の二　パラ-ターシャリ-ブチル安息香酸
四百四十三　パラ-ターシャリ-ブチルトルエン

四百四十四　パラ－ニトロアニリン
四百四十四の二　パラ－ニトロ安息香酸
四百四十五　パラ－ニトロクロロベンゼン
四百四十六　パラ－フェニルアゾアニリン
四百四十七　パラ－ベンゾキノン
四百四十七の二　パラ－メトキシニトロベンゼン
四百四十八　パラ－メトキシフェノール
四百四十九　バリウム及びその水溶性化合物
四百四十九の二　二・二′－ビオキシラン
四百五十　ピクリン酸
四百五十一　ビス（二・三－エポキシプロピル）エーテル
四百五十二　一・三－ビス［（二・三－エポキシプロピル）オキシ］ベンゼン
四百五十二の二　四－［四－［ビス（二－クロロエチル）アミノ］フェニル］ブタン酸
四百五十三　ビス（二－クロロエチル）エーテル
四百五十四　ビス（二－クロロエチル）スルフィド（別名マスタードガス）
四百五十四の二　N・N－ビス（二－クロロエチル）－二－ナフチルアミン
四百五十四の三　N・N′－ビス（二－クロロエチル）－N－ニトロソ尿素
四百五十四の四　ビス（二－クロロエチル）メチルアミン（別名HN二）
四百五十五　N・N－ビス（二－クロロエチル）メチルアミン－N－オキシド

四百五十五の二　ビス（三・四－ジクロロフェニル）ジアゼン

四百五十六　ビス（ジチオりん酸）S・S′－メチレン－O・O・O′・O′－テトラエチル（別名エチオン）

四百五十七　ビス（二－ジメチルアミノエチル）エーテル

四百五十七の二　二・二－ビス（四′－ハイドロキシ－三′・五′－ジブロモフェニル）プロパン

四百五十七の三　五・八－ビス［二－（二－ヒドロキシエチルアミノ）エチルアミノ］－一・四－アントラキノンジオール＝二塩酸塩

四百五十七の四　三・三－ビス（四－ヒドロキシフェニル）－一・三－ジヒドロイソベンゾフラン－一－オン（別名フェノールフタレイン）

四百五十七の五　S・S－ビス（一－メチルプロピル）＝O－エチル＝ホスホロジチオアート（別名カズサホス）

四百五十八　砒（ひ）素及びその化合物

四百五十九　ヒドラジン及びその一水和物

四百六十　ヒドラジンチオカルボヒドラジド

四百六十の二　二－ヒドロキシアセトニトリル

四百六十の三　三－ヒドロキシ－一・三・五（十）－エストラトリエン－十七－オン（別名エストロン）

四百六十の四　八－ヒドロキシキノリン（別名八－キノリノール）

四百六十の五　（五S・五aR・八aR・九R）－九－（四－ヒドロキシ－三・五－ジメトキシ

フェニル）－八－オキソ－五・五a・六・八・八a・九－ヘキサヒドロフロ［三′・四′：六・七］ナフト［二・三－d］［一・三］ジオキソール－五－イル＝四・六－O－［（R）－エチリデン］－ベータ－D－グルコピラノシド（別名エトポシド）

四百六十の六　（五S・五aR・八aR・九R）－九－（四－ヒドロキシ－三・五－ジメトキシフェニル）－八－オキソ－五・五a・六・八・八a・九－ヘキサヒドロフロ［三′・四′：六・七］ナフト［二・三－d］［一・三］ジオキソール－五－イル＝四・六－O－［（R）－二－チエニルメチリデン］－ベータ－D－グルコピラノシド（別名テニポシド）

四百六十の七　N－（ヒドロキシメチル）アクリルアミド

四百六十一　ヒドロキノン

四百六十二　四－ビニル－一－シクロヘキセン

四百六十三　四－ビニルシクロヘキセンジオキシド

四百六十四　ビニルトルエン

四百六十四の二　四－ビニルピリジン

四百六十四の三　N－ビニル－二－ピロリドン

四百六十五　ビフェニル

四百六十六　ピペラジン二塩酸塩

四百六十七　ピリジン

四百六十八　ピレトラム

四百六十八の二　フィゾスチグミン（別名エセリン）

四百六十八の三　フェニルアセトニトリル（別名シアン化ベンジル）
四百六十八の四　フェニルイソシアネート
四百六十九　フェニルオキシラン
四百六十九の二　二－（フェニルパラクロルフェニルアセチル）－一・三－インダンジオン
四百七十　フェニルヒドラジン
四百七十一　フェニルホスフィン
四百七十二　フェニレンジアミン
四百七十三　フェノチアジン
四百七十四　フェノール
四百七十五　フェロバナジウム
四百七十六　一・三－ブタジエン
四百七十七　ブタノール
四百七十七の二　フタル酸ジイソブチル
四百七十八　フタル酸ジエチル
四百七十八の二　フタル酸ジシクロヘキシル
四百七十九　フタル酸ジ－ノルマル－ブチル
四百七十九の二　フタル酸ジヘキシル
四百七十九の三　フタル酸ジペンチル
四百八十　フタル酸ジメチル

四百八十の二　フタル酸ノルマル－ブチル＝ベンジル
四百八十一　フタル酸ビス（二－エチルヘキシル）（別名ＤＥＨＰ）
四百八十二　ブタン
四百八十二の二　ブタン－一・四－ジイル＝ジメタンスルホナート
四百八十二の三　二・三－ブタンジオン（別名ジアセチル）
四百八十三　一－ブタンチオール
四百八十三の二　ブチルイソシアネート
四百八十三の三　ブチルリチウム
四百八十四　弗化カルボニル
四百八十五　弗化ビニリデン
四百八十六　弗化ビニル
四百八十六の二　弗素エデン閃石
四百八十七　弗素及びその水溶性無機化合物
四百八十八　二－ブテナール
四百八十八の二　ブテン
四百八十八の三　五－フルオロウラシル
四百八十九　フルオロ酢酸ナトリウム
四百九十　フルフラール
四百九十一　フルフリルアルコール

四百九十二　一・三－プロパンスルトン
四百九十二の二　プロパンニトリル（別名プロピオノニトリル）
四百九十二の三　プロピオンアルデヒド
四百九十三　プロピオン酸
四百九十四　プロピルアルコール
四百九十四の二　二－プロピル吉草酸
四百九十五　プロピレンイミン
四百九十六　プロピレングリコールモノメチルエーテル
四百九十六の二　N・N′－プロピレンビス（ジチオカルバミン酸）と亜鉛の重合物（別名プロピネブ）
四百九十七　二－プロピン－一－オール
四百九十七の二　二－プロペン
四百九十七の三　ブロムアセトン
四百九十八　ブロモエチレン
四百九十九　二－ブロモ－二－クロロ－一・一・一－トリフルオロエタン（別名ハロタン）
五百　ブロモクロロメタン
五百の二　ブロモジクロロ酢酸
五百一　ブロモジクロロメタン
五百二十五－ブロモ－三－セカンダリ－ブチル－六－メチル－一・二・三・四－テトラヒドロピ

リミジン－二・四－ジオン（別名ブロマシル）
五百三　ブロモトリフルオロメタン
五百三の二　一－ブロモプロパン
五百四　二－ブロモプロパン
五百四の二　三－ブロモ－一－プロペン（別名臭化アリル）
五百五　ヘキサクロロエタン
五百六　一・二・三・四・十・十－ヘキサクロロ－六・七－エポキシ－一・四・四a・五・六・七・八・八a－オクタヒドロ－エキソ－一・四－エンド－五・八－ジメタノナフタレン（別名ディルドリン）
五百七　一・二・三・四・十・十－ヘキサクロロ－六・七－エポキシ－一・四・四a・五・六・七・八・八a－オクタヒドロ－エンド－一・四－エンド－五・八－ジメタノナフタレン（別名エンドリン）
五百八　一・二・三・四・五・六－ヘキサクロロシクロヘキサン（別名リンデン）
五百九　ヘキサクロロシクロペンタジエン
五百十　ヘキサクロロナフタレン
五百十一　一・四・五・六・七・七－ヘキサクロロビシクロ[二・二・一]－五－ヘプテン－二・三－ジカルボン酸（別名クロレンド酸）
五百十二　一・二・三・四・十・十－ヘキサクロロ－一・四・四a・五・八・八a－ヘキサヒドロ－エキソ－一・四－エンド－五・八－ジメタノナフタレン（別名アルドリン）

五百十三　ヘキサクロロヘキサヒドロメタノベンゾジオキサチエピンオキサイド（別名ベンゾエピン）
五百十四　ヘキサクロロベンゼン
五百十五　ヘキサヒドロ―一・三・五―トリニトロ―一・三・五―トリアジン（別名シクロナイト）
五百十六　ヘキサフルオロアセトン
五百十六の二　ヘキサフルオロアルミン酸三ナトリウム
五百十六の三　ヘキサフルオロプロペン
五百十六の四　ヘキサブロモシクロドデカン
五百十六の五　ヘキサメチルパラローズアニリンクロリド（別名クリスタルバイオレット）
五百十七　ヘキサメチルホスホリックトリアミド
五百十八　ヘキサメチレンジアミン
五百十九　ヘキサメチレン＝ジイソシアネート
五百二十　ヘキサン
五百二十一　一―ヘキセン
五百二十二　ベータ―ブチロラクトン
五百二十三　ベータ―プロピオラクトン
五百二十四　一・四・五・六・七・八・八―ヘプタクロロ―二・三―エポキシ―二・三・三a・四・七・七a―ヘキサヒドロ―四・七―メタノ―一H―インデン（別名ヘプタクロルエポキシ

ド）
五百二十五　一・四・五・六・七・八・八－ヘプタクロロ－三a・四・七・七a－テトラヒドロ－四・七－メタノ－一H－インデン（別名ヘプタクロル）
五百二十六　ヘプタン
五百二十七　ペルオキソ二硫酸アンモニウム
五百二十八　ペルオキソ二硫酸カリウム
五百二十九　ペルオキソ二硫酸ナトリウム
五百三十　ペルフルオロオクタン酸及びそのアンモニウム塩
五百三十の二　ペルフルオロ（オクタン－一－スルホン酸）（別名ＰＦＯＳ）
五百三十の三　ペルフルオロノナン酸
五百三十の四　ベンジルアルコール
五百三十一　ベンゼン
五百三十二　一・二・四－ベンゼントリカルボン酸一・二－無水物
五百三十三　ベンゾ［a］アントラセン
五百三十四　ベンゾ［a］ピレン
五百三十五　ベンゾフラン
五百三十六　ベンゾ［e］フルオラセン
五百三十六の二　ペンタカルボニル鉄
五百三十七　ペンタクロロナフタレン

五百三十八　ペンタクロロニトロベンゼン
五百三十九　ペンタクロロフェノール（別名ＰＣＰ）及びそのナトリウム塩
五百四十　一－ペンタナール
五百四十一　一・一・三・三・三－ペンタフルオロ－二－（トリフルオロメチル）－一－プロペン（別名ＰＦＩＢ）
五百四十二　ペンタボラン
五百四十三　ペンタン
五百四十三の二　ほう酸アンモニウム
五百四十四　ほう酸及びそのナトリウム塩
五百四十五　ホスゲン
五百四十五の二　ポリ［グアニジン－Ｎ・Ｎ′－ジイルヘキサン－一・六－ジイルイミノ（イミノメチレン）］塩酸塩
五百四十六　（二－ホルミルヒドラジノ）－四－（五－ニトロ－二－フリル）チアゾール
五百四十七　ホルムアミド
五百四十八　ホルムアルデヒド
五百四十九　マゼンタ
五百五十　マンガン及びその無機化合物
五百五十一　ミネラルスピリット（ミネラルシンナー、ペトロリウムスピリット、ホワイトスピリット及びミネラルターペンを含む。）

五百五十二　無水酢酸
五百五十三　無水フタル酸
五百五十四　無水マレイン酸
五百五十五　メタ－キシリレンジアミン
五百五十六　メタクリル酸
五百五十六の二　メタクリル酸二－イソシアナトエチル
五百五十六の三　メタクリル酸二・三－エポキシプロピル
五百五十六の四　メタクリル酸クロリド
五百五十六の五　メタクリル酸二－（ジエチルアミノ）エチル
五百五十七　メタクリル酸メチル
五百五十八　メタクリロニトリル
五百五十九　メタ－ジシアノベンゼン
五百六十　メタノール
五百六十の二　メタバナジン酸アンモニウム
五百六十の三　メタンスルホニル＝クロリド
五百六十の四　メタンスルホニル＝フルオリド
五百六十一　メタンスルホン酸エチル
五百六十二　メタンスルホン酸メチル
五百六十三　メチラール

五百六十四　メチルアセチレン
五百六十五　N－メチルアニリン
五百六十六　二・二′－［［四－（メチルアミノ）－三－ニトロフェニル］アミノ］ジエタノール（別名HCブルーナンバー二）
五百六十七　N－メチルアミノホスホン酸O－（四－ターシャリ－ブチル－二－クロロフェニル）－O－メチル（別名クルホメート）
五百六十八　メチルアミン
五百六十八の二　メチル＝イソチオシアネート
五百六十九　メチルイソブチルケトン
五百六十九の二　メチルイソプロペニルケトン
五百七十　メチルエチルケトン
五百七十一　N－メチルカルバミン酸二－イソプロピルオキシフェニル（別名プロポキスル）
五百七十二　N－メチルカルバミン酸二・三－ジヒドロ－二・二－ジメチル－七－ベンゾ［b］フラニル（別名カルボフラン）
五百七十三　N－メチルカルバミン酸二－セカンダリ－ブチルフェニル（別名フェノブカルブ）
五百七十三の二　メチル＝カルボノクロリダート
五百七十三の三　メチル＝三－クロロ－五－（四・六－ジメトキシ－二－ピリミジニルカルバモイルスルファモイル）－一－メチルピラゾール－四－カルボキシラート（別名ハロスルフロンメチル）

五百七十四　メチルシクロヘキサノール
五百七十五　メチルシクロヘキサノン
五百七十六　メチルシクロヘキサン
五百七十七　二－メチルシクロペンタジエニルトリカルボニルマンガン
五百七十七の二　N－メチルジチオカルバミン酸（別名カーバム）
五百七十八　二－メチル－四・六－ジニトロフェノール
五百七十九　二－メチル－三・五－ジニトロベンズアミド（別名ジニトルミド）
五百七十九の二　メチル－N′・N′－ジメチル－N－［（メチルカルバモイル）オキシ］－一－チオオキサムイミデート（別名オキサミル）
五百八十　メチル－ターシャリ－ブチルエーテル（別名MTBE）
五百八十一　五－メチル－一・二・四－トリアゾロ［三・四－b］ベンゾチアゾール（別名トリシクラゾール）
五百八十二　二－メチル－四－（二－トリルアゾ）アニリン
五百八十二の二　メチルナフタレン
五百八十二の三　二－メチル－五－ニトロアニリン
五百八十三　二－メチル－一－ニトロアントラキノン
五百八十四　N－メチル－N－ニトロソカルバミン酸エチル
五百八十四の二　N－メチル－N－ニトロソ尿素
五百八十四の三　N－メチル－N′－ニトロ－N－ニトロソグアニジン

五百八十五　メチル－ノルマル－ブチルケトン
五百八十六　メチル－ノルマル－ペンチルケトン
五百八十七　メチルヒドラジン
五百八十八　メチルビニルケトン
五百八十八の二　三－（一－メチル－二－ピロリジニル）ピリジン硫酸塩（別名ニコチン硫酸塩）
五百八十八の三　Ｎ－メチル－二－ピロリドン
五百八十九　一－［（二－メチルフェニル）アゾ］－二－ナフトール（別名オイルオレンジＳＳ）
五百八十九の二　三－メチル－一－（プロパン－二－イル）－一Ｈ－ピラゾール－五－イル＝ジメチルカルバマート
五百九十　メチルプロピルケトン
五百九十の二　メチル－（四－ブロム－二・五－ジクロルフェニル）－チオノベンゼンホスホネイト
五百九十一　五－メチル－二－ヘキサノン
五百九十一の二　メチル＝ベンゾイミダゾール－二－イルカルバマート（別名カルベンダジム）
五百九十二　四－メチル－二－ペンタノール
五百九十三　二－メチル－二・四－ペンタンジオール
五百九十三の二　メチルホスホン酸ジクロリド
五百九十三の三　メチルホスホン酸ジメチル
五百九十四　Ｎ－メチルホルムアミド

五百九十五　S－メチル－N－（メチルカルバモイルオキシ）チオアセチミデート（別名メソミル）
五百九十五の二　二－メチル－一－［四－（メチルチオ）フェニル］－二－モルホリノ－一－プロパノン
五百九十五の三　七－メチル－三－メチレン－一・六－オクタジエン
五百九十六　メチルメルカプタン
五百九十七　四・四′－メチレンジアニリン
五百九十八　メチレンビス（四・一－シクロヘキシレン）＝ジイソシアネート
五百九十八の二　四・四′－メチレンビス（N・N－ジメチルアニリン）
五百九十八の三　メチレンビスチオシアネート
五百九十九　メチレンビス（四・一－フェニレン）＝ジイソシアネート（別名MDI）
五百九十九の二　四・四′－メチレンビス（二－メチルシクロヘキサンアミン）
五百九十九の三　メトキシ酢酸
五百九十九の四　四－メトキシ－七H－フロ［三・二－g］［一］ベンゾピラン－七－オン
五百九十九の五　九－メトキシ－七H－フロ［三・二－g］［一］ベンゾピラン－七－オン
五百九十九の六　四－メトキシベンゼン－一・三－ジアミン硫酸塩
六百　二－メトキシ－五－メチルアニリン
六百一　一－（二－メトキシ－二－メチルエトキシ）－二－プロパノール
六百一の二　二－メトキシ－二－メチルブタン（別名ターシャリ－アミルメチルエーテル）
六百二　メルカプト酢酸

令別表

六百二の二　六－メルカプトプリン
六百二の三　二－メルカプトベンゾチアゾール
六百二の四　モノフルオール酢酸
六百二の五　モノフルオール酢酸アミド
六百二の六　モノフルオール酢酸パラブロムアニリド
六百三　モリブデン及びその化合物
六百四　モルホリン
六百五　沃(よう)素及びその化合物
六百六　ヨードホルム
六百六の二　四ナトリウム＝六・六′－［（三・三′－ジメトキシ［一・一′－ビフェニル］－四・四′－ジイル）ビス（ジアゼニル）］ビス（四－アミノ－五－ヒドロキシナフタレン－一・三－ジスルホナート）
六百六の三　四ナトリウム＝六・六′－［（［一・一′－ビフェニル］－四・四′－ジイル）ビス（ジアゼニル）］ビス（四－アミノ－五－ヒドロキシナフタレン－二・七－ジスルホナート）
六百六の四　ラクトニトリル（別名アセトアルデヒドシアンヒドリン）
六百六の五　ラサロシド
六百六の六　リチウム＝ビス（トリフルオロメタンスルホン）イミド
六百七　硫化カリウム
六百七の二　硫化カルボニル

六百八　硫化ジメチル
六百九　硫化水素
六百十　硫化水素ナトリウム
六百十一　硫化ナトリウム
六百十二　硫化りん
六百十三　硫酸
六百十四　硫酸ジイソプロピル
六百十五　硫酸ジエチル
六百十六　硫酸ジメチル
六百十七　りん化水素
六百十八　りん酸
六百十九　りん酸ジ－ノルマル－ブチル
六百二十　りん酸ジ－ノルマル－ブチル＝フェニル
六百二十一　りん酸一・二－ジブロモ－二・二－ジクロロエチル＝ジメチル（別名ナレド）
六百二十二　りん酸ジメチル＝（Ｅ）－一－（Ｎ・Ｎ－ジメチルカルバモイル）－一－プロペン－二－イル（別名ジクロトホス）
六百二十三　りん酸ジメチル＝（Ｅ）－一－（Ｎ－メチルカルバモイル）－一－プロペン－二－イル（別名モノクロトホス）
六百二十四　りん酸ジメチル＝一－メトキシカルボニル－一－プロペン－二－イル（別名メビン

令別表

ホス）
六百二十五　りん酸トリス（二－クロロエチル）
六百二十六　りん酸トリス（二・三－ジブロモプロピル）
六百二十六の二　りん酸トリス（ジメチルフェニル）
六百二十六の三　りん酸トリトリル
六百二十七　りん酸トリ－ノルマル－ブチル
六百二十八　りん酸トリフェニル
六百二十八の二　りん酸トリメチル
六百二十九　レソルシノール
六百三十　六塩化ブタジエン
六百三十一　ロジウム及びその化合物
六百三十二　ロジン
六百三十三　ロテノン

※**〔編注〕**別表第九は、令五政令第二六五号により次のとおり改正され、令和七年四月一日から施行される。

一　アリル水銀化合物
二　アルキルアルミニウム化合物
三　アルキル水銀化合物
四　アルミニウム及びその水溶性塩
五　アンチモン及びその化合物

六　イットリウム及びその化合物
七　インジウム及びその化合物
八　ウラン及びその化合物
九　カドミウム及びその化合物
十　銀及びその水溶性化合物
十一　クロム及びその化合物
十二　コバルト及びその化合物
十三　ジルコニウム化合物
十四　水銀及びその無機化合物
十五　すず及びその化合物
十六　セレン及びその化合物
十七　タリウム及びその水溶性化合物
十八　タングステン及びその水溶性化合物
十九　タンタル及びその酸化物
二十　鉄水溶性塩
二十一　テルル及びその化合物
二十二　銅及びその化合物
二十三　鉛及びその無機化合物
二十四　ニッケル及びその化合物
二十五　白金及びその水溶性塩
二十六　ハフニウム及びその化合物
二十七　バリウム及びその水溶性化合物
二十八　砒(ひ)素及びその化合物
二十九　弗(ふっ)素及びその水溶性無機化合物

三十　マンガン及びその無機化合物
三十一　モリブデン及びその化合物
三十二　沃素及びその化合物
三十三　ロジウム及びその化合物

○通達

(1) 第二九号の「アリル水銀化合物」とは、芳香族環を有する有機水銀化合物をいうこと。

(2) 第三七号の「水溶性」とは、当該物質を一グラムを溶かすのに必要な水の量が一〇〇ミリリットル未満であるものをいうこと（編注＝以下、第一三七号、第三三五号、第三三七号、第三五二号、第四三七号、第四四九号、第四八七号において同じ。）。

(3) 第五三号（現行＝第五二号）の「一酸化窒素」には、当該物質が水と反応してできる「亜硝酸」は含まれないものであること。

(4) 第六一号（現行＝第六〇号）の「ウレタン」とは、「カルバミン酸エチル」をいうこと。

(5) 第一六六号（現行＝第一六五号）の「けつ岩油」とは、油けつ岩の乾留によって得られる油状物質をいうこと。

(6) 第一六八号（現行＝第一六七号）の「ゲルマン」とは、モノゲルマン（GeH_4）をいうこと。

(7) 第一七一号（現行＝第一七〇号）の「固形パラフィン」には、炭素数が二〇～三二の飽和炭化水素が含まれるものであること。

(8) 第一九七号（現行＝第一九六号）の「三酸化二ほう素」には、当該物質が水と反応してできる「オルトほう酸」（H_3BO_3）及び「メタほう酸」（HBO_2）は含まれないものであること。

(9) 第二〇〇号（現行＝第一九九号）の「三弗化二ほう素」には、当該物質が水と反応してできるフルオロヒドロキシほう酸類は含まれないものであること。

(10) 第三一〇号（現行＝第三一二号）の「シラン」とは、モノシラン（SiH_4）をいうこと。

(11) 第三一三号（現行＝第三一四号）の「人造鉱物繊維」には、ガラス長繊維は含まれないものであること。

⑿　第三七九号〔現行＝第三八〇号〕の「灯油」とは、日本工業規格Ｋ二二〇三に該当するものをいうこと。
⒀　第六三〇号〔現行＝第六三二号〕の「ロジン」とは、天然松等の油状抽出成分をいうこと。

（平一二・三・二四　基発第一六二号）

ア　アスファルト
　建設業者が舗装・防水工事後、施主に引き渡す際には、当該アスファルト単体又はアスファルトを含有する製剤その他の物は「主として一般消費者の生活のように供するためのもの」に該当するので、第一の一の⑴から⑶までの措置の対象にならないものとして取り扱って差し支えないこと。
イ　ポルトランドセメント
　アのアスファルト単体又はアスファルトを含有する製剤その他の物と同様、施工後の譲渡・提供の際には第一の一の⑴から⑶までの措置の対象にならないものとして取り扱って差し支えないこと。
ウ　非晶質シリカの対象物質からの除外について
㈠　結晶質シリカ単体又は結晶質シリカを含有する製剤その他の物について、結晶質と非晶質を峻別せず、引き続き「シリカ」として名称の表示・通知することとして差し支えないこと。ただし、有害性に関わる情報を的確に伝達するという観点から、「結晶質シリカ」と明示することが望ましいこと。
㈡　非晶質シリカについては、対象物質から除外されることとなるが、既に「シリカ」として表示・通知されているものについてラベル・ＳＤＳの内容の修正は不要であり、労働安全衛生規則（昭和四七年労働省令第三二号）第二四条の十四及び第二四条の十五により、危険又は健康障害を生ずるおそれのある物について名称等の表示・通知の努力義務があることから、引き続き名称等の表示・通知を行うよう努めなければならないこと。なお、非晶質シリカについては、結晶質シリカよりも相当有害性が低いとされているが、不活性の粉状物質の吸入自体には注意が必要であり、引き続き、粉じん障害防止規則（昭和五四年労働省令第十八号）に定める措置等を講じること等により、高濃度ばく露を避けることが求められること。

令別表

（平二九・八・三　基発〇八〇三第六号）

ア　塗料の剥離及びかき落とし作業について

「剥離剤を使用した塗料の剥離作業における労働災害防止について」（令和二年八月一七日付け基安化発〇八一七第二号（令和二年一〇月一九日一部改正）。以下「課長通知」という。）の記の2（2）に則ったばく露防止のための措置を行うこと。

イ　ベンジルアルコールを含有する剥離剤の取扱い作業において講ずべき措置

剥離剤にベンジルアルコールが含有されている場合は、課長通知の記の3（1）イに則った措置を講ずること。

（令二・一二・一四　基発一二一四第一号）

名称等を表示及び通知すべき化学物質等の追加等について

改正政令による令別表第九への追加対象物質は、令和二年度までに国がGHS（化学品の分類および表示に関する世界調和システム）に基づく分類を行った物質のうち、発がん性、生殖細胞変異原性、生殖毒性及び急性毒性のいずれかの有害性クラスで区分1相当の有害性を有する物質（既に令別表第九に規定されている物を除く。）を選定したものであること。

ア　令別表第九に追加される物質の留意事項

改正政令で令別表第九に追加される対象物の範囲についての留意事項は以下のとおりであること。

(ア)　ダイオキシン類（別表第三第一号三に掲げる物に該当するものを除く。）（改正政令による改正後の令別表第九（以下「新令別表第九」という。）第三三三号の二）　ダイオキシン類とは、ダイオキシン類対策特別措置法（平成一一年法律第一〇五号）第二条に掲げる「ポリ塩化ジベンゾフラン」、「ポリ塩化ジベンゾ－パラ－ジオキシン」及び「コプラナーポリ塩化ビフェニル」をいうものであるが、このうち「コプラナーポリ塩化ビフェニル」は令別表第三第一号「第一類物質」の「三塩素化ビフェニル（別名ＰＣＢ）」

に該当し、既に名称等を表示及び通知すべき化学物質であることから、当該物質を「別表第三第一号三に掲げる物に該当するもの」として令別表第九の追加対象から除外したものであること。

イ　令別表第九から削除等される物質の留意事項

今般の改正に伴い、追加対象物質に包含される等の理由により、以下の物質が令別表第九から削除されるが、これらの物質は引き続きラベル表示及びSDS交付の対象物質であることに留意すること。

(ア)　一・一'－ジメチル－四・四'－ビピリジニウム＝ジクロリド（別名パラコート）（改正政令による改正前の令別表第九（以下「旧令別表第九」という。）第二九六号）及び一・一'－ジメチル－四・四'－ビピリジニウム二メタンスルホン酸塩（同表第二九七号）

一・一'－ジメチル－四・四'－ビピリジニウム塩（新令別表第九第二九六号）に包含されることから削除したものであること。

(イ)　二・三・七・八－テトラクロロジベンゾ－一・四－ジオキシン（旧令別表第九第三六二号）

ダイオキシン類（別表第三第一号三に掲げる物に該当するものを除く。）（新令別表第九第三三三号の二）に包含されることから削除したものであること。

(ウ)　ヒドラジン（旧令別表第九第四五九号）及びヒドラジン一水和物（同表第四六〇号）

ヒドラジン及びその一水和物（新令別表第九第四五九号）に統合したものであること。

(エ)　りん酸トリ（オルト－トリル）（旧令別表第九第六二五号）

りん酸トリトリル（新令別表第九第六二六号の三）に包含されることから削除したものであること。

また、一・四・五・六・七・八・八－ヘプタクロロ－二・三－エポキシ－二・三・三a・四・七・七a－ヘキサヒドロ－四・七－メタノ－一H－インデン（別名ヘプタクロルエポキシド）（新令別表第九第五二四号）は、旧令別表第九同号の物質をより適正な名称に修正したものであり、対象物質の範囲に変更はないこと。

今般の改正に伴い、二三四物質が令別表第九に追加されるが、上記のとおり追加対象物質に包含される等の理由により削除される物質もあるため、改正後の表示及び通知対象物の数は九〇三物質（令別表第三第一号の七物質を含む。）となること。

（令四・二・二四　基発〇二二四第一号）

キ　令別表第九に掲げる物の範囲についての留意事項は以下のとおりであること。

(ア)　令別表第九第一号の「アリル水銀化合物」とは、芳香族環を有する有機水銀化合物をいうこと。

(イ)　令別表第九第四号のアルミニウムについては、アルミニウム単体又はアルミニウムを含有する製剤その他の物（以下「アルミニウム等」という。）であって、サッシ等の最終の用途が限定される製品であり、かつ当該製品の労働者による組立て、取付施工等の際の作業によってアルミニウム等が固体以外のものにならずかつ粉状（インハラブル粒子）にならないものは、一般消費者の生活の用に供するものとしてラベル表示・SDS交付等及び危険性又は有害性等の調査等の対象にならないものとして取り扱って差し支えないこと。

(ウ)　令別表第九第四号の「水溶性」とは、当該物質一グラムを溶かすのに必要な水の量が一〇〇ミリリットル未満であるものをいうこと（令別表第九第一〇号、第一七号、第一八号、第二〇号、第二五号、第二七号、第二九号において同じ。）。

(エ)　令別表第九第八号の「ウラン及びその化合物」には、改正政令による改正前の令別表第九第五九号の二「ウラン」、第四一三号の二「二酢酸ジオキシドウラン(Ⅵ)及びその二水和物」及び第四一六号の二「二硝酸ジオキシドウラン(Ⅵ)六水和物」を含むものであること。

(オ)　令別表第九第一五号の「すず及びその化合物」には、改正政令による改正前の令別表第九第三九六号「トリシクロヘキシルすず＝ヒドロキシド」を含むものであること。

(カ)　令別表第九第三二号の「沃素及びその化合物」のうち、「その化合物」とは、沃化物をいうものであること。なお、沃化物とは、沃素とそれより陽性な原子又は基との化合物をいうこと。

（令五・八・三〇　基発〇八三〇第一号）

〔附録・1〕

労働安全衛生マネジメントシステムに関する指針

労働安全衛生マネジメントシステムに関する指針

労働安全衛生規則（昭和四十七年労働省令第三十二号）第二十四条の二の規定に基づき、労働安全衛生マネジメントシステムに関する指針を次のとおり定めたので、同条の規定に基づき公表する。

平成一一・四・三〇　労働省告示第五三号
改正　令和元・七・一　厚生労働省告示第五四号

（目的）

第一条　この指針は、事業者が労働者の協力の下に一連の過程を定めて継続的に行う自主的な安全衛生活動を促進することにより、労働災害の防止を図るとともに、労働者の健康の増進及び快適な職場環境の形成の促進を図り、もって事業場における安全衛生の水準の向上に資することを目的とする。

第二条　この指針は、労働安全衛生法（昭和四十七年法律第五十七号。以下「法」という。）の規定に基づき機械、設備、化学物質等による危険又は健康障害を防止するため事業者が講ずべき具体的な措置を定めるものではない。

○通達
指針は、事業者が講ずべき機械、設備、化学物質等についての具体的な措置を定めるものではなく、安全衛生管理に関する仕組みを示すものであること。

（平一八・三・一七　基発第〇三一七〇〇七号）

（定義）

第三条　この指針において次の各号に掲げる用語の意義は、それぞれ当該各号に定めるところによる。

一　労働安全衛生マネジメントシステム　事業場において、次に掲げる事項を体系的かつ継続的に実施する安全衛生管理に係る一連の自主的活動に関する仕組みであって、生産管理等事業実施に係る管理と一体となって運用されるものをいう。

イ　安全衛生に関する方針（以下「安全衛生方針」という。）の表明

ロ　危険性又は有害性等の調査及びその結果に基づき講ずる措置

ハ　安全衛生に関する目標（以下「安全衛生目標」という。）の設定

ニ　安全衛生に関する計画（以下「安全衛生計画」という。）の作成、実施、評価及び改善

二　システム監査　労働安全衛生マネジメントシステムに従って行う措置が適切に実施されているかどうかについて、安全衛生計画の期間を考慮して事業者が行う調査及び評価をいう。

（適用）

第四条　労働安全衛生マネジメントシステムに従って行う措置は、事業場又は法人が同一である二以上の事業場を一の単位として実施することを基本とする。ただし、建設業に属する事業の仕事を行う事業者については、当該仕事の請負契約を締結している事業場及び当該事業場において締結した請負契約に係る仕事を行う事業場を併せて一の単位として実施することを基本とする。

○通達

(1)　指針は、事業場を一の単位として実施することを基本とするが、建設業にあっては、有期事業の事業場ではシステムに従って行う措置を継続的に実施し、安全衛生水準を段階的に向上させることが困難であることから、店

附録

社及び当該店社が締結した契約の仕事を行う事業場を単位として実施することを基本としたこと。

(2) 事業者は、指針を踏まえ、業種、業態、規模等に応じたシステムを定めることができること。

(平一八・三・一七　基発第〇三一七〇〇七号)

システムに従って行う措置を実施する単位として、小売業や飲食業といった第三次産業などの多店舗展開型企業をはじめとする様々な業態・形態において導入されることを想定し、法人が同一である複数の事業場を併せて一の単位とすることができることとしたこと。

(令元・七・一　基発〇七〇一第三号)

(安全衛生方針の表明)

第五条　事業者は、安全衛生方針を表明し、労働者及び関係請負人その他の関係者に周知させるものとする。

2　安全衛生方針は、事業場における安全衛生水準の向上を図るための安全衛生に関する基本的考え方を示すものであり、次の事項を含むものとする。

一　労働災害の防止を図ること。

二　労働者の協力の下に、安全衛生活動を実施すること。

三　法又はこれに基づく命令、事業場において定めた安全衛生に関する規程（以下「事業場安全衛生規程」という。）等を遵守すること。

四　労働安全衛生マネジメントシステムに従って行う措置を適切に実施すること。

○通達

(1) 労働災害防止のためには、事業者自らの安全衛生に対する姿勢を明確にすることが必要であることから、事業者が安全衛生方針を表明し、労働者及び関係請負人その他の関係者に周知させることを規定したものであること。第二項各号は、安全衛生方針に盛り込むことが必要な事項を定めたものであること。

(2)「労働者」には、労働者派遣事業の適正な運営の確保及び派遣労働者の就業条件の整備等に関する法律（昭和六〇年法律第八八号）第四五条各項の規定により事業者が使用する労働者とみなされる派遣中の労働者（建設労働者の雇用の改善等に関する法律（昭和五一年法律第三三号）第四四条の規定により派遣労働者とみなされる送出労働者を含む。）を含むものであること。

(3)「周知」の方法には、例えば、次に掲げるものがあること。

ア　安全衛生方針を口頭、文書、電子メール等により伝達すること。

イ　文書の掲示若しくは備付け又は事業場内コンピュータネットワークでの掲示等により、安全衛生方針をいつでも閲覧可能な状態にしておくこと。

（平一八・三・一七　基発第〇三一七〇〇七号）

（労働者の意見の反映）

第六条　事業者は、安全衛生目標の設定並びに安全衛生計画の作成、実施、評価及び改善に当たり、安全衛生委員会等（安全衛生委員会、安全委員会又は衛生委員会をいう。以下同じ。）の活用等労働者の意見を反映する手順を定めるとともに、この手順に基づき、労働者の意見を反映するものとする。

○通達

「安全衛生委員会等の活用等」の「等」には、安全衛生委員会等の設置が義務付けられていない事業場における労働者の意見を聴くための場を設けることが含まれること。

（平一八・三・一七　基発第〇三一七〇〇七号）

（体制の整備）

第七条　事業者は、労働安全衛生マネジメントシステムに従って行う措置を適切に実施する体制を整備するため、次の事項を行うものとする。

一　システム各級管理者（事業場においてその事業の実施を統括管理する者（法人が同一である二以上の事業場を一の単位として労働安全衛生マネジメントシステムに従って行う措置を実施する場合に

附録

は、当該単位においてその事業の実施を統括管理する者を含む。）及び製造、建設、運送、サービス等の事業実施部門、安全衛生部門等における部長、課長、係長、職長等の管理者又は監督者であって、労働安全衛生マネジメントシステムを担当するものをいう。以下同じ。）の役割、責任及び権限を定めるとともに、労働者及び関係請負人その他の関係者に周知させること。

二　システム各級管理者を指名すること。

三　労働安全衛生マネジメントシステムに係る人材及び予算を確保するよう努めること。

四　労働者に対して労働安全衛生マネジメントシステムに関する教育を行うこと。

五　労働安全衛生マネジメントシステムに従って行う措置の実施に当たり、安全衛生委員会等を活用すること。

○通達

(1)　第三号の「人材」については、事業場内に必要な知識又は技能を有する者が不足する場合には、外部のコンサルタント等の助力を得ることも差し支えないこと。

(2)　第四号の「教育」は、システムの構築のための業務を行う者、危険性又は有害性等の調査を行う者、安全衛生計画の作成を行う者、システム監査を行う者等事業場の実情に応じ必要な者に対して実施すること。また、内容としては、システムの意義、システムを運用する上での遵守事項や留意事項、システム各級管理者の役割等があること。なお、教育の対象者、内容、実施時期、実施体制、講師等についてあらかじめ定めておくことが望ましいこと。

(3)　事業者は、その関係請負人が労働者に対しシステムに関する教育を行う場合は、必要な指導及び援助を行うことが望ましいこと。

（平一八・三・一七　基発第〇三一七〇〇七号）

法人が同一である複数の事業場を一の単位としてシステムを運用する場合、当該運用の単位全体を統括管理する者を配置することが必要であることから、当該者をシステム各級管理者として位置付けるものとしたこと。

また、システムが第三次産業を含む幅広い産業において運用されることを想定し、システム各級管理者が属する事業実施部門には、製造、建設、運送、サービス等があるとしたこと。

（令元・七・一　基発〇七〇一第三号）

（明文化）

第八条　事業者は、次の事項を文書により定めるものとする。

一　安全衛生方針

二　労働安全衛生マネジメントシステムに従って行う措置の実施の単位

三　システム各級管理者の役割、責任及び権限

四　安全衛生目標

五　安全衛生計画

六　第六条、次項、第十条、第十三条、第十五条第一項、第十六条及び第十七条第一項の規定に基づき定められた手順

2　事業者は、前項の文書を管理する手順を定めるとともに、この手順に基づき、当該文書を管理するものとする。

○通達

(1)　本条は、システムに関係する労働者等への理解を深めるとともに、システムに関する知識を共有化することにより、システムに従った措置が組織的かつ継続的に実施されることを確保するため、安全衛生方針等を明文化することが必要であることから規定されたものであること。

(2)　第一項第五号の「手順」とは、いつ、誰が、何を、どのようにするか等について定めるものであること。

(3)　第二項の「文書を管理する」とは、文書を保管、改訂、廃棄等することをいうものであること。

(4)　管理の対象となる「文書」は、電子媒体の形式でも差し支えないこと。

第四条の改正により、一の事業場だけでなく、法人が同一である複数の事業場を一の単位としてシステムを運用できることとされたことから、当該システムの運用の単位を文書に明確に定めることとしたこと。

（平一八・三・一七　基発第〇三一七〇〇七号）

（令元・七・一　基発〇七〇一第三号）

（記録）

第九条　事業者は、安全衛生計画の実施状況、システム監査の結果等労働安全衛生マネジメントシステムに従って行う措置の実施に関し必要な事項を記録するとともに、当該記録を保管するものとする。

○通達

(1)「安全衛生計画の実施状況、システム監査の結果等」の「等」には、特定された危険性又は有害性等の調査結果、教育の実施状況、労働災害、事故等の発生状況等があること。

(2)「記録」は、電子媒体の形式でも差し支えないこと。

(3)「記録」は、保管の期間をあらかじめ定めておくこと。

（平一八・三・一七　基発第〇三一七〇〇七号）

（危険性又は有害性等の調査及び実施事項の決定）

第十条　事業者は、法第二十八条の二第二項に基づく指針及び法第五十七条の三第三項に基づく指針に従って危険性又は有害性等を調査する手順を定めるとともに、この手順に基づき、危険性又は有害性等を調査するものとする。

２　事業者は、法又はこれに基づく命令、事業場安全衛生規程等に基づき実施すべき事項及び前項の調査の結果に基づき労働者の危険又は健康障害を防止するため必要な措置を決定する手順を定めるとともに、この手順に基づき、実施する措置を決定するものとする。

○通達

第一項の「危険性又は有害性等の手順」の策定及び第二項の「労働者の危険又は健康障害を防止するために必要な措置」の決定に当たっては、法第二八条の二第二項の規定に基づく「危険性又は有害性等の調査等に関する指針」（平成一八年三月一〇日付け危険性又は有害性等の調査等に関する指針公示第一号）及び別途定められる予定である「化学物質等による労働者の危険及び健康障害を防止するため必要な措置に関する指針」並びに「機械の包括的な安全基準に関する指針」（平成一三年六月一日付け基発第五〇一号）に従うこと。

（平一八・三・一七　基発第〇三一七〇〇七号）

労働安全衛生法等の一部を改正する法律（平成二六年法律第八二号）により化学物質等による危険性又は有害性等の調査等が義務化されたことを踏まえ、第一項の「危険性又は有害性等を調査する手順」の策定及び第二項の「労働者の危険又は健康障害を防止するため必要な措置」の決定に当たっては、労働安全衛生法（昭和四七年法律第五七号）第五七条の三第三項の規定に基づく「化学物質等による危険性又は有害性等の調査等に関する指針」（平成二七年九月一八日付け危険性又は有害性等の調査等に関する指針公示第三号）に従うことを追加したこと。

（令元・七・一　基発〇七〇一第三号）

（安全衛生目標の設定）

第十一条　事業者は、安全衛生方針に基づき、次に掲げる事項を踏まえ、安全衛生目標を設定し、当該目標において一定期間に達成すべき到達点を明らかとするとともに、当該目標を労働者及び関係請負人その他の関係者に周知するものとする。

一　前条第一項の規定による調査結果

二　過去の安全衛生目標の達成状況

○通達

「安全衛生目標」は、事業場としての目標を設定するほか、これを基にした関係部署ごとの目標も設定することが望ましいこと。また、目標は達成の度合いを客観的に評価できるよう、可能な限り数値で設定することが望ましいこと。

（平一八・三・一七　基発第〇三一七〇〇七号）

（安全衛生計画の作成）

第十二条　事業者は、安全衛生目標を達成するため、事業場における危険性又は有害性等の調査の結果等に基づき、一定の期間を限り、安全衛生計画を作成するものとする。

2　安全衛生計画は、安全衛生目標を達成するための具体的な実施事項、日程等について定めるものであり、次の事項を含むものとする。

一　第十条第二項の規定により決定された措置の内容及び実施時期に関する事項

二　日常的な安全衛生活動の実施に関する事項

三　健康の保持増進のための活動の実施に関する事項

四　安全衛生教育及び健康教育の内容及び実施時期に関する事項

五　関係請負人に対する措置の内容及び実施時期に関する事項

六　安全衛生計画の期間に関する事項

七　安全衛生計画の見直しに関する事項

○通達

(1)　第一項の「結果等」の「等」には、過去における安全衛生計画の実施状況、安全衛生目標の達成状況、第一五条の日常的な点検の結果、第一六条の労働災害、事故等の原因の調査結果、第一七条のシステム監査の結果があること。

また、実施事項の担当部署、必要な予算等も含めて作成することが望ましいこと。

(2)　第二項第二号の「日常的な安全衛生活動」には、危険予知活動（KYT）、4S活動、ヒヤリ・ハット事例の収集及びこれに係る対策の実施、安全衛生改善提案活動、健康づくり活動等があること。

(3)　第二項第三号の「安全衛生教育」には、各種教育の実施時期及び各種教育のカリキュラムを規定すること。さらに、関係部署ごとの計画を作成することが望ましいこと。

(4)　第二項第四号は、元方事業者にあっては、関係請負人に対する措置に関する事項を安全衛生計画に含めることを規定したものであること。

(5) 第二項第五号の「期間」は、一年とするのが基本であるが、これに限るものでないこと。

(6) 第二項第六号の「安全衛生計画の見直し」については、機械、設備、化学物質等を新規に導入する場合等にあっては、危険性又は有害性等の調査の結果を踏まえ、必要に応じ見直しを行うことを定めるものであること。

（平一八・三・一七　基発第〇三一七〇〇七号）

近年、労働者の心身の健康の確保・増進の重要性が高まっていることから、安全衛生計画に含める事項として、健康の保持増進のための活動の実施に関する事項並びに健康教育の内容及び実施時期に関する事項を追加したこと。

(1) 第二項第三号の「健康の保持増進のための活動の実施に関する事項」には、事業場における労働者の健康保持増進のための指針（昭和六三年九月一日健康保持増進のための指針公示第一号）及び労働者の心の健康の保持増進のための指針（平成一八年三月三一日健康保持増進のための指針公示第三号）に基づき実施される職場体操、ストレッチ、腰痛予防体操、ウォーキング、メンタルヘルスケア等の取組があること。

(2) 第二項第四号の「健康教育」には、生活習慣病予防、感染症予防、禁煙、メンタルヘルス等に係る教育があること。

（令元・七・一　基発〇七〇一第三号）

（安全衛生計画の実施等）

第十三条　事業者は、安全衛生計画を適切かつ継続的に実施する手順を定めるとともに、この手順に基づき、安全衛生計画を適切かつ継続的に実施するものとする。

2　事業者は、安全衛生計画を適切かつ継続的に実施するために必要な事項について労働者及び関係請負人その他の関係者に周知させる手順を定めるとともに、この手順に基づき、安全衛生計画を適切かつ継続的に実施するために必要な事項をこれらの者に周知させるものとする。

○通達

第一項の「手順」に定める事項には、安全衛生計画に基づく活動等を実施するに当たっての具体的内容の決定方法、経費の執行方法等があること。

（平一八・三・一七　基発第〇三一七〇〇七号）

（緊急事態への対応）

第十四条　事業者は、あらかじめ、労働災害発生の急迫した危険がある状態（以下「緊急事態」という。）が生ずる可能性を評価し、緊急事態が発生した場合に労働災害を防止するための措置を定めるとともに、これに基づき適切に対応するものとする。

〇通達

「緊急事態が発生した場合に労働災害を防止するための措置」には、被害を最小限に食い止め、かつ、拡大を防止するための措置、各部署の役割及び指揮命令系統の設定、避難訓練の実施等が含まれること。

（平一八・三・一七　基発第〇三一七〇〇七号）

（日常的な点検、改善等）

第十五条　事業者は、安全衛生計画の実施状況等の日常的な点検及び改善を実施する手順を定めるとともに、この手順に基づき、安全衛生計画の実施状況等の日常的な点検及び改善を実施するものとする。

2　事業者は、次回の安全衛生計画を作成するに当たって、前項の日常的な点検及び改善並びに次条の調査等の結果を反映するものとする。

〇通達

第一項の「安全衛生計画の実施状況等の日常的な点検」とは、安全衛生計画が着実に実施されているかどうか、安全衛生目標は着実に達成されつつあるかどうか等について点検を行うことをいい、点検により問題点が発見された場合は、その原因を調査する必要があること。なお、「日常的な点検」は、必ずしも毎日実施する必要はなく、計画期間中の節目節目で実施することとして差し支えないこと。

（平一八・三・一七　基発第〇三一七〇〇七号）

（労働災害発生原因の調査等）

第十六条　事業者は、労働災害、事故等が発生した場合におけるこれらの原因の調査並びに問題点の把握

附録

及び改善を実施する手順を定めるとともに、労働災害、事故等が発生した場合には、この手順に基づき、これらの原因の調査並びに問題点の把握及び改善を実施するものとする。

○通達

(1) 「労働災害、事故等」の「等」には、ヒヤリ・ハット事例のうち必要なものがあること。

(2) 「これらの原因の調査並びに問題点の把握」を実施するに当たっては、当該労働災害、事故等の直接の原因の解明にとどまることなく、当該事象を引き起こすに至った背景要因を総合的に勘案する必要があること。

（平一八・三・一七　基発第〇三一七〇〇七号）

（システム監査）

第十七条　事業者は、定期的なシステム監査の計画を作成し、第五条から前条までに規定する事項についてシステム監査を適切に実施する手順を定めるとともに、この手順に基づき、システム監査を適切に実施するものとする。

2　事業者は、前項のシステム監査の結果、必要があると認めるときは、労働安全衛生マネジメントシステムに従って行う措置の実施について改善を行うものとする。

○通達

(1) 「システム監査」は、システムに従って行う措置が適切に実施されているかどうかについて、文書、記録等の調査、システム各級管理者との面談、作業場等の視察等により評価するものであること。

(2) 「システム監査」の実施者は、必要な能力を有し、監査の対象となる部署に所属していない等、システム監査の実施に当たって公平かつ客観的な立場にある者であること。その限りにおいて、企業内部の者、企業外部の者のいずれが実施しても差し支えないこと。

(3) 「システム監査」は、少なくとも一年に一回、定期的に実施すること。また、安全衛生計画の期間中に少なくとも一回は実施すること。

(4) 第二項の「必要があると認めるとき」とは、システム監査結果報告に、改善の必要がある旨の記載がある場合をいうものであること。

（平一八・三・一七　基発第〇三一七〇〇七号）

（労働安全衛生マネジメントシステムの見直し）

第十八条　事業者は、前条第一項のシステム監査の結果を踏まえ、定期的に、労働安全衛生マネジメントシステムの妥当性及び有効性を確保するため、安全衛生方針の見直し、この指針に基づき定められた手順の見直し等労働安全衛生マネジメントシステムの全般的な見直しを行うものとする。

○通達

「労働安全衛生マネジメントシステムの全般的な見直し」とは、事業場の安全衛生水準の向上の状況、社会情勢の変化等を考慮して、事業者自らがシステムの妥当性及び有効性を評価し、その結果を踏まえて必要な改善を実施することをいうものであること。

（平一八・三・一七　基発第〇三一七〇〇七号）

附録

〔附録・2〕

法・施行令の重点事項一覧

〈編注〉 1 法一〇・令二等は関係条文を示す。
2 「法」とは労働安全衛生法を、「令」とは労働安全衛生法施行令を、「則」とは労働安全衛生規則を示す。

法・施行令の重点事項一覧

一　総括安全衛生管理者、安全管理者、衛生管理者等の選任基準

労働安全衛生法は、事業場を一つの適用単位として、各事業場の業種、規模等に応じて安全衛生管理体制等の規定を適用することにしている。したがって、たとえば総括安全衛生管理者を選任すべき業種の区分は、企業としての業種にはよらず、事業場の業態によって個別に決定することになる。鉄鋼業を営む企業であっても、管理事務をもっぱら行う本社は左表の③の業種に該当し、製鉄所である事業場は②に該当することになる。

区分	選任の基準	選任すべき者の資格要件
総括安全衛生管理者 法一〇・令二 則二	① 林業、鉱業、建設業、運送業、清掃業で常時一〇〇人以上の労働者を使用する事業場 ② 製造業（物の加工業を含む。）、電気業、ガス業、熱供給業、水道業、通信業、各種商品卸売業、家具・建具・じゅう器等卸売業、各種商品小売業、家具・建具・じゅう器小売業、燃料小売業、旅館業、ゴルフ場業、自動車整備業及び機械修理業で常時三〇〇人以上の労働者を使用する事業場	当該事業場において、その事業の実施を統括管理する者（工場長等）

附録

	③その他の業種で常時一、〇〇〇人以上の労働者を使用する事業場	
安全管理者 法一一・令三 則四～六	林業、鉱業、建設業、運送業、清掃業、製造業（物の加工業を含む。）、電気業、ガス業、熱供給業、水道業、通信業、各種商品卸売業、家具・建具・じゅう器等卸売業、各種商品小売業、家具・建具・じゅう器小売業、燃料小売業、旅館業、ゴルフ場業、自動車整備業及び機械修理業で常時五〇人以上の労働者を使用する事業場	①大学・高専理科系卒後（専門職大学前期課程修了者を含む）二年以上又は高校・中等教育校理科系卒後四年以上産業安全実務の経験者で、厚生労働大臣の定める研修を修了した者（平成一八・一〇・一以降）、②労働安全コンサルタント、③厚生労働大臣が定める者
専任の安全管理者 則四	次の事業場では、安全管理者のうちの少なくとも一人を専任の安全管理者とすること。 ①建設業、有機化学工業製品製造業、石油製品製造業で常時三〇〇人以上の労働者を使用するもの ②無機化学工業製品製造業、化学肥料製造業、道路貨物運送業、港湾運送業で常時五〇〇人以上の労働者を使用するもの ③紙・パルプ製造業、鉄鋼業、造船業で常時一、〇〇〇人以上の労働者を使用するもの ④安全管理者を選任すべき業種で上の①～③を除く業種で常時二、〇〇〇人以上の労働者を使用するもの（ただし、過去三年間の労働災害による休業一日以上の死傷者数の合計が一〇〇人をこえる事業場に限る。）	右に同じ

衛生管理者 法一二・令四 則七～一二 則別表第四	業種にかかわらず常時五〇人以上の労働者を使用する事業場 ▽衛生管理者の数（事業場の規模に応じて、つぎの数以上の衛生管理者を選任しなければならない） 五〇人以上二〇〇人以下　一人 二〇〇人をこえ五〇〇人以下　二人 五〇〇人をこえ一、〇〇〇人以下　三人 一、〇〇〇人をこえ二、〇〇〇人以下　四人 二、〇〇〇人をこえ三、〇〇〇人以下　五人 三、〇〇〇人をこえる場合　六人	①医師、②歯科医師、③労働衛生コンサルタント、④衛生管理者免許者（都道府県労働局長の行う免許試験に合格した者、保健師、薬剤師、保健についての免許状を持つ教諭等）
専任の衛生管理者 則七	次の事業場では、衛生管理者のうち少なくとも一人を専任の衛生管理者とすること。 ①業種にかかわらず常時一、〇〇〇人をこえる労働者を使用する事業場 ②常時五〇〇人をこえる労働者を使用する事業場で、坑内労働又は労働基準法施行規則第一八条各号に掲げる健康上有害な業務に常時三〇人以上の労働者を従事させるもの	右に同じ
衛生工学衛生管理者 則七 則別表第四	常時五〇〇人をこえる事業場で、坑内労働又は労働基準法施行規則第一八条第一号、第三号、第四号、第五号、第九号に掲げる有害業務に常時三〇人以上の労働者を従事させるものにあっては、衛生管理者のうち一人を衛生工学衛生管理者免許者のうちから選任する。	大学・高専の工学・理学科卒、職業能力開発総合大学校の指導員訓練修了者、労働衛生コンサルタント、第一種衛生管理者免許取得者等で厚生労働大臣の定める講習を修了した者

安全衛生推進者等 法一二の二 則一二の二～一二の四	常時一〇人以上五〇人未満の労働者を使用する事業場で、安全管理者の選任を要する業種の事業場では安全衛生推進者を、それ以外の業種の事業場では衛生推進者を選任する。	①都道府県労働局長の登録を受けた者が行う講習を修了した者、②大学・高専卒後、一年以上安全衛生実務（衛生推進者は衛生実務。以下同じ。）の経験者、③高校・中等教育校卒後、三年以上安全衛生実務の経験者、④五年以上安全衛生実務の経験者、⑤厚生労働省労働基準局長が②から④までに掲げる者と同等以上の能力を有すると認める者
産業医等 法一三・令五 則一三～一五	常時五〇人以上の労働者を使用するすべての事業場（それ以外の事業場には選任に関する努力義務。三、〇〇〇をこえる事業場では二人以上選任）	研修を修了する等の一定要件を備えた医師
専属の産業医 則一三	常時一、〇〇〇人以上の労働者を使用する事業場又は則第一三条第一項各号に掲げる業務に常時五〇〇人以上の労働者を従事させる事業場にあっては、その事業場に専属の者を選任しなければならない。	
統括安全衛生責任者 法一五・令七 則二〇	建設業又は造船業に属する事業で、一つの場所で行う仕事に元方、下請合わせて常時五〇人（ずい道等の建設の仕事、橋梁の建設の仕事（一定の場所で行われるものに限る。）又は圧気工法による作業を行う仕事にあっては、常時三〇人）以上の労働者が混在して従事している場	

	合、元方事業者は統括安全衛生責任者を選任しなければならない。	
元方安全衛生管理者 法一五の二 則一八の三～一八の五	統括安全衛生責任者を選任した建設業の事業者は、統括安全衛生責任者が統括管理すべき事項に係る技術的事項を管理させる元方安全衛生管理者を選任しなければならない。	①大学・高専理科系卒業後、三年以上建設工事の施工における安全衛生実務の経験者、②高校・中等教育校理科系卒後、五年以上建設工事の施工における安全衛生実務の経験者、③厚生労働大臣の定める者
店社安全衛生管理者 法一五の三 則一八の六～一八の八	建設業に属する事業で、一つの場所で行う仕事（ずい道等の建設の仕事、橋梁の建設の仕事（一定の場所で行われる場合に限る。）、圧気工法による作業を行う仕事又は主要構造部が鉄骨造又は鉄骨鉄筋コンクリート造である建築物の建設の仕事に限る。）に元方、下請合わせて二〇人以上の労働者が混在して従事している場合に（統括安全衛生責任者及び元方安全衛生管理者を選任している場合を除く。）、元方事業者は、当該場所において行われる仕事に係る請負契約を締結している支店、営業所等ごとに店社安全衛生管理者を選任しなければならない。	①大学・高専卒業後（専門職大学前期課程修了者を含む）、三年以上建設工事の施工における安全衛生の実務経験者、②高校・中等教育校卒業後、五年以上建設工事の施工における安全衛生の実務経験者、③八年以上建設工事の施工における安全衛生の実務経験者、④厚生労働大臣の定める者

安全衛生責任者 法一六 則一九	統括安全衛生責任者を選任すべき事業者以外の関係下請負人は安全衛生責任者を選任し、その旨を元方事業者に通報しなければならない。	

二　作業主任者を選任すべき作業

危険有害作業においては、作業主任者を選任して、労働者の指揮等を行わせなければならないが（法一四）、この作業主任者を選任すべき作業の内容と作業主任者の資格は次のとおりである（令六・則一六・則別表第一）。

名　称	作　業　の　区　分	資　格
高圧室内作業主任者	高圧室内作業	高圧室内作業主任者免許者
ガス溶接作業主任者	アセチレン溶接装置又はガス集合溶接装置を用いて行う金属の溶接、溶断、加熱の作業	ガス溶接作業主任者免許者
林業架線作業主任者	機械集材装置、運材索道の組立て、解体、変更若しくは修理の作業又はこれらの設備による集材若しくは運材の作業（原動機の定格出力が七・五キロワットを超えるもの又は支間の斜距離合計が三五〇メートル以上のもの又は最大使用荷重が二〇〇キログラム以上のもの）	林業架線作業主任者免許者

附録

ボイラー取扱作業主任者	ボイラー（小型ボイラーを除く。）の取扱いの作業	ボイラー技士免許者（一定条件以下のボイラーについては、ボイラー取扱技能講習修了者でも可。）
エックス線作業主任者	放射線業務に係る作業	エックス線作業主任者免許者
ガンマ線透過写真撮影作業主任者	ガンマ線照射装置を用いて行う透過写真の撮影の作業	ガンマ線透過写真撮影作業主任者免許者
木材加工用機械作業主任者	丸のこ盤等の木材加工用機械を五台以上（自動送材車式帯のこ盤が含まれている場合は三台以上）有する事業場において行う当該機械による作業	木材加工用機械作業主任者技能講習修了者
プレス機械作業主任者	動力により駆動されるプレス機械を五台以上有する事業場において行う当該機械による作業	プレス機械作業主任者技能講習修了者
乾燥設備作業主任者	次に掲げる設備による物の加熱乾燥の作業 ① 乾燥設備（熱源を用いて火薬類取締法第二条第一項に規定する火薬類以外の物を加熱乾燥する乾燥室及び乾燥器をいう。以下同じ。）のうち、危険物等（令別表第一に掲げる危険物及びこれらの危険物が発生する乾燥物をいう。）に係る設備で、内容積が一立方メートル以上のもの ② 乾燥設備のうち、①の危険物等以外の物に係る設備で、熱源として燃料を使用するもの（その最大消費量が、固体燃料にあっては毎時一〇キログラム以上、液体燃料にあっては毎時一〇リットル以上、気体燃料にあっては毎	乾燥設備作業主任者技能講習修了者

	時一立方メートル以上であるものに限る。）又は熱源として電力を使用するもの（定格消費電力が一〇キロワット以上のものに限る。）	
コンクリート破砕器作業主任者	コンクリート破砕器を用いて行う破砕の作業	コンクリート破砕器作業主任者技能講習修了者
地山の掘削作業主任者	掘削面の高さが二メートル以上となる地山の掘削（ずい道及びたて坑以外の坑の掘削を除く。）の作業	地山の掘削及び土止め支保工作業主任者技能講習修了者
土止め支保工作業主任者	土止め支保工の切りばり又は腹起こしの取付け、取り外しの作業	地山の掘削及び土止め支保工作業主任者技能講習修了者
ずい道等の掘削等作業主任者	ずい道等（ずい道及びたて坑以外の坑（採石法第二条に規定する岩石の採取のためのものを除く。）をいう。以下同じ。）の掘削の作業（掘削用機械を用いて行う掘削の作業のうち労働者が切羽に近接することなく行うものを除く。）又はこれに伴うずり積み、ずい道支保工（ずい道等における落盤、肌落ち等を防止するための支保工をいう。）の組立て、ロックボルトの取付け若しくはコンクリート等の吹付けの作業	ずい道等の掘削等作業主任者技能講習修了者
ずい道等の覆工作業主任者	ずい道等の覆工（ずい道等型枠支保工（ずい道等におけるアーチコンクリート及び側壁コンクリートの打設に用いる型枠並びにこれを支持するための支柱、はり、つなぎ、筋かい等の部材により構成される仮設の設備をいう。）の組立て、移動若しくは解体又は当該組立て若しくは移動に伴うコンクリートの打設をいう。）の作業	ずい道等の覆工作業主任者技能講習修了者

採石のための掘削作業主任者	掘削面の高さが二メートル以上となる採石法第二条に規定する岩石採取のための掘削の作業	採石のための掘削作業主任者技能講習修了者
はい作業主任者	高さが二メートル以上のはい（倉庫、上屋又は土場に積み重ねられた荷（小麦、大豆、鉱石等のばら物の荷を除く。）の集団をいう。）のはい付け又ははい崩しの作業（荷役機械の運転者のみによって行われるものを除く。）	はい作業主任者技能講習修了者
船内荷役作業主任者	船舶に荷を積み、船舶から荷を卸し、又は船舶において荷を移動させる作業（総トン数五〇〇トン未満の船舶において揚貨装置を用いないで行うものを除く。）	船内荷役作業主任者技能講習修了者
型枠支保工の組立て等作業主任者	型枠支保工（支柱、はり、つなぎ、筋かい等の部材により構成され、建設物におけるスラブ、桁等のコンクリートの打設に用いる型枠を支持する仮設の設備をいう。以下同じ。）の組立て又は解体の作業	型枠支保工の組立て等作業主任者技能講習修了者
足場の組立て等作業主任者	つり足場（ゴンドラのつり足場を除く。以下同じ。）、張出し足場又は高さが五メートル以上の構造の足場の組立て、解体又は変更の作業	足場の組立て等作業主任者技能講習修了者
建築物等の鉄骨の組立て等作業主任者	建築物の骨組み又は塔であって、金属製の部材により構成されるもの（その高さが五メートル以上であるものに限る。）の組立て、解体又は変更の作業	建築物等の鉄骨の組立て等作業主任者技能講習修了者
鋼橋架設等作業主任者	橋梁の上部構造であって、金属製の部材により構成されるもの（その高さが五メートル以上であるもの又は当該上部構造のうち橋梁の支間が三〇メートル以上である部分に限	鋼橋架設等作業主任者技能講習修了者

	る。）の架設、解体又は変更の作業	
木造建築物の組立て等作業主任者	建築基準法施行令第二条第一項第七号に規定する軒の高さが五メートル以上の木造建築物の構造部材の組立て又はこれに伴う屋根下地若しくは外壁下地の取付けの作業	木造建築物の組立て等作業主任者技能講習修了者
コンクリート造の工作物の解体等作業主任者	コンクリート造の工作物（その高さが五メートル以上であるものに限る。）の解体又は破壊の作業	コンクリート造の工作物の解体等作業主任者技能講習修了者
コンクリート橋架設等作業主任者	橋梁の上部構造であって、コンクリート造のもの（その高さが五メートル以上であるもの又は当該上部構造のうち橋梁の支間が三〇メートル以上である部分に限る。）の架設又は変更の作業	コンクリート橋架設等作業主任者技能講習修了者
第一種圧力容器取扱作業主任者	化学設備に係る第一種圧力容器（小型圧力容器等を除く。）の取扱いの作業	化学設備関係第一種圧力容器取扱作業主任者技能講習修了者
	第一種圧力容器（小型圧力容器等を除く。）のうち化学設備に係る第一種圧力容器の取扱いの作業以外の作業	特級ボイラー技士免許者、一級ボイラー技士免許者若しくは二級ボイラー技士免許者又は化学設備関係第一種圧力容器取扱作業主任者技能講習若しくは普通第一種圧力容器取扱作業主任者技能講習修了者

特定化学物質作業主任者	特定化学物質を製造し、又は取り扱う作業（試験研究のため取り扱う作業及び一定の特定化学物質を製造し、又は取り扱う作業で厚生労働省令で定めるものを除く。）	特定化学物質及び四アルキル鉛等作業主任者技能講習（金属アーク溶接等作業主任者限定技能講習を除く。）修了者
金属アーク溶接等作業主任者	金属をアーク溶接する作業、アークを用いて金属を溶断し、又はガウジングする作業その他の溶接ヒュームを製造し、又は取り扱う作業	特定化学物質及び四アルキル鉛等作業主任者技能講習（金属アーク溶接等作業主任者限定技能講習を含む。）修了者
特定化学物質作業主任者（特別有機溶剤等関係）	特別有機溶剤等を製造し、又は取り扱う作業	有機溶剤作業主任者技能講習修了者
鉛作業主任者	鉛業務（遠隔操作によって行う隔離室におけるものを除く。）に係る作業	鉛作業主任者技能講習修了者
四アルキル鉛等作業主任者	四アルキル鉛等業務（遠隔操作によって行う隔離室におけるものを除く等。）に係る作業	特定化学物質及び四アルキル鉛等作業主任者技能講習（金属アーク溶接等作業主任者限定技能講習を除く。）修了者
酸素欠乏危険作業主任者	令別表第六に掲げる酸素欠乏危険場所における作業（下記の場所を除く。）	酸素欠乏危険作業主任者技能講習又は酸素欠乏・硫化水素危険作業主任者技能講習修了者
	令別表第六第三号の三、第九号、第一二号に掲げる酸素欠乏危険場所における作業	酸素欠乏・硫化水素危険作業主任者技能講習修了者

有機溶剤作業主任者	屋内作業場又はタンク、船倉、坑等の内部等において一定の有機溶剤（当該有機溶剤と当該有機溶剤以外の物との混合物で、当該有機溶剤を当該混合物の重量の五パーセントを超えて含有するものを含む。）を製造し、又は取り扱う業務のうち一定のものに係る作業	有機溶剤作業主任者技能講習修了者
石綿作業主任者	石綿若しくは石綿をその重量の〇・一パーセントを超えて含有する製剤その他の物を取り扱う作業（試験研究のため取り扱う作業を除く。）又は石綿等を試験研究のため製造する作業	石綿作業主任者技能講習修了者

附録

三　安全委員会、衛生委員会の設置基準

区分	設置の基準
安全委員会 法一七・令八	一　林業、鉱業、建設業、製造業のうち木材・木製品製造業、化学工業、鉄鋼業、金属製品製造業及び輸送用機械器具製造業、運送業のうち道路貨物運送業及び港湾運送業、自動車整備業、機械修理業並びに清掃業に属する常時五〇人以上の労働者を使用する事業場 二　運送業（一の業種を除く。）及び製造業（物の加工業を含む。）、電気業、ガス業、熱供給業、水道業、通信業、各種商品卸売業、家具・建具・じゅう器等卸売業、各種商品小売業、家具・建具・じゅう器小売業、燃料小売業、旅館業、ゴルフ場業に属する常時一〇〇人以上の労働者を使用する事業場
衛生委員会 法一八・令九	全業種における常時五〇人以上の労働者を使用する事業場

▽事業者は、安全委員会及び衛生委員会を設けなければならないときは、それぞれの設置に代えて、安全衛生委員会を設置することができる（法一九）。

四　就業制限業務と就業資格

一定の有資格者でなければ就業を禁止される業務の内容と、その就業資格は次のとおりである（法六一・令二〇・則四一・則別表第三）。

業務の区分	業務に就くことができる者
① 発破の場合におけるせん孔、装てん、結線、点火並びに不発の装薬又は残薬の点検及び処理の業務	①発破技士免許者　②火薬類取締法第三一条の火薬類取扱保安責任者免許状所有者　③保安技術職員国家試験規則による甲種上級保安技術職員試験、乙種上級保安技術職員試験若しくは丁種上級保安技術職員試験、甲種発破係員試験若しくは乙種発破係員試験、甲種坑外保安係員試験若しくは丁種坑外保安係員試験又は甲種坑内保安係員試験、乙種坑内保安係員試験若しくは丁種坑内保安係員試験合格者
② 制限荷重が五トン以上の揚貨装置の運転の業務	揚貨装置運転士免許者
③ ボイラー（小型ボイラーを除く。）の取扱いの業務（④の業務を除く。）	特級ボイラー技士免許者、一級ボイラー技士免許者又は二級ボイラー技士免許者
④ 次のボイラーの取扱いの業務 イ　胴の内径が七五〇ミリメートル以下で、かつ、その長さが一、三〇〇ミリメートル以下の蒸気ボイラー ロ　伝熱面積が三平方メートル以下の蒸気ボイラー	①特級ボイラー技士免許者、一級ボイラー技士免許者又は二級ボイラー技士免許者　②ボイラー取扱技能講習修了者

ハ　伝熱面積が一四平方メートル以下の温水ボイラー ニ　伝熱面積が三〇平方メートル以下の貫流ボイラー（気水分離器を有するものにあっては、当該気水分離器の内径が四〇〇ミリメートル以下で、かつ、その内容積が〇・四立方メートル以下のものに限る。）	
⑤　③のボイラー又は第一種圧力容器（小型圧力容器を除く。）の溶接（自動溶接機による溶接、管（ボイラーにあっては主蒸気管及び給水管を除く。）の周継手の溶接及び圧縮応力以外の応力を生じない部分の溶接を除く。）の業務（⑥の業務を除く。）	特別ボイラー溶接士免許者
⑥　⑤の業務のうち溶接部の厚さが二五ミリメートル以下の場合又は管台、フランジ等を取り付ける場合における溶接の業務	特別ボイラー溶接士免許者又は普通ボイラー溶接士免許者
⑦　ボイラー（小型ボイラー及び④のボイラーを除く。）又は第一種圧力容器（小型圧力容器及び次に掲げる容器を除く。）の整備の業務 イ　令第一条第五号イに掲げる容器で、内容積が五立方メートル以下のもの ロ　令第一条第五号ロからニまでに掲げる容器で、内容積が一立方メートル以下のもの	ボイラー整備士免許者
⑧　つり上げ荷重が五トン以上のクレーン（跨線テルハを除く。）の運転の業務（⑨の業務を除く。）	クレーン・デリック運転士免許者

附録

⑨ ⑧の業務のうち、床上で運転し、かつ、当該運転をする者が荷の移動とともに移動する方式のクレーンの運転業務	①クレーン・デリック運転士免許者 ②床上操作式クレーン運転技能講習修了者
⑩ つり上げ荷重が一トン以上の移動式クレーンの運転（道路交通法第二条第一項第一号に規定する道路（以下この表において「道路」という。）上を走行させる運転を除く。）の業務（⑪の業務を除く。）	移動式クレーン運転士免許者
⑪ ⑩の業務のうち、つり上げ荷重が五トン未満の移動式クレーンの運転の業務	①移動式クレーン運転士免許者 ②小型移動式クレーン運転技能講習修了者
⑫ つり上げ荷重が五トン以上のデリックの運転の業務	クレーン・デリック運転士免許者
⑬ 潜水器を用い、かつ、空気圧縮機若しくは手押しポンプによる送気又はボンベからの給気を受けて水中において行う業務	潜水士免許者
⑭ 可燃性ガス及び酸素を用いて行う金属の溶接、溶断又は加熱の業務	①ガス溶接作業主任者免許者 ②ガス溶接技能講習修了者 ③その他厚生労働大臣が定める者
⑮ 最大荷重（フォークリフトの構造及び材料に応じて基準荷重中心に負荷させることができる最大の荷重をいう。）が一トン以上のフォークリフトの運転（道路上を走行させる運転を除く。）の業務	①フォークリフト運転技能講習修了者 ②職業能力開発促進法第二七条第一項の準則訓練である普通職業訓練のうち職業能力開発促進法施行規則別表第二の訓練科の欄に定める揚重運搬機械運転系港湾荷役科の訓練修了者で、フォークリフトについての訓練を受けたもの ③その他厚生労働大臣が定める者

⑯ 機体重量が三トン以上の令別表第七第一号又は第二号に掲げる建設機械で、動力を用い、かつ、不特定の場所に自走することができるものの運転（道路上を走行させる運転を除く。）の業務	①車両系建設機械（整地・運搬・積込み用及び掘削用）運転技能講習修了者 ②建設業法施行令第二七条の三に規定する建設機械施工技術検定合格者（厚生労働大臣が定めるものを除く。）③職業能力開発促進法第二七条第一項の準則訓練である普通職業訓練のうち職業能力開発促進法施行規則別表第四の訓練科の欄に掲げる建設機械運転科訓練修了者 ④その他厚生労働大臣が定める者
⑰ 機体重量が三トン以上の令別表第七第三号に掲げる建設機械で、動力を用い、かつ、不特定の場所に自走することができるものの運転（道路上を走行させる運転を除く。）の業務	①車両系建設機械（基礎工事用）運転技能講習修了者 ②建設業法施行令第二七条の三に規定する建設機械施工技術検定合格者（厚生労働大臣が定める者を除く。）③その他厚生労働大臣が定める者
⑱ 機体重量が三トン以上の令別表第七第六号に掲げる建設機械で、動力を用い、かつ、不特定の場所に自走することができるものの運転（道路上を走行させる運転を除く。）の業務	①車両系建設機械（解体用）運転技能講習修了者 ②建設業法施行令第二七条の三に規定する建設機械施工技術検定合格者（厚生労働大臣が定める者を除く。）③その他厚生労働大臣が定める者
⑲ 最大荷重（ショベルローダー又はフォークローダーの構造及び材料に応じて負荷させることができる最大の荷重をいう。）が一トン以上のショベルローダー又はフォークローダーの運転（道路上を走行させる運転を除く。）の業務	①ショベルローダー等運転技能講習修了者 ②職業能力開発促進法第二七条第一項の準則訓練である普通職業訓練のうち職業能力開発促進法施行規則別表第二の訓練科の欄に定める揚重運搬機械運転系港湾荷役科の訓練修了者で、ショベルローダー等についての訓練を受けた者 ③その他厚生労働大臣が定める者

附録

⑳　最大積載量が一トン以上の不整地運搬車の運転（道路上を走行させる運転を除く。）の業務	①不整地運搬車運転技能講習修了者　②建設業法施行令第二七条の三に規定する建設機械施工技術検定合格者（厚生労働大臣が定めるものを除く。）　③その他厚生労働大臣が定める者
㉑　作業床の高さが一〇メートル以上の高所作業車の運転（道路上を走行させる運転を除く。）の業務	①高所作業車運転技能講習修了者　②その他厚生労働大臣が定める者
㉒　制限荷重が一トン以上の揚貨装置又はつり上げ荷重が一トン以上のクレーン、移動式クレーン若しくはデリックの玉掛けの業務	①玉掛け技能講習修了者　②職業能力開発促進法第二七条第一項の準則訓練である普通職業訓練のうち職業能力開発促進法施行規則別表第四の訓練科の欄に掲げる玉掛け科訓練修了者　③その他厚生労働大臣が定める者

五　安全衛生教育を行わなければならない対象者・業種等

新たに労働者を雇入れた場合や、一定の危険又は有害な業務に就かせる場合には、安全衛生に関する特別の教育を行なわなければならない（法五九、則三五・三六）。また、一定の業種については、新たに職務に就くこととなった職長等に安全衛生に関する教育を実施しなければならない（法六〇、令一九、則四〇）。

対象	業務・業者等
新規雇入れ等の労働者 法五九・則三五	労働者を雇入れ、又は労働者の作業内容を変更したときは、当該労働者に対し当該労働者が従事する業務に関する安全又は衛生のため必要な事項について、教育を行わなければならない。
危険・有害業務に就く労働者 法五九・則三六	次の危険・有害業務に労働者を就かせるときは、安全又は衛生のための特別教育を行わなければならない。 ①研削といしの取替え又は取替え時の試運転の業務 ②動力プレスの金型、シヤーの刃部又はプレス機械若しくはシヤーの安全装置若しくは安全囲いの取付け、取外し又は調整の業務 ③アーク溶接等の業務 ④高圧・特別高圧、低圧の充電電路等の敷設、修理等の業務（⑤に掲げる業務を除く。）又は低圧の電路のうち充電部分が露出している開閉器の操作の業務 ⑤対地電圧が五〇ボルトを超える低圧の蓄電池を内蔵する自動車の整備の業務 ⑥最大荷重一トン未満のフォークリフトの運転（道路上を走行させる運転を除く。）の業務

⑦　最大荷重一トン未満のショベルローダー又はフォークローダーの運転（道路上を走行させる運転を除く。）の業務
⑧　最大積載量が一トン未満の不整地運搬車の運転（道路上を走行させる運転を除く。）の業務
⑨　制限荷重五トン未満の揚貨装置の運転の業務
⑩　伐木等機械（伐木、造材又は原木若しくは薪炭材の集積を行うための機械であつて、動力を用い、かつ、不特定の場所に自走できるものをいう。以下同じ。）の運転（道路上を走行させる運転を除く。）の業務
⑪　走行集材機械（車両の走行により集材を行うための機械であつて、動力を用い、かつ、不特定の場所に自走できるものをいう。以下同じ。）の運転（道路上を走行させる運転を除く。）の業務
⑫　機械集材装置（集材機、架線、搬器、支柱及びこれらに附属する物により構成され、動力を用いて、原木又は薪炭材（以下「原木等」という。）を巻き上げ、かつ、空中において運搬する設備をいう。）の運転の業務
⑬　簡易架線集材装置（集材機、架線、搬器、支柱及びこれらに附属する物により構成され、動力を用いて、原木等を巻き上げ、かつ、原木等の一部が地面に接した状態で運搬する設備をいう。以下同じ。）の運転又は架線集材機械（動力を用いて原木等を巻き上げることにより当該原木等を運搬するための機械であつて、動力を用い、かつ、不特定の場所に自走できるものをいう。以下同じ。）の運転（道路上を走行させる運転を除く。）の業務
⑭　チェーンソーを用いて行う立木の伐木、かかり木の処理又は造材の業務
⑮　機体重量三トン未満の令別表第七の建設機械（第四号・第五号に掲げるものを除く。）で、動力を用い、かつ、不特定の場所に自走できるものの運転（道路上を走行させる運転を除く。）の業務
⑯　令別表第七第三号の基礎工事用機械で、動力を用い、かつ、不特定の場所に自走できるもの以外のものの運転の業務

⑰　⑯の機械で、動力を用い、かつ、不特定の場所に自走できるものの作業装置の操作（車体上の運転席における操作を除く。）の業務
⑱　令別表第七第四号に掲げるローラー等で、動力を用い、かつ、不特定の場所に自走できるものの運転（道路上を走行させる運転を除く。）の業務
⑲　令別表第七第五号に掲げるコンクリートポンプ車等の作業装置の操作の業務
⑳　ボーリングマシンの運転の業務
㉑　建設工事における、ジャッキ式つり上げ機械の調整又は運転の業務
㉒　作業床の高さが一〇メートル未満の高所作業者の運転（道路上を走行させる運転を除く。）の業務
㉓　動力巻上げ機（電気ホイスト、エアーホイスト及びこれら以外の巻上げ機でゴンドラに係るものを除く。）の運転の業務
㉔　軌条により人又は荷を運搬する動力車等の運転の業務
㉕　小型ボイラー（令第一条第四号の小型ボイラーをいう。）の取扱いの業務
㉖　つり上げ荷重五トン未満のクレーン、つり上げ荷重五トン以上の跨線テルハの運転の業務
㉗　つり上げ荷重一トン未満の移動式クレーンの運転（道路上を走行させる運転を除く。）の業務
㉘　つり上げ荷重五トン未満のデリック運転の業務
㉙　建設用リフトの運転の業務
㉚　つり上げ荷重一トン未満のクレーン、移動式クレーン又はデリックの玉掛けの業務
㉛　ゴンドラの操作の業務
㉜　作業室、気閘室へ送気するための空気圧縮機を運転する業務
㉝　高圧室内作業に係る作業室への送気の調節を行うためのバルブ又はコックを操作する業務
㉞　気閘室への送気又は気閘室からの排気の調節を行うためのバルブ又はコックを操作する業務
㉟　潜水作業室への送気の調節を行うためのバルブ又はコックを操作する業務
㊱　再圧室を操作する業務
㊲　高圧室内作業に係る業務

㊳ 令別表第五に掲げる四アルキル鉛等業務
㊴ 令別表第六に掲げる酸素欠乏危険場所における作業に係る業務
㊵ 特殊化学設備の取扱い、整備及び修理の業務（令第二〇条第五号に規定する第一種圧力容器の整備の業務を除く。）
㊶ エックス線装置又はガンマ線照射装置を用いて行う透過写真の撮影の業務
㊷ 加工施設、再処理施設等の管理区域内において核燃料物質、使用済燃料、又はこれらによって汚染された物を取り扱う業務
㊸ 原子炉施設の管理区域内において、核燃料物質、使用済燃料、又はこれらによって汚染された物を取り扱う業務
㊹ 特定粉じん作業（設備による注水又は注油をしながら行う粉じん障害防止規則第三条各号に掲げる作業に該当するものを除く。）に係る業務
㊺ ずい道等の掘削の作業又はこれに伴うずり、資材等の運搬、覆工のコンクリートの打設等の作業（当該ずい道等の内部において行われるものに限る。）に係る業務
㊻ 産業用ロボットの教示等に係る機器の操作の業務
㊼ 産業用ロボットの運転中に行う検査等に係る機器の操作の業務
㊽ 自動車（二輪自動車を除く。）用タイヤの組立てに係る業務のうち、空気圧縮機を用いて当該タイヤに空気を充てんする業務
㊾ 廃棄物焼却炉を有する廃棄物の焼却施設においてばいじん及び焼却灰等の燃え殻を取り扱う業務（㊿の業務を除く。）
㊿ 廃棄物の焼却施設に設置された廃棄物焼却炉、集じん機等の設備の保守点検等の業務
(51) ㊿の設備の解体等の業務及びこれに伴うばいじん及び焼却灰等の燃え殻を取り扱う業務
(52) 石綿障害予防規則第四条第一項各号に掲げる作業に係る業務
(53) 除染則第二条第七項の除染等業務及び同条第八項の特定線量下業務
(54) 足場の組立て、解体又は変更の作業に係る業務（地上又は堅固な床上における補助作業の業務を除く。）

	⑮ 高さが二メートル以上の箇所であって作業床を設けることが困難なところにおいて、昇降器具を用いて行うロープ高所作業に係る業務 ⑯ 高さが二メートル以上の箇所であって作業床を設けることが困難なところにおいて、墜落制止用器具のうちフルハーネス型のものを用いて行う作業に係る業務（⑮の業務を除く。）
職長・現場監督 法六〇・令一九	次の業種に属する事業場において、新たに職務に就くこととなった職長その他の作業中の労働者を直接指導又は監督する者に対しては安全、衛生のための教育を行わなければならない。 一 建設業 二 製造業。ただし、次に掲げるものを除く。 イ たばこ製造業 ロ 繊維工業（紡績業及び染色整理業を除く。） ハ 衣服その他の繊維製品製造業 ニ 紙加工品製造業（セロファン製造業を除く。） 三 電気業 四 ガス業 五 自動車整備業 六 機械修理業

〔附録・3〕

健康診断に関する告示

労働安全衛生規則第四十四条第二項の規定に基づき厚生労働大臣が定める基準

制定　平成一〇・六・二四　労働省告示第八八号
最終改正　平成二二・一・二五　厚生労働省告示第二五号

次の表の上欄に掲げる健康診断の項目については、それぞれ同表の下欄に掲げる者について医師が必要でないと認めるときは、省略することができる。

項目	省略することのできる者
身長の検査	二十歳以上の者
腹囲の検査	一　四十歳未満の者（三十五歳の者を除く。） 二　妊娠中の女性その他の者であって、その腹囲が内臓脂肪の蓄積を反映していないと診断されたもの 三　ＢＭＩ（次の算式により算出した値をいう。以下同じ。）が二十未満である者 $BMI = \frac{体重 (kg)}{身長 (m)^2}$ 四　自ら腹囲を測定し、その値を申告した者（ＢＭＩが二十二未満である者に限る。）

胸部エックス線検査	四十歳未満の者（二十歳、二十五歳、三十歳及び三十五歳の者を除く。）で、次のいずれにも該当しないもの 一　感染症の予防及び感染症の患者に対する医療に関する法律施行令（平成十年政令第四百二十号）第十二条第一項第一号に掲げる者 二　じん肺法（昭和三十五年法律第三十号）第八条第一項第一号又は第三号に掲げる者
喀痰（かくたん）検査	一　胸部エックス線検査によって病変の発見されない者 二　胸部エックス線検査によって結核発病のおそれがないと診断された者 三　胸部エックス線検査の項の下欄に掲げる者
貧血検査、肝機能検査、血中脂質検査、血糖検査及び心電図検査	四十歳未満の者（三十五歳の者を除く。）

労働安全衛生規則第四十五条第三項において準用する同令第四十四条第二項の規定に基づき厚生労働大臣が定める基準

制定　平成二二・一・二五　厚生労働省告示第二六号

次の表の上欄に掲げる健康診断の項目については、それぞれ同表の下欄に掲げる者について医師が必要でないと認めるときは、省略することができる。

項目	省略することのできる者
身長の検査	二十歳以上の者
腹囲の検査	一　四十歳未満の者（三十五歳の者を除く。） 二　妊娠中の女性その他の者であって、その腹囲が内臓脂肪の蓄積を反映していないと診断されたもの 三　BMI（次の算式により算出した値をいう。以下同じ。）が二十未満である者 $BMI = \frac{体重(kg)}{身長(m)^2}$ 四　自ら腹囲を測定し、その値を申告した者（BMIが二十二未満である者に限る。）
喀痰（かくたん）検査	一　胸部エックス線検査によって病変の発見されない者 二　胸部エックス線検査によって結核発病のおそれがないと診断された者

貧血検査、肝機能検査、血中脂質検査、血糖検査及び心電図検査	四十歳未満の者（三十五歳の者を除く。）

附録

労働安全衛生規則第四十五条の二第一項及び第二項の規定に基づく厚生労働大臣が定める項目

制定　平成元・六・三〇　労働省告示第四七号
最終改正　平成一二・一二・二五　労働省告示第一二〇号

1　労働安全衛生規則第四十五条の二第一項の厚生労働大臣が定める項目は、次のとおりとする。
一　腹部画像検査
二　血液中の尿酸の量の検査
三　B型肝炎ウイルス抗体検査
四　ABO式及びRh式の血液型検査
2　労働安全衛生規則第四十五条の二第二項の厚生労働大臣が定める項目は、次のとおりとする。
一　腹部画像検査
二　血液中の尿酸の量の検査
三　B型肝炎ウイルス抗体検査
四　糞(ふん)便塗抹検査

労働安全衛生規則第四十五条の二第四項において準用する同令第四十四条第二項の規定に基づき厚生労働大臣が定める基準

制定　平成元・六・三〇　労働省告示第四六号
最終改正　平成二三・一・二五　厚生労働省告示第二七号

次の表の上欄に掲げる健康診断の項目については、それぞれ同表の下欄に掲げる者について医師が必要でないと認めるときは、省略することできる。

項目	省略することのできる者
身長の検査	二十歳以上の者
喀痰（かくたん）検査	一　胸部エックス線検査によって病変の発見されない者 二　胸部エックス線検査によって結核発病のおそれがないと診断された者

〔附録・4〕

届出・申請手続早わかり

〈編注〉1　法令名は略称を用い、「法」とは労働安全衛生法を、「令」とは同施行令を、「則」とは労働安全衛生規則を示す。

2　関係条文の欄の一、二……等は条を、①②……等は項を示す。

申請、報告等	申請者、報告義務者等	提出先	説明	関係条文
共同企業体代表者届（様式第一号）	共同企業体の代表者を選定又は変更した事業者	仕事を行う場所を管轄する労働基準監督署長経由、都道府県労働局長	二以上の建設業の事業者が、一の場所で行われる仕事を共同連帯して請け負ったとき、出資の割合その他工事施行に当たっての責任の程度を考慮して、事業者のうち一人を代表者として選定し、当該仕事開始の日の一四日前までに届け出る。また、代表者の変更を行ったときも遅滞なく届け出る。	法五①③ 則一
総括安全衛生管理者、安全管理者、衛生管理者、産業医選任報告（様式第三号）	事業者	事業場の所在地を管轄する労働基準監督署長（以下「署長」という）	一　一定規模以上の事業場（令第二条）では、事業場ごとに総括安全衛生管理者を選任しなければならない。 二　一定の業種及び規模の事業場（令第三条）では、事業場ごとに安全管理者を選任しなければならない。 三　一、二の選任事由が発生した日から一四日以内に選任し、遅滞なく報告する。	法一〇①・一一① 令二・三 則二・四
（安全管理者、衛生管理者、産業医関係）			常時五〇人以上の労働者を使用する事業場では、事業場ごとに衛生管理者及び産業医を選任し、安全管理者選任報告には、研修修了及び経験年数が二年以上であることを証する書面（又は写）を添付する。衛生管理者免許証の写又は資格を証する書面（写）、若しくは医師免許証の写を添付して、遅滞なく報告する。	法一二①・一三 令四・五 則七・一三①②

新規化学物質製造輸入届（様式第四号の三）	事業者	厚生労働大臣	既存の化学物質以外の化学物質（以下「新規化学物質」という）を製造し、輸入しようとするときは、あらかじめ有害性の調査を行い、その新規化学物質の名称、調査結果等を届け出る。	法五七の三① 令一八の三 則三四の四
確認申請書（様式第四号の四）	事業者	厚生労働大臣	一〇〇キログラム以下の新規化学物質の製造又は輸入に関する確認、労働者が新規化学物質にさらされるおそれがない旨の確認、既に得られている知見等に基づく有害性がない旨の確認を受けようとするとき、製造、輸入の三〇日前までに提出する。	法五七の三① 令一八の四 則三四の五・三四の八・三四の一〇
安全衛生教育実施結果報告（様式第四号の五）	事業者	署　長	指定事業場又は都道府県労働局長が労働災害の発生率等を考慮して指定する事業場では、四月一日から翌年三月三一日までに行った法第五九条又は第六〇条の安全衛生教育の実施結果を、毎年四月三〇日までに報告する。	法九・六〇・一〇〇① 則四〇の三②
定期健康診断結果報告書（様式第六号）	事業者	署　長	常時五〇人以上の労働者を使用する事業者は、定期の一般健康診断、有害業務等における定期健康診断又は歯科医師による定期健康診断を行ったとき、遅滞なく報告する。	法六六①～③ 令二二 則五二
健康管理手帳交付申請書（様式第七号）	手帳交付要件に該当する者	事業場の所在地を管轄する都道府県労働局長	がんその他の重度の健康障害を生ずるおそれのある業務に従事し一定の要件に該当する者が、要件該当の事実を証する書類（又は申立書）を添付して申請する。	法六七① 令二三 則五三

健康管理手帳書替、再交付申請書（様式第一〇号）	手帳の書替又は再交付を受けようとする者	その者の住所地を管轄する都道府県労働局長	一　手帳所持者が氏名又は住所を変更したときは三〇日以内に、手帳を添えて書替を申請する。 二　手帳を滅失し、又は損傷したとき、再交付を申請する（損傷の場合は手帳を添付。再交付された後、滅失した手帳を発見したときは速やかに返還する。）。	法六七④ 則五八・五九
実施状況等報告書（様式第二〇号の四）	事業者	署　長	認定を受けた事業者は、一年以内ごとに一回、労働安全衛生マネジメントシステムのシステム監査結果及び認定を受けた後の機械等の設置等の状況について報告する。	法一〇〇① 則八七の七
事故報告書（様式第二二号）	事業者	署　長	次の場合は、遅滞なく報告する。 一　事業場又はその附属建設物内で、次の事故が発生したとき イ　火災又は爆発の事故（次号の事故を除く。） ロ　遠心機械、研削といしその他高速回転体の破裂の事故 ハ　機械集材装置、巻上げ機又は索道の鎖又は索の切断の事故 ニ　建設物、附属建設物又は機械集材装置、煙突、高架そう等の倒壊の事故 二　令第一条第三号のボイラー（小型ボイラーを除く。）の破裂、煙道ガスの爆発又はこれらに準ずる事故が発生したとき	法一〇〇① 則九六

三　小型ボイラー、令第一条第五号の第一種圧力容器及び同条第七号の第二種圧力容器の破裂の事故が発生したとき
四　クレーン（クレーン則第二条第一号に掲げるクレーンを除く。）の次の事故が発生したとき
イ　逸走、倒壊、落下又はジブの折損
ロ　ワイヤロープ又はつりチェーンの切断
五　移動式クレーン（クレーン則第二条第一号に掲げる移動式クレーンを除く。）の次の事故が発生したとき
イ　転倒、倒壊又はジブの折損
ロ　ワイヤロープ又はつりチェーンの切断
六　デリック（クレーン則第二条第一号に掲げるデリックを除く。）の次の事故が発生したとき
イ　倒壊又はブームの折損
ロ　ワイヤロープの切断
七　エレベーター（クレーン則第二条第二号及び第四号に掲げるエレベーターを除く。）の次の事故が発生したとき
イ　昇降路等の倒壊又は搬器の墜落
ロ　ワイヤロープの切断
八　建設用リフト（クレーン則第二条第二号及び第三号に掲げる建設用リフトを除く。）の次の事故が発生したとき

			イ　昇降路等の倒壊又は搬器の墜落 ロ　ワイヤロープの切断 九　令第一条第九号の簡易リフト（クレーン則第二条第二号に掲げる簡易リフトを除く。）の次の事故が発生したとき イ　搬器の墜落 ロ　ワイヤロープ又はつりチェーンの切断 十　ゴンドラの次の事故が発生したとき イ　逸走、転倒、落下又はアームの折損 ロ　ワイヤロープの切断	
労働者死傷病報告（様式第二三号）	事業者（派遣労働者の場合、派遣元及び派遣先）	署　長	労働者が労働災害その他就業中又は事業場内若しくはその附属建設物内における負傷、窒息又は急性中毒により死亡し、又は四日以上休業したとき、遅滞なく報告する。また、被災者が外国人労働者である場合は、国籍・地域及び在留資格について記入し報告する。ただし、特別永住者、在留資格「公用」・「外交」の者を除く。	法一〇〇① 則九七①
労働者死傷病報告（様式第二四号）	事業者	署　長	右欄（様式第二三号の欄）の場合で、休業日数が四日未満のとき、一～三月、四～六月、七～九月、一〇～一二月の間の事故について、それぞれの期間における最後の月の翌月末日までに報告する。	法一〇〇① 則九七②
各種免許申請書（様式第一二号）	免許を受けようとする者	下記各項に該当する都道府県労働局長	一　衛生管理者免許、各種作業主任者免許、クレーン運転士免許等の各種免許試験に合格した者で、免許を受けようとする者（次項の者を除く。）は、	法一二①・一四・六一①・七二①

申請書	申請者	提出先	内容	根拠
			合格後遅滞なく当該免許試験を行った都道府県労働局長に当該合格の通知を添えて申請する。 二　指定試験機関が行う免許試験に合格した者で、免許を受けようとする者は、合格後遅滞なく当該指定試験機関の事務所の所在地を管理する都道府県労働局長に当該合格の通知を添えて申請する。 三　免許試験に合格した者以外の者で、免許を受けようとする者は、その者の住所を管轄する都道府県労働局長に、免許を受ける資格を有することを証する書面を添えて申請する。	令六・二〇 則六六の三
	免許証の再交付又は書替を受けようとする者	免許証の交付を受けた都道府県労働局長又はその者の住所を管轄する都道府県労働局長	一　当該免許に係る業務に現に就いている者又は就こうとする者が免許証を滅失又は損傷したとき、再交付を申請する（損傷の場合は旧免許証を添付）。 二　本籍又は氏名を変更したとき、旧免許証と記載事項の異動を証する書面を添付して、書替を申請する。	法七二① 則六七
各種免許試験受験申請書 （様式第一四号）	免許試験を受けようとする者	都道府県労働局長又は指定試験機関	各種免許試験（則第六九条）を受けようとする者は、受験資格を有することを証する書面を、また学科試験又は実技試験の科目の全部又は一部の免除を受けようとする場合はその免除を受ける資格があることを証する書面を添付して、申請する。	法七五 則七一

各種技能講習、運転実技教習受講申込書（様式第一五号）	技能講習又は実技教習を受けようとする者	技能講習の場合―都道府県労働局長又は登録教習機関、教習の場合―登録教習機関	一　技能講習を受けようとする者は、受講資格があることを証する書面を、また技能講習の一部の免除を受けようとする者はその資格があることを証する書面を、技能講習受講申込書に添付して申し込む。 二　運転実技教習を受けようとする者は運転実技教習受講申込書を提出する。	法七五③・七六①③・七七①② 則七五・八〇
各種技能講習修了証再交付、修了証書替、修了証明書交付申込書（様式第一八号）	修了証の再交付又は書替を受けようとする者	交付を受けた登録教習機関（登録教習機関が当該技能講習の業務を廃止した場合等にあっては、厚生労働大臣が指定する機関）	一　当該技能講習に係る業務に現に就いている者又は就こうとする者で修了証を滅失又は損傷したとき、再交付を申し込む（損傷の場合は旧修了証を添付）。 二　本籍又は氏名を変更したとき、旧修了証と記載事項の異動を証する書類を添付して書替を申し込む。 三　技能講習修了証の交付を受けた登録教習機関が業務を廃止した場合及び労働安全衛生法及びこれに基づく命令に係る登録及び指定に関する省令第二四条第一項ただし書に規定する場合に、上記一、二に係る申込をしようとするときは、厚生労働大臣の指定する機関から当該技能講習を修了したことを証する書面の交付を受けなければならない。	法七六② 則八二①〜③

機械等設置・移転・変更届（様式第二〇号）	事業者	署長	特定の機械等を設置、移転又はこれらの主要構造部分を変更しようとするとき、その計画を工事開始の三〇日前までに、則第八五条第一項又は同第八六条第一項に定める書面又は図面を添付して届け出る。	法八八① 則八五・八六①②・八八①②・別表第七
計画届免除認定申請書（様式第二〇号の二）	事業者	署長	建設物、設備、原材料、ガス、蒸気、粉じん等又は作業行動その他業務に起因する危険性又は有害性等を調査し、その結果に基づいた措置を講じたことの認定を受けようとする事業者は、則第八七条の五第一項各号に掲げる書面を添付して申請する。	法八八① 則八七の五①
建設工事、土石採取計画届（様式第二一号）	事業者	署長	建設業、土石採取業において則第九〇条に定める危険な仕事を行おうとするときは、開始の日の一四日前までに則第九一条又は同第九二条に定める図面・工程表を添付して届け出る。	法八八③ 令二四 則九一・九二

労働安全衛生法実務便覧

平成４年11月15日　初版発行
令和６年７月18日　改訂25版第１刷発行

編　　者　労　働　調　査　会
発行人　藤　澤　直　明
発行所　労　働　調　査　会
〒170-0004　東京都豊島区北大塚２－４－５
ＴＥＬ 03（3915）６４０１
ＦＡＸ 03（3918）８６１８
https://www.chosakai.co.jp/

ISBN978-4-86788-049-4　C2032